AM GROSSEN HIRSCHGRABEN

AM GROSSEN HIRSCHGRABEN

GOETHES VATER, SCHWESTER UND MUTTER, DARGESTELLT VON ERNST BEUTLER

ARTEMIS VERLAG ZÜRICH UND MÜNCHEN

Dieser Band enthält Ernst Beutlers Essays aus «Briefe aus dem Elternhaus» (1960), erweitert um biographische und bibliographische Daten sowie drei Porträts.

PRINTED IN SWITZERLAND
ISBN 3 7608 2721 7

INHALT

DER KAISERLICHE RAT

HEIMAT UND SCHULE

Was weiß der Sohn vom Vater? Wenn das Kind geboren wird, liegt des Vaters Jugend, ja oft die entscheidende Zeit, in der sich der Mann seine Welt geschaffen hat, schon weit zurück. Die geistige Begegnung, die sich dann allmählich zwischen Sohn und Vater vollzieht, ist aus beider Leben nur ein Ausschnitt, gewiß beglückend, aber doch schmal, zunächst auf Kindliches beschränkt. Erst ganz langsam wächst der Sohn in die Sphäre der Erwachsenen hinein, und dann ist allein die Gegenwart wichtig, auch die eigene Zukunft. Nach des Vaters Vergangenheit fragt kaum ein Kind.

Johann Caspar Goethe ward 1710 geboren. Hundert Jahre später, 1811, beginnt der Sohn mit der Niederschrift für «Dichtung und Wahrheit». Die eigenen Erinnerungen setzen etwa mit dem Umbau des Hauses ein, also 1755. Da war der Vater fünfundvierzig und der Sohn sechs Jahre alt. Daß Wolfgang anfing, seinen Vater als Persönlichkeit wenn auch nicht zu verstehen, so doch zu würdigen, wird noch einmal zehn Jahre gedauert haben, also bis zu den Jahren, die etwa bei der Königskrönung von 1764 und 1765, dem Fortgang nach Leipzig, liegen. Da war der Sohn sechzehn, der Vater fünfundfünfzig Jahre alt. Aber eben jetzt verließ der Sohn schon das Elternhaus. Was den jungen Studenten bewegte, das lehren klar seine Leipziger Briefe: die Universität, die Literatur, das Theater, vor allem die Mädchen. Der Vater aber ist nur eine ferne Autorität, die man anerkennt oder die man abschüttelt. Und diese Spannung zwischen Sich-Unterwerfen und Sich-Aufbäumen gibt auch den folgenden Jahren ihre Prägung. Sie ist gewiß natürlich für jedes Verhältnis zwischen den Generationen. Mußte sie nicht von ganz besonderem Gewicht sein bei einem jungen Mann, dessen geistesgeschichtliche Sendung es war, eine Epoche heraufzuführen, eine revolutionäre Epoche, die nicht umsonst unter dem Namen «Sturm und Drang» in die Literatur eingegangen ist und die nicht etwa mit dem Rokoko, sondern noch mit dem Barock zusammenstieß. Bei aller Liebe von beiden Seiten, väterlicher Liebe, kindlicher Liebe, die Explosionsgefahr war schicksalsmäßig eine tägliche Drohung. Im November 1772 war Goethe in Friedberg. Der Vater hatte Grundbesitz dort, und Wolfgang sollte sich darum kümmern. Am Abend vorher war er in Wetzlar gewesen, bei Lotte:

«Ich wollte, ich hätte gestern abend förmlich Abschied genommen, es war eben so viel und ich kam um einen Kuß zu kurz, den sie mir nicht hätte versagen können. Fast wär ich heute früh noch hingegangen. Schlosser hielt mich ab. Dafür spiel ich ihm nächstens einen Streich. Gewiß Kestner, es war Zeit, daß ich ging. Gestern Abend hatt ich recht hängerliche und hängenswerte Gedanken, auf dem Canapee — —

Der Steindecker war da und ich bin so weit als vorher, und es ist ein Paket von meinem Vater ankommen, darnach ich geschickt habe, das mag auch erbaulichs Zeug enthalten. Indessen bin ich doch wieder bei euch — —.

Der Brief meines Vaters ist da, lieber Gott, wenn ich einmal alt werde, soll ich dann auch so werden! Soll meine Seele nicht mehr hängen an dem, was liebenswert und gut ist! Sonderbar, daß da man glauben sollte, je älter der Mensch wird, desto freier er werden sollte von dem was irdisch und klein ist. Er wird immer irdischer und kleiner.»

Der Sohn hatte nur Lotte im Kopf, den Abschied nach einem Besuch in Wetzlar, hatte hängerliche und hängenswerte Gedanken, solche, aus denen über ein Jahr später «Die Leiden des jungen Werthers» entstanden; er wäre am liebsten gleich den andern Morgen wieder nach Wetzlar gewandert, wenn ihn nicht Schlosser, der Anwalt und der Freund der Familie, den der Vater sorglich mitgeschickt hatte, abgehalten hätte. Der Vater aber dachte nicht an Lotte, sondern an den «Gasthof zum Ritter» an der Breiten Straße in Friedberg. Der hatte dem verstorbenen Vetter, dem Gastwirt und Schreiner Johann Christian Göthe, gehört, und der Rat hatte auf ihm einen Insatz, das heißt eine Hypothek, von 1800 Gulden zu 4 Prozent, so daß er jetzt Miteigentümer des Hauses und an dessen baulichem Zustand interessiert war. — Zwei sehr verschiedene Welten! — Aber von dem Vermögen, das der Vater sorglich zusammenhielt, hat der Sohn in Weimar noch lange gelebt. — «Lieber Gott, wenn ich einmal alt werde», — nun, als Goethe in das gleiche Alter kam, in dem der Vater 1772 war, da ist er seinen Verlegern gegenüber ein noch viel schärferer Rechner gewesen, als es der Vater seinen Hypothekenschuldnern in Friedberg gewesen.

Oder ein Gespräch vom Mai 1774 mit Johanna Fahlmer über den Zwist zwischen Goethe und Wieland. Es zeichnet die gleiche Situation: «Das ist just, was mich an Wieland so ärgerte und mich reizte, mich gegen ihn auszulassen. Da, der Ton. Ich will's nicht sagen: ich selbst hab Recht, Wieland hat Unrecht. Denn Alter, Zeitpunkte, alles macht Verschiedenheit in der Art zu sehen und zu empfinden. Jetzt denk ich nun so und so; vielleicht in dem Alter von Wieland — wer weiß, noch eher? — denke ich just so wie er. Drum, was soll ich sagen? Hat er nun recht? Oder hab ich nun recht? Der Eindruck, den man itzt selbst hat, der gilt. Wieland hat recht, daß er so urteilt, aber mich ärgert's nun noch. — Mit der Zeit! Mit der Zeit! Ja, das ist's! das ist's! Just, just so spricht mein Vater! Die nämliche Händel, die ich mit diesem in politischen Sachen habe, hab ich mit Wieland in diesen Punkten. Der Vater-Ton! der ist's just, der mich aufgebracht hat».

Man muß sich solche Stimmungsbilder aus Goethes Jugend vergegenwärtigen, um zu wissen, durch welche Erinnerungen 1811 und später das Bild des Kaiserlichen Rates vom Sohn gefärbt und getrübt worden ist. Es wird immer schwer sein zu ermitteln, was für eine Persönlichkeit der Vater des Dichters gewesen ist, aber seine Biographie schreiben zu wollen, indem man nur zusammenträgt, was der Sohn in den einzelnen Büchern von «Dichtung und Wahrheit» mitteilt, das ist unmöglich.

Johann Caspar Goethe wurde 1710 in der Gast- und Schildwirtschaft «Zum Weidenhof» an der Zeil in Frankfurt geboren. Sein Vater Friedrich Georg Goethe war bis zu seinem 48. Lebensjahr Schneidermeister gewesen. Er kannte Frankreich, war als junger Mann etwa vier Jahre in Lyon und Paris und hatte sich 1686, nach Aufhebung des Edikts von Nantes, in Frankfurt niedergelassen. Er verließ, wie es in der Leichenrede heißt, Frankreich wegen der «Verfolgung». Seinen Beruf hätte er weiter ausüben können. Verboten waren die Gottesdienste, und diese «Verfolgung» war für den frommen Lutheraner entscheidend.

Als «Fredericus Georg Göthé», so in drei Sprachen, lateinisch, deutsch, französisch, unterzeichnet er nun in Frankfurt seinen Namen in der Eingabe um das Bürgerrecht. Das ist bezeichnend. Der junge Meister war sehr angesehen in seiner Zunft und auch durch Fleiß und Geschick zu Vermögen gekommen. Seine Kundschaft waren die Damen des Patriziats, der reichen Kaufmannschaft, des der Stadt benachbarten Adels und Hochadels. In der Sandgasse gehörte ihm das Haus «Zum Goldnen Rad». 1705 heiratete er in zweiter Ehe die Witwe des Gasthalters Schellhorn. Diese, also väterlicherseits des Dichters Großmutter, war damals 37 Jahre alt und die Tochter des Schneidermeisters Walther. Sie hieß mit Vornamen Cornelia, und Wolfgangs Schwester hat nach ihr den Namen. Diese Cornelia Goethe, geborene Walther, brachte aus ihrer ersten Ehe das Gasthaus «Zum Weidenhof» als Mitgift in die Goethesche Familie.

Der «Weidenhof», wie es der Name sagt, ursprünglich ein Gutshof, war im Mittelalter zwischen Wiesen und

Äckern draußen vor der staufischen Stadtmauer gelegen. Als Ludwig der Bayer 1333 dem Rat erlaubte, die Stadtbefestigung weiter vorzuschieben, fiel der Hof in die Neustadt; 1446 war er im Besitz der Familie von Holzhausen. 1629 ist er schon Gasthof, im gleichen Jahr steht auch schon der Bau mit drei Stockwerken, an der Ecke von Zeil und Weidengasse gelegen, also an der Nordseite der Straße, ganz nahe der Hauptwache. Die Merianschen Stadtansichten lassen die Fassade nicht eindeutig erkennen; aber es gibt zwei Kupferstiche aus dem späten 18. Jahrhundert, von den Wirten zu Werbezwecken hergestellt, die uns eine klare Vorstellung geben. Sie zeigen einen vornehmen Bau, dreistöckig, darüber noch ein Mansardendach. Als besonderer Schmuck dient, von einem Giebel gekrönt, ein Mittelrisalit mit fünf Pilastern, zwischen denen vier Fenster liegen. Rechts und links sind dann noch je drei Fenster, so daß man für das Ganze auf eine Front von zehn Fenstern kommt. Die vorgesetzte Schmuckfassade, die in der Mitte aber keinen Balkon, auch kein Fenster, sondern nur einen Pilaster hat, zeigt eben schon durch diese Anordnung, daß sie sich Vorgegebenem einfügen mußte und spätere Zutat ist. Die zehn Achsen aber erweisen die Größe des Gasthauses zur Zeit von Friedrich Georg Goethe, wofür auch spricht, daß der erste Stock vorkragte, eine Bauart, die im 18. Jahrhundert nicht mehr gerne gesehen wurde. In der Mitte des Erdgeschosses war die Einfahrt, rechts und links eine Pforte für Fußgänger. 1706 wurde die Erlaubnis zu einem Stall, zwei Stockwerk hoch, im Hof erteilt. Damit waren Räume für Pferde und Wagen gegeben.

Die Zeil, ursprünglich Viehmarkt und dem Roßmarkt benachbart, war im 18. Jahrhundert die vornehmste, auch durch ihre Breite modernste Straße geworden. Der Führer durch die Stadt von Johann Bernhard Müller aus dem Jahre 1747 rühmt die Zeil und ihre Gasthöfe, nennt auch den Weidenhof und sagt: «Es sind dieses meist Häuser, worinnen große Herren vollkommen wohl gemächlich wohnen können, wie dann darinnen auch Zimmer und Tafeln stark besetzet sind, besonders in denen Messezeiten, wo ein ungemein großer Zufluß der Fremden in Frankfurt ist.» Der Weidenhof war also kein Weinschank, sondern eine Schildwirtschaft, ein vornehmes Gasthaus. Der Steuer nach stand er unter den Gasthöfen an vierter Stelle.

Hier also, unter dem täglichen Verkehr von Reisenden, auch unter dem Klang ausländischer Sprachen, ist Johann Caspar Goethe aufgewachsen, in einer Umgebung, die früh den Blick über die Wälle der Vaterstadt hinaus in die weite Welt lenkte. Johann Caspar sagen wir, wie er getauft wurde; aber welches war sein Rufname? Die Frau Rat wird der Sitte der Zeit entsprechend ihn einfach «Goethe» genannt haben. Die Kinder sprachen vom «Pap» oder «Papa». Aber wie nannten ihn die Geschwister, die Freunde? Zweifellos Caspar. Das Goethehaus verwahrt 67 eigenhändige Unterschriften des Kaiserlichen Rates. Er signiert sehr verschieden; doch viermal kürzt er Johann mit den drei ersten Buchstaben ab, schreibt aber Caspar aus. Das ist entscheidend. Und woher dieser Vorname? Im Jahre 1163 hatten die Marmorsärge mit den Reliquien der Heiligen drei Könige auf ihrem Weg von Mailand nach Köln, von reliquiensüchtigen Landesfürsten bedroht, ihre Zuflucht in Frankfurt gefunden. Seitdem war ihr Kult hier heimisch. In Sachsenhausen entstand eine Dreikönigskirche, und das Südportal der Liebfrauenkirche zeigt heute noch die Anbetung in Bethlehem. Aus Frankfurter Tradition der Familie Walther und nicht von den Goetheschen Vorfahren in Thüringen her wird der Vorname Caspar erklärt werden müssen.

Der Vater hatte nicht vor, seinem Sohn die Gasthalterei zu übergeben. Er wünschte ihn einst unter den Juristen der Stadt zu sehen, mit dem Doktortitel und also mit dem Degen an der Seite. Er ließ ihn auch nicht in Frankfurt erziehen, sondern sandte ihn, als er vierzehn Jahre alt war, auf das angesehenste lutherische Gymnasium im fränkischen

Raum, das Casimirianum zu Coburg. Dieses war infolge der endlosen und unseligen Streitereien im Hause Wettin 1605 von Herzog Johann Casimir als Akademisches Gymnasium gegründet worden, halb als Wettbewerb mit der Universität Jena, halb als Vorbereitung für diese gemeinsame Hohe Schule der Ernestinischen Staaten. Man darf sich die Verhältnisse aber nicht zu bedeutend vorstellen. Der Bau ist ein schöner Renaissancebau mit sechs Giebeln und Turm; die Front war einst bemalt mit Bildern von Philosophen und Theologen in ganzer Figur, dazwischen lagen acht Fenster mit Butzenscheiben. Jedoch das Ganze enthielt neben ein paar Kammern nur zwei nicht eben große Säle, einen im Erdgeschoß und einen im ersten Stock. Bemerkenswert war vor allem der Turm, 41 Meter hoch in sechs Stockwerken und von einem Merkur gekrönt, höher als alle Stadttortürme und als der Turm der Moritzkirche. Das Gebäude steht heute noch und dient noch immer Unterrichtszwecken.

Die Schülerzahl wird zwischen 100 und 150 geschwankt haben, darunter thüringischer und fränkischer Adel. Jena hatte eben nur Professoren, Coburg aber hatte eine Veste, hatte eine Hofhaltung und hatte einen Herzog, durch den die Adligen «distinguiert» wurden. Die Unterrichtssprache war Latein; noch 1752 wurde verordnet: «Das Dozieren soll lateinisch geschehen.» Auch außerhalb des Unterrichts durften die Lehrer in Gegenwart der Schüler nur lateinisch sprechen. Zwanzig Jahre bevor Johann Caspar nach Coburg kam, wurden bei der hundertjährigen Stiftungsfeier der Anstalt, also 1705, wohl eine lateinische, griechische, französische und italienische Festrede gehalten, aber keine deutsche. Aus solcher Schulung heraus erklärt es sich, daß Goethes Vater sein uns so wichtiges Haushalts- und Ausgabebuch von 1753 bis etwa 1770 in lateinischer Sprache geführt hat. Erst seit Wolfgang die deutsche Sprache adelte, dringt das Deutsche auch in die väterliche Buchführung ein.

In der Matrikel des Gymnasiums ist Johann Caspar Goethe als «Francofurtensis cauponis filius», also als Wirtssohn, unter dem 4. Mai 1725 eingetragen. Dann hat eine spätere Hand hinzugefügt: «Doctor juris». Und noch später wird die Bemerkung beigeschrieben: «Pater poetae inclyti», der Vater des berühmten Dichters. Scholarch der Anstalt war Georg Paul Hönn, Fürstlich Sächsischer Geheimer Rat und Amtmann. Er ist der Verfasser jenes berühmten «Betrugslexikons», das soeben, 1720, in Coburg erschienen war. Es enthält, alphabetisch nach 350 Ständen und Berufen geordnet, jeder Beruf im Durchschnitt mit fünfzehn Betrügereien angeführt, den ganzen Trug und Lug der Welt, alles in allem etwa 5 000 Unredlichkeiten, dazu im einzelnen die Ratschläge, wie jeweils solchem Unheil zu begegnen sei. Gewiß, das 18. Jahrhundert als Jahrhundert der Aufklärung war auch das der Lexika. Indes welch weite Welt- und Lebenskenntnis gehörte dazu, um von allen Berufen, von den Abdeckern bis zu den Zimmerleuten zu wissen, wie sie betrügen! Das ausführlichste Kapitel des ganzen Buches aber gilt dem Selbstbetrug. Es ist ein ernster christlicher Beichtspiegel. Und wenn August Hermann Francke, der Pietist, 1698 in Halle das erste deutsche Waisenhaus schuf, so gründete Hönn deren zwei, eines in Coburg, das andere in Meiningen. Johann Caspar erwarb das Buch seines Rektors nicht als Schüler, wohl aber als Erwachsener, in der zweiten Auflage von 1761. Es steht, inzwischen eine große Seltenheit geworden, in seiner Bibliothek am Großen Hirschgraben.

Von den Lehrern des Casimirianums lebt wohl nur der Name von Johann Matthäus Meyfart fort, der 1623 bis 1634 das Gymnasium leitete. In Coburg entstand, und zwar im Jahre 1626, jene großartigste Hymne der Gottessehnsucht, die das Evangelische Kirchenlied besitzt:

> Jerusalem, du hochgebaute Stadt,
> Wollt Gott, ich wär in dir!

Mein sehnlich Herz so groß Verlangen hat
Und ist nicht mehr bei mir.
Weit über Berg und Tale,
Weit über blaches Feld
Schwingt es sich über alle
Und eilt aus dieser Welt.

Propheten groß und Patriarchen hoch,
Auch Christen insgemein,
Die weiland dort trugen des Kreuzes Joch
Und der Tyrannen Pein,
Schau ich in Ehren schweben,
In Freiheit überall,
Mit Klarheit hell umgeben,
Mit sonnenlichtem Strahl.

Mit Jubelsang, mit Instrumenten schön,
In Chören ohne Zahl,
Daß von dem Schall und von dem süßen Ton
Sich regt der Freudensaal,
Mit hunderttausend Zungen,
Mit Stimmen noch viel mehr,
Wie von Anfang gesungen
Das große Himmelsheer.

Das sind drei Strophen von sieben. Es ist die Not des großen Religionskrieges, die solche Jenseitssehnsucht hervorgerufen hat, aber es ist doch auch die Stärke der Glaubensinbrunst, wie sie von Luther her die ersten Generationen des Protestantismus bewegte und trug; und das war die Haltung, die den Geist des Casimirianums lange Zeit hindurch prägte und bestimmte. Auf einer solchen Schule also ward Johann Caspar im Hause eines Theologen erzogen. Wenn Johann Wolfgang Goethe, im Monat Januar 1757, also sieben Jahre alt, in einer lateinischen Übung bei seinem Vater niederschreibt, er und sein Bruder, das ist der fünfjährige Hermann Jacob, hätten mit gefalteten Händen und gebogenen Knien ihr Morgengebet gesprochen, so können wir in dieser Haltung des Knaben, kniend zu beten, Auswirkungen des Casimirianums sehen.

An einen lutherischen Geistlichen ist nun auch der erste Brief gerichtet, den wir von Johann Caspar Goethe besitzen, aus Coburg vom 2. Dezember 1727, und natürlich in lateinischer Sprache. Der Brief wendet sich an einen Frankfurter Pfarrer mit Namen Ritter. Zunächst bestätigt er den Empfang einer besonderen Sendung, die er, Johann Caspar, dem Adressaten, für den sie bestimmt war, dem Licentiaten Schwarz, weitergegeben habe. Zweitens dankt er — das ist uns das Wichtigste — für eine Schrift Ritters, eine Biographie des Flacius. Drittens erklärt er, daß er, Johann Caspar, die Wohltaten, die er von Ritter empfangen habe, niemals vergelten könne; aber der Vater würde es mit Gottes Hilfe sicher tun. Das Schreiben schließt mit Ausdrücken der Dankbarkeit und Ergebenheit. Ritter ist also auch ein Freund des Vaters von Johann Caspar, des Gastwirts «Zum Weidenhof», gewesen, und wir gehen wohl nicht fehl, wenn wir schließen, der Frankfurter Pfarrer Ritter habe den Gastwirt bestimmt, seinen Sohn auf das Akademische Gymnasium zu Coburg zu schicken.

So kurz das Schreiben ist, zwei Seiten in Quart, bei der Kargheit der Quellen ist es uns von großem Wert: es erschließt vieles. Das ist einmal Licentiat Schwarz. Johann Caspar nennt ihn: patronus meus, und das übersetzt man wohl am richtigsten mit: mein Hausvater. Die Schüler des Gymnasiums lebten meistens bei Bürgern der Stadt. Schwarz war Lehrer am Gymnasium, wurde Professor, und Johann Caspar hatte bei ihm Bett und Tisch. Das bewahrte ihn vor dem Essen im Convikt, drei Tische für etwa 30 Knaben, das nach den Akten jeden Tag und jede Woche immer unabänderlich zu Mittag Rindfleisch mit Brühe und abends immer wieder nur Linsen oder Graupensuppe mit Rindfleisch bot. Freilich gab es mittags wie abends für jeden

Einzelnen in zinnerner Kanne auch je einen Liter Bier auf den Tisch. Trotzdem, Bier hin, Bier her, wir freuen uns noch heute, daß Johann Caspar bei seinem Patronus sicher besser aufgehoben war.

Einen Namen in der Wissenschaft hat sich Professor Schwarz nicht erworben; indes er war ehrgeizig und hatte einen Prozeß mit dem Bürgermeister, dem er den Vortritt streitig machte. Sein Argument war, daß bei Leichenbegängnissen die Professoren an der Spitze ihrer Schüler unmittelbar hinter dem Vortragekreuz einherschritten und erst dann die Bürger folgten. Was vor dem Tode gelte, gelte auch vor dem Leben. Wie der Herzog den Streit entschieden hat, ist unbekannt.

Ritters Biographie des Flacius Illyricus, die Johann Caspar als Coburger Schüler geschenkt bekam und für die er dankte, hat er hoch gehalten. Sie stand eben in der Ausgabe «Frankfurt 1723», so lange er lebte, ja bis zur Versteigerung 1794 in seiner Bibliothek im Großen Hirschgraben. Dieser Flacius ist Jugoslawe gewesen und hieß eigentlich Vlacich. Er latinisierte seinen Namen und nannte sich nach seiner Herkunft aus dem venetianischen Istrien Illyricus. Er war 1520 geboren und wollte ursprünglich Franziskaner in Padua oder Bologna werden. In Venedig aber wurde er durch den Provinzial des Ordens mit Luthers Schriften bekanntgemacht. Diesen glaubensabtrünnigen Provinzial haben die Venetianer später ertränkt, so wie man eben in Venedig Ketzer ertränkte. Zwei Barken fuhren aufs Meer. Man legte ein Brett von einer zur andern, setzte darauf den Verurteilten; dann fuhren die Barken auseinander.

Der junge Flacius aber war rechtzeitig über Basel und Tübingen nach Wittenberg gegangen. Dort ist er noch Schüler des Reformators gewesen. — Nach dessen Tode wurde er eine Figur. — Es war jene schwierige Zeit, wo das Luthertum, das jede schlichtende Autorität von Papst und Konzilien verworfen hatte, in ein Meer dogmatischer Polemiken versank. In all diesen Streitereien von Land zu Land, von Stadt zu Stadt, von Universität zu Universität, von Pfarre zu Pfarre war Flacius der lauteste und rücksichtsloseste Rufer, die streitbarste und umstrittenste Erscheinung. Noch heute erinnert im mitteldeutschen Sprachgebiet das Wort «Fläz» als Bezeichnung eines Mannes mit unhöflichen Manieren an diesen Kämpfer der Reformationszeit.

Der Pfarrer Ritter hat seine Biographie dieses Mannes, die ja schon vor vier Jahren erschienen war, gewiß nicht jedem seiner Schüler zugesandt. Es ist auch kaum Zufall, daß er sich Johann Caspars Dankesbrief so aufgehoben hat, daß dieser bis auf unsere Tage gekommen ist. Es muß eine enge persönliche Verbindung zwischen diesem Geistlichen und dem jungen Goethe vorgelegen haben; und deshalb müssen wir uns das Buch Ritters, das heute sehr selten geworden ist, genauer ansehen. Was steht in diesem Buch? Wovon handelt es?

Flacius hat vor allem in zwei Fragen eine führende Position bezogen. Die erste war die gegen das Interim, den kaiserlichen Versuch von 1548, auf dem Augsburger Reichstag zwischen Katholiken und Protestanten auszugleichen. Flacius bestand auf der Rechtfertigung allein durch den Glauben, verwarf jede Möglichkeit eines guten Werkes, verwarf den freien Willen, verwarf die lateinische Kirchensprache und «das ganze Gaukelwerk in der Messe mit Kleidern, Lichtern und Aufhebung». —

Die andere Frontstellung, die im Grunde aus der ersten folgte, war die gegen Melanchthon und alle jene Protestanten, die in der Frage der Erbsünde nicht unbedingt die lutherische Ansicht vertraten, gegen jene also, die von der Notwendigkeit der guten Werke sprachen und einen freien Willen annahmen. Flacius hat ähnlich wie Luther tief unter dem Bewußtsein der hoffnungslosen Sündhaftigkeit des Menschen gelitten, war davon so verängstet und darüber so verzweifelt, daß Luther in der Kirche für ihn beten ließ. Sein ganzes Leben war ein leidenschaftliches Streiten um die Lehrmeinungen in der Frage nach der Sünde. Mit seiner Familie von Ort zu Ort vertrieben, gerufen, aufgenommen und wieder vertrieben, zeitweise sogar in Haft, hat er die ganze evangelische Kirche in allen ihren Schichten in Unruhe und Aufregung gehalten. 1548 wurde die Universität Jena gegründet, gegen Melanchthon und gegen Wittenberg. Ihre Aufgabe war lange Zeit, die Hochburg der lutherischen Orthodoxie zu sein. Flacius hat vorübergehend an ihr gelehrt. Es kam soweit, daß Jenaer Professoren den Wittenbergern das Abendmahl verweigern, sie nicht als Taufzeugen zulassen wollten. Im Jahre 1560 hat im August auf dem Schloß, dem alten Hornstein zu Weimar vor dem Herzog acht Tage hindurch vormittags und nachmittags eine Disputation stattgefunden, in der sich Flacius zu dem Satz hinreißen ließ, die Sünde sei kein Akzidenz, kein Zusätzliches, sondern die Substanz, ja sie sei schlechthin das Wesen des Menschen. Nun warfen die Gegner ein, dann habe ja Gott selbst die Sünde geschaffen. So tiefgreifend war die Spaltung in der Kirche, daß selbst die Gemeinden in Akzidenzler und Substanzler zerfielen. Erst mit der Torgauer Konkordienformel von 1577 — concordia heißt Eintracht — hat die evangelische Kirche wenigstens für den größten Teil der ihr zugehörigen Länder und Städte den Streit beigelegt.

Für den Pfarrer Ritter bestand ein mehrfacher Anlaß, sich mit dem Leben dieses Theologen aus der Lutherzeit zu beschäftigen. Einmal hatte er rein menschlich Mitgefühl mit der Tragik dieses hemmungslosen, aber doch auch verantwortungsbewußten Glaubensstreiters. Seinen Ton lehnte er ab, seinen Thesen aber stand er nahe. Weiter: Flacius war ein Gelehrter. Seine Kirchengeschichte, bis zum 13. Jahrhundert reichend, ist die bedeutendste historische Leistung der Reformation. Auch Balthasar Ritter hat eine Kirchengeschichte geschrieben, 1726, nämlich die der Stadt Frankfurt. Vor allem aber: Flacius hat seine letzten Lebensjahre in Frankfurt verbracht, ist 1575 dort im säkularisierten Weißfrauenkloster gestorben und auf dem Peterskirchhof begraben worden. Die Ritter waren eine Frankfurter Pfarrerfamilie durch fünf Generationen. Mit dem Urahnen Matthias Ritter hat Flacius seine letzten Unterredungen gehabt, von ihm erbat er sich das letzte Abendmahl. Aus der Hand des Vorfahren lagen noch Schriften und Briefschaften von Flacius vor. Das alles bewog Ritter zu seiner Biographie.

Johann Caspar Goethe war Ritters Schüler, wie man annehmen darf, ein Lieblingsschüler. Er wurde in seinen Glaubensüberzeugungen durch seinen Lehrer geprägt und bestimmt. Als er auf die Universität ging, wurde er Jurist. Seine theologische Bildung aber verdankte er der Schule. Was er da gelernt hatte, das gab er weiter. Darin sah er seine Pflicht. Wie er ihr nachkam, das lehrt «Dichtung und Wahrheit». Goethe erzählt im Vierten Buch von den so anstrengenden Winterabenden, da der Vater ihm, der Mutter und Cornelia die «Unparteiische Historie der Römischen Päpste» [1748] vorgelesen habe. Verfasser war ein Schotte, ein früherer Jesuit, Archibald Bower. Dieser war von dem, was er in Rom bei der Inquisition erlebt hatte, so bedrückt und verstört, daß er nach England floh. Eine innere Bindung an seinen Orden blieb jedoch bestehen; er strebte zurück, starb schließlich aber als Protestant. Seine «Geschichte der Päpste» ist gut geschrieben, oft fast eine Geschichte der Mittelmeerpolitik und, da der Autor zwischen den Konfessionen stand, kenntnisreich nach vielen Seiten. Von den neun Bänden besaß der Vater drei, die bis in das hohe Mittelalter reichen. Goethe dokumentiert an den winterlichen Vorleseabenden die Hartnäckigkeit des Vaters, was einmal vorgenommen war, auch zu Ende zu führen. Uns aber ist ein anderes wichtig, daß der Vater überhaupt ein solches Buch las, und nicht nur für sich, nein, daß er verlangte, daß auch Frau und Kinder, so unmündig sie waren, mit der Geschichte des Papsttums bekannt gemacht werden mußten. So ernst nahm der Vater die christlichen, die konfessionellen Fragen, nicht nur für sich, sondern als deren christliches Oberhaupt auch für die ganze Familie.

Das religiöse Gespräch zwischen Vater und Sohn hatte früh begonnen. Die Mutter erzählt aus dem Jahre des Erdbebens von Lissabon, Wolfgang sei mit dem Großvater in der Kirche gewesen, wo der Geistliche die Weisheit des Schöpfers verteidigt habe. Der Rat fragte seinen Sohn nach der Predigt. Wolfgang antwortete: «Am Ende mag alles noch viel einfacher sein als der Prediger meint. Gott wird wohl wissen, daß der unsterblichen Seele durch böses Schicksal kein Schaden geschehen kann.» Das war 1755. Und unter dem 8. Juni 1830 berichtet der Kanzler von Müller: «Mein Vater war ein tüchtiger Kerl, aber freilich fehlten ihm Gewandtheit und Beweglichkeit des Geistes. Obgleich altertümlicher gesinnt in religiöser Hinsicht, nahm er doch kein Arg an meinen Spekulationen und Ansichten.» Altertümlicher gesinnt in religiöser Hinsicht — naturgemäß ist Wolfgang zunächst in strengem Luthertum erzogen worden; aber Jahr für Jahr wird der Knabe selbständiger, und so ist die Auseinandersetzung mit religiösen Fragen ein Hauptthema von «Dichtung und Wahrheit». Im 10. Band der Artemis-Ausgabe, Seite 949 bis 955, eben in der Einführung zu Goethes Autobiographie, ist im einzelnen dargelegt, wie, ohne daß der Vater genannt wird, die latente und offene Opposition schließlich dazu führt, daß sich Wolfgang ein ganz persönliches, nicht lutherisch geprägtes Glaubensverhältnis zum Stifter der christlichen Religion, ihren frühen Bekennern und zur Bibel erringt. Jede Position, die er hier bezieht, ist immer die Antwort auf eine Gegenposition, nämlich die seiner Erziehung, sei es im Elternhaus, sei es in der Schule, sei es in der Kirche. In einer seiner lateinischen Schulaufgaben, die ja teilweise erhalten sind, heißt es unter dem Januar 1759 von den Katholiken, daß «wir mit dieser Leute Aberglauben und Abgötterei nichts zu tun haben». Das hatte Flacius Illyricus auch gesagt. In Goethes «Brief des Pastors an den Pastor» aus den letzten

Monaten des Jahres 1772 steht aber: «Warum lästert ihr ihre Messe? Sie tun zu viel, das weiß ich, aber laßt sie tun, was sie wollen, verflucht sei der, der einen Dienst Abgötterei nennt, dessen Gegenstand Christus ist» [Art. Ausg., Bd. 4, S. 126ff. und S. 1011]. Rom und Venedig haben dann in Goethe, wie er sagt, «die protestantische Erbsünde», das heißt hier den Protest gegen Rom, wieder geweckt. — Andererseits, seine Versuche des Sich-Einfühlens in Anschauungen und Lehren des Katholizismus, etwa in der Lehre von den Sakramenten im Siebenten Buch, haben ihm Tadel seitens mancher Lutheraner und bei dem Liberalismus des 19. Jahrhunderts eingetragen. Nicht minder ablehnend war in gleichen Kreisen die Haltung gegenüber der Madonna-Vision in der letzten Szene der Faustdichtung. Aber hier wie dort wirkt sich bei Goethe jener Wille zum Verstehen aus, den er sich in der Jugend erkämpft hatte und ohne den auch der «Westöstliche Divan» nie gedichtet worden wäre.

Und weiter: die Lehre von der Erbsünde, die Flacius Illyricus und die ganze lutherische Kirche so tief erregt und beinah gespalten hat. Im Jahr 1769 hatte Wolfgang an der Synode der Herrnhuter zu Marienborn in der Wetterau teilgenommen. Er berichtet darüber in «Dichtung und Wahrheit». Die Gnadenwahl, die Erbsünde seien Hauptthemen gewesen. Er habe über diese Fragen bis dahin nicht selbständig nachgedacht. Jetzt ward er zur Entscheidung gedrängt und fand, daß er erbliche Mängel zwar zugeben müsse, aber an gute, von der Gnade geförderte Kräfte im Menschen glaube. So sah Goethe seine Entwicklung 1813, als er das Fünfzehnte Buch diktierte. Unmittelbarer, der Jugend näher, ist der erwähnte «Der Brief des Pastors» vom Dezember 1772. «Für die Erbsünde können wir nichts und für die würkliche auch nichts, das ist so natürlich als daß einer geht, der Füße hat.» Und noch 1824 heißt es in «Kunst und Altertum», wenn es ein radikales Böse, eine Erbsünde gäbe, so stünde dem auch eine Erbtugend gegenüber, eingeborene Güte, Rechtlichkeit, Neigung zur Ehrfurcht. Um dieselbe Zeit, da Goethe den «Brief des Pastors» schrieb, hatte er für das radikale Böse schon die Personifikation gefunden, waren schon die letzten Szenen des Urfaust geschrieben, stand Mephisto schon auf der Bühne.

Das Problem des Bösen ist in Goethes Dichtung so alt wie das des Erkennens. Mephistos Gestalt, immer sich wandelnd, begleitete den Dichter durch sein ganzes Leben. Und noch kurz vor seinem Tode in den letzten Versen der Fausttragödie formuliert er eine letzte Antwort auf eine Frage, die die alte Kirche, die Reformatoren, die die Aufklärung und ihn selbst immer wieder bedrängt hat, die Frage nach dem Bösen, nach der Sünde. Die Engel singen:

Uns bleibt ein Erdenrest
Zu tragen peinlich — —
Geeinte Zwienatur — —
Die ewige Liebe nur
Vermags zu scheiden.

Flacius Illyricus, Balthasar Ritter, Johann Caspar Goethe, Johann Wolfgang Goethe, — es gibt Fragen, vor deren Eindringlichkeit die Jahrhunderte zu Nichts werden.

Außer diesem Brief Johann Caspars an den Pfarrer Ritter gibt es nur noch ein einziges weiteres Zeugnis aus der Coburger Gymnasialzeit, das nun freilich keineswegs aus einer geistesgeschichtlichen Atmosphäre stammt. Das ist ein Protokoll vom 17. November 1727, daß zwanzig Gymnasiasten nächtlicher Weile vom Gasthof «Zum Schwan» durch die Gassen auf den Markt über den Friedhof und wieder durch die Gassen zum Gymnasium gezogen seien, mit einer Musikbande und schreiend: «Licht aus, sonst schmeißen wir die Fenster ein», dazu «blökend wie die Ochsen». Unter diesen ist auch Johann Caspar gewesen. Vierzehn Tage nach dieser wilden Nacht wurde der lateinische Brief an den Pfarrer Ritter geschrieben.

Nirgends war im 18. Jahrhundert das Treiben der Studenten so ungeschlacht wie in Gießen. Selbst in Jena war man milder. Es ist also durchaus möglich, daß sich Szenen wie die, über welche das Coburger Protokoll berichtet, in Gießen wiederholt haben, nachdem sich Johann Caspar dort am 9. September 1730 hatte immatrikulieren lassen. Aber vielleicht waren in Gießen solche Szenen zu alltäglich oder allnächtlich, als daß man darüber gleich ein Protokoll aufnahm.

Die Universität Gießen war 1607 von Darmstadt aus als lutherische Universität gegründet worden, weil Marburg 1605 calvinistisch geworden war. Das Collegium illustre wurde 1611 gebaut und hat bis 1830 gestanden. Es war ein schlichter Barockbau von drei Stockwerken mit je zehn durch einen Mittelpfeiler geteilten Fenstern und am rechten und linken Ende mit je einem Fassadengiebel. Auf der Dachmitte saß ein kleines Türmchen mit einer Glocke, die Unterrichtsstunden einzuläuten. Das Ganze war nicht eben viel größer als das Coburger Gymnasium oder der Weidenhof in Frankfurt. Auch das väterliche Gasthaus an der Zeil hatte wie die Gießener Universität drei Stockwerke mit je zehn Fenstern. Das muß man sich vergegenwärtigen. Noch hielten die meisten Professoren ihre Kollegs «in domo», d. h. in ihrer Wohnung.

Gießen hatte um 1730 in jedem Semester etwa vierzig Immatrikulationen. Im ganzen studierten damals nur 187 Studenten dort. In Leipzig, wohin Johann Caspar 1731 ging, waren es immerhin 700 bis 750. Auch 1765, als der Sohn, als Johann Wolfgang die Leipziger Universität bezog, waren es nicht mehr; denn Leipzig hatte durch den Krieg um Schlesien gelitten. Johann Caspar blieb bis 1735 in Sachsen; er habe für Leipzig immer eine große Vorliebe behalten, sagt der Sohn im Ersten Buch von «Dichtung und Wahrheit». Das juristische Colleg, das Petrinum, lag nahe dem Peterstor und der Pleißenburg. 1632 hatten die Kaiserlichen hier im Haus der Juristen ihre Kartaunen aufgestellt und die Feste beschossen. Deren Geschütze antworteten auf das Petrinum. Nach der Schlacht bei Lützen stellten die Kurfürstlichen ihre Artillerie in die Fakultätsräume, und diesmal antworteten die Kaiserlichen. Es ist verständlich, daß alles in Trümmer ging. Der Neubau erhob sich 1641 an der gleichen Stelle. Der Vorlesungs- und Promotionssaal, nicht eben groß, wurde in der Mitte von zwei barock gedrehten Holzsäulen getragen. Rings entlang den Wänden liefen, um zwei Stufen erhöht, die Sitze für die Grafen und die Graduierten. Im Fond, den beiden gestaffelten Kathedern gegenüber, waren die Bänke für die Studenten, und hier haben sie beide gesessen, Johann Caspar und später Johann Wolfgang, jener in Perücke, dieser in gepudertem Haarschopf.

Nach den vier Jahren in Leipzig ging Johann Caspar zur weiteren Ausbildung in der juristischen Praxis an das Reichskammergericht zu Wetzlar. — Leipzig und Wetzlar, — alles was später der Sohn durchexerzieren mußte, ward hier vorweggenommen, nur eben für uns ohne ein Käthchen Schönkopf, ohne eine Lotte Buff. Das persönliche Leben dieses Studenten Goethe bleibt völlig im Dunkeln.

Die nächsten sicheren Daten, die wir haben, sind der 18. und der 30. Dezember 1738, der Tag der Disputation und der Tag der Promotion zum Doktor der Jurisprudenz in Gießen. Die Dissertation, in Latein: «Electa de aditione hereditatis ex iure Romano et patrio illustrata» — Über römischen und deutschen Erbvollzug, hat Johann Caspar vermutlich seit 1737, wir wissen nicht in Frankfurt oder in Gießen, beschäftigt. Die Promotion erfolgte am vorletzten Tag des Jahres 1738. Den Druck, in Quart, 178 Seiten, mit schönen barocken Vignetten, klarer Type auf gutem Papier, hat Lammers in Gießen hergestellt. Der erste Teil, der vom römischen Erbrecht handelt, umfaßt 55, der zweite 24 Paragraphen. Für das deutsche Recht ist vor allem der Sachsenspiegel, das Magdeburger und Frankfurter Recht, aber etwa auch das fränkische, württembergische und churpfälzische Land-Recht herangezogen worden. Von besonderer Bedeutung für die Familie Goethe sollte indes am Schluß ein Satz aus § 24 werden: «Liquet quod nec personae alias immunitate a detractu emigrationis e[xempli] g[ratia] Ministri principum, Clerici, professores, doctores, studiosi gaudentes a Decima nostra sese liberare valeant», das heißt: jeder, der aus der Stadt Frankfurt wegzieht, selbst die sonst von solchen Steuern Befreiten wie fürstliche Minister, Geistliche, Professoren, Doktoren und Studenten, haben beim Abzug den zehnten Teil ihres Vermögens der Stadt zu überlassen. Dies Privileg hatte Kaiser Maximilian II. in Speyer 1570 gegeben, um Frankfurt für die Belagerung von 1552 im Schmalkaldischen Krieg schadlos zu halten. Die Stadt bestand streng auf ihrem Recht, wurde doch, wie derselbe Paragraph lehrt, selbst Vätern von zehn Kindern hier keine Milde und keinerlei Nachsicht gewährt. Johann Caspar konnte nicht ahnen, daß auch von seinem dann allerdings schon arg zusammengeschmolzenen Vermögen einst dieser Zehnte zu zahlen sein würde, zum Verdruß des Sohnes, als dieser am 9. Dezember 1817 das Frankfurter Bürgerrecht aufgab.

Angefügt an den Druck der Dissertation ist wie üblich eine lateinische laudatio durch den Dekan, den Professor Johann Friedrich Kayser [1685—1751], und eine herzliche Begrüßung durch den Professor Heinrich Christian Senkenberg, nicht nur weil die Väter befreundet gewesen seien — floruit inter parentes nostros amicitia —, sondern weil der Professor Johann Caspar zu seinen persönlichen Schülern zählte. Ehe nämlich Senckenberg Professor ward, hatte er sich 1729 in Frankfurt als Advokat niedergelassen, und hier hatte Johann Caspar, zwischen Coburg und Universität, seine erste praktische Anleitung in der Jurisprudenz erfahren. Wenn Senckenberg jetzt, nur sechs Jahre älter als Johann Caspar und selbst erst wenige Jahre vor ihm in Gießen Doctor juris und Professor geworden, zum Schluß den jungen Goethe um seine Freundschaft und sein Wohlwollen bittet und seinerseits beides zurückzugeben verspricht, so ist hier einmal die akademische Phrase durchbrochen und dem jungen Juristen von einem angesehenen und besonders auch wegen seines Charakters hochgeachteten Gelehrten, der später einflußreicher Reichshofrat in Wien werden sollte, öffentlich ein schönes persönliches Zeugnis ausgestellt. Das muß uns dafür schadlos halten, daß die überlieferten Schriften meist am Wesentlichen, eben am Menschlichen, vorbeigehen, dafür um so wortreicher sich mit Formalitäten abgeben.

Vielleicht aber bestand noch eine andere Bindung Senkkenbergs an den Doktoranden Goethe. Es ist die Frage aufgeworfen worden [von dem Professor der Rechte in Gießen Reinhard Frank im Feuilleton der Frankfurter Zeitung vom 4. und 5. Mai 1898 und von Gustav Nick, Quartalblätter des Historischen Vereins für das Großherzogtum Hessen, Bd. 2, Nr. 10, 1898], ob nicht Senckenberg zu einem guten Teil an der Abfassung der Dissertation beteiligt gewesen sei. Außergewöhnlich wäre das nicht gewesen, da die Professoren in jener Zeit, wo es kaum wissenschaftliche Zeitschriften gab, die Doktorarbeiten ihrer Schüler gern benutzten, um in Streitfragen zu Wort zu kommen. Das Problem sei hier nur erwähnt. Ob es sich je eindeutig klären läßt, sei dahingestellt, und wenn, dann jedenfalls nur von juristischen Fachgelehrten. Johann Wolfgang jedenfalls war auf die Dissertation seines Vaters stolz. Er erwähnt sie rühmend im Ersten Buch von «Dichtung und Wahrheit» und 1811 gegenüber dem Oberbibliothekar Eichstädt in Jena.

Eine von der Fakultät begangene Promotion hatte früher eine ganz andere Bedeutung als heute. Sie war ein großes und seltenes akademisches Fest, in dem die Universität sich selbst feierte. Es war ja die schöne examenlose Zeit. Man ging auf die Universität, wenn man die Kurse des Gymnasiums durchlaufen hatte; aber es gab weder eine Prüfung hier noch eine Prüfung dort. Das Abiturientenexamen kam erst gegen Ende des 18. Jahrhunderts auf. Andererseits öffneten die Universitäten ihre Pforten jedem, der von einem Gymnasium kam, «denn», so wurde einmal argumentiert, «es wird schwer fallen, einen allein der Unwissenheit halber nicht zuzulassen»! Nach vier bis fünf Jahren Studium konnte man sich dann um den Doktorgrad bemühen. Das taten aber nur wenige. Baccalaureus nach zwei Jahren oder Magister oder Licentiatus nach etwa drei Jahren wurden schon mehr. Zur Doktorpromotion gehörte die wissenschaftliche Untersuchung und gehörte Geld, viel Geld. Die Fakultät vertrat den Standpunkt, wer die Ehre haben will, soll dafür zahlen. Deshalb verschoben die Doktoranden zumeist den Aktus, bis sie mehrere beisammen waren. Andererseits hatten auch die Professoren den Wunsch, die Prüfungen an einem Tag vorzunehmen. In Leipzig — hier sind die Zahlen und Daten veröffentlicht — haben am 4. Dezember 1727 sieben Doktoranden gemeinsam zum Doktor juris promoviert. 1728, 1729, 1730 promovierte dort kein Jurist. 1731, am 29. November, promovierten gleichzeitig fünf. Dieses eindrucksvolle Fest hatte Johann Caspar miterlebt. Vergegenwärtigen wir uns: gerade 1731 bis 1735, das waren die Jahre, in denen er in Leipzig studierte. 1732, 1733, 1734, 1735 promovierte keiner. 1736 promovierten wieder an ein und demselben Tag drei juristische Kandidaten; 1737, 1738, 1739 promovierte keiner. Im Jahre 1740 fand nur eine juristische Promotion statt, dann nach drei Jahren Pause, erst 1744, waren es vier. So sah es in Leipzig aus. Auch in Gießen tat man sich zusammen, um die Kosten zu senken. Johann Caspar gesellte sich zu einem Commilitonen aus Osnabrück. Die beiden Doktoranden wandten sich an den Rektor, meinten, sie wollten gewiß mit Pauken und Trompeten promovieren, auch den üblichen Schmaus für Professoren und Commilitonen geben, aber alle unnützen und überflüssigen Solennitäten sollten ihnen erlassen bleiben. Nun fanden in Gießen Sitzungen statt. Alle Fakultäten und alle Professoren hatten zu gutachten; die einen hängen am Alten, die anderen fürchten, die beiden Studenten könnten an einer anderen Universität promovieren, wenn es dort billiger wäre. Schließlich geht alles an den Landgrafen in Darmstadt. Seine Entscheidung ist nicht mehr vorhanden; aber er hat das Gesuch gebilligt. Die unnützen und überflüssigen Solennitäten, die wegfielen, das waren im Festzug die Ehrenjungfrauen [paranymphae, eigentlich Brautjungfern], die von ihnen gewundenen Lorbeerkränze und die Knaben mit Fackeln und Büchern.

Auf alle Fälle, es ist eine wunderbare und großartige Feier gewesen! Zwei Zeitschriften haben seitenlang darüber berichtet, «Der Juristische Bücher-Saal», Frankfurt 1739, im 14. Stück S. 564ff., und die «Frankfurtischen Gelehrten Zeitungen» vom 30. Januar 1739. Das Ganze hat mit einer Prozession begonnen. Die Glocken der Burgkirche neben der Universität läuteten. Der Pedell mit dem Universitätszepter schritt voraus. Es folgten zwei Studenten. Die Kandidaten, die Professoren, die Gäste schlossen sich an. So versammelte man sich vor dem Hause des Dekans, der ja die Promotion vorzunehmen hatte. Von da ging es zur Universität. Pauken und Trompeten erdröhnten, bis der feierliche Zug, die Professoren in schwarzer Kleidung und langen Mänteln, im Auditorium Platz genommen hatte. Jetzt begann der eigentliche Festakt, und zwar mit einer Cantate «unter vollständiger Instrumental-Musique». Der Text ist erhalten. Die erste Aria setzte vermutlich in Moll ein:

> Sanftes Chor!
> Holde Schaar der Pierinnen!
> Was vor Jauchzen bricht hervor?

Es folgten ein Rezitativ: «Geprießnes Lahn-Athen», gemeint ist Gießen, weiter eine Arie, diesmal auf Asträa, dann ein Arioso: «Wo Kunst und Wissenschaft sich mit der Tugend gatten», ein zweites Rezitativ, nochmals eine Arie, ein drittes Rezitativ: «So kommt dann, wer die Tugend ehrt, Und wer durch seltnes Wissen Sich träger Eitelkeit entrissen Und von dem Pöbel abgekehrt», dann eine Aria: «Du Jehova, Gott der Ehren», ein neues Rezitativ, und eine fünfte Aria am Schluß, wobei zu bemerken, daß jede Aria da capo gesungen werden mußte. Die Arie auf Jehova, das hatte der Komponist den geistlichen Cantaten der Zeit, wie sie etwa Telemann vertrat, entnommen; die anderen Texte sind barocke Bildungslyrik der Universitätssphäre.

Wer nicht weiß, was Asträa bedeutet, schlägt am besten Hederichs «Gründliches Lexicon Mythologicum» nach, das der Dichter Goethe selbst bis zuletzt in Weimar noch auf seinem Pult stehen hatte. Dort liest man, daß Asträa als Göttin der Gerechtigkeit einst im Goldnen Zeitalter auf der Erde weilte: Sie «unterhielt die Menschen in Recht und Billigkeit, daher auch weder einiger Krieg war, noch sonst dergleichen etwas vorgieng.» Als es aber hier immer schlimmer und schlimmer wurde, flog sie wieder gen Himmel und wurde die Jungfrau im Tierkreis, und weiter: «Sie ist aber immittelst eine Jungfer; wannenhero die, welche Vorsteher der Gerechtigkeit seyn wollen, sich auch redlich und unbefleckt verhalten und mithin nicht sich mit Geschencken bestechen sollen lassen.»

Wenn wir uns die Lieder vor Augen halten, die ein Vierteljahrhundert danach Wolfgang Goethe als Leipziger Student seiner Annette, d. i. Käthchen Schönkopf, oder Friederike Oeser widmete, — von Tugend, Ehre, Weisheit, Lorbeer ist da eben nicht viel die Rede, um so mehr vom entblößten Busen der Mädchen, von weißen Armen und schmachtenden Augen, von Zärtlichkeit und sanfter Wollust, vor allem von Amor und nicht von Asträa. Rokoko statt Barock. Zeit und Lebensgefühl hatten sich gewandelt. Vor allem aber die dichterische Aufgabe war eine gänzlich andere und verlangte andere Stilmittel. Indes, daß eben dieser Johann Wolfgang 1771 in Straßburg nicht auch so schön zum Doctor juris promovierte wie er selbst einst in Gießen, sondern daß er nur den Licentiatus juris heim nach Frankfurt brachte, das ist dem Vater immer ein Schmerz und eine Enttäuschung gewesen.

Nachdem die Cantate, vorgetragen vom Collegium musicum der Universität, verklungen war, hielt der Dekan vom obersten Katheder aus eine lateinische Ansprache. Dann stiegen die beiden Kandidaten zu ihm empor. Eide wurden geschworen, Bücher symbolisch auf- und zugeklappt. Die Doktoranden empfingen vom Dekan den Doktorkuß. Die Ringe wurden ihnen angesteckt, der Doktorhut auf das Haupt gesetzt. Der Doktor Justus Eberhard Berghoff, so hieß der Osnabrücker Doktorand, hielt eine lateinische Dankansprache. «Der gantze solenne Actus endigte sich mit einem schönen Concert.»

Indes das ist nur die Feier im «auditorio solemni» der Universität gewesen. Jetzt begab man sich wieder in feierlicher, wohlgeordneter Prozession, der Rektor und der Superintendent führten, in die Hauptkirche, «all wo man abermahl eine angenehme Musique aufführete». Nunmehr läuteten auch die Glocken der Stadtkirche. Die beiden Doctores traten vor den Altar. Der Superintendent Liebknecht hielt eine «sehr zierliche und wohl ausgearbeitete Rede» in lateinischer Sprache über Johannis XVIII, V. 38: «Spricht Pilatus zu ihm: ‚Was ist Wahrheit?‘» Dann legte er den Promovierenden die Hände auf und segnete sie ein. Verantwortung vor Gott, so wurde die Promotion erlebt.

Schließlich folgte der Doktorschmaus. Der Zug ordnet sich zum vierten Male. Feierlich und wieder unter dem Glockengeläute der Hauptkirche und der Burgkirche bewegt er sich zum Gasthaus, «woselbst der Academische Senat bey einer anständigen Taffel-Musique von den nunmehrigen Herren Doctoribus tractiret wurde». Einzelheiten liegen hier nicht vor. Gewöhnlich waren es etwa fünfzig Gäste. Wir wissen, daß vier hochadelige Assessoren vom Reichskammergericht sowie Fürstliche Regierungsräte an der Tafel teilnahmen, «nicht weniger hiesiger Herr Commendante ingleichen der Herr Obrist-Lieutenant nebst Herrn Obrist-Wachtmeister». Im ganzen betrugen die Unkosten für eine Doktorwürde in Gießen, wenn statutgemäß verliehen, im 18. Jahrhundert vierhundert bis fünfhundert Reichsthaler. Im Fall der Promotion vom 30. Dezember 1738 teilte sich die Summe durch zwei. Das war nicht wenig, wenn man bedenkt, daß Goethes Anfangsgehalt in Weimar als Geheimer Legationsrat im Conseil 1200 Reichstaler jährlich betrug.

Vermutlich beim Doktorschmaus sind dann auch die beiden Festgedichte vorgetragen worden, von denen sich Exemplare im Goethehaus erhalten haben. Das eine besteht aus hundert Alexandrinern. In Folio typographisch auf Mittelachse angelegt ist das Titelblatt doch zugleich gereimt, so daß man den Text so ordnen kann:

Als der längst bewährte Fleiß
Die Verdienste kennbar machte
Und mit abgewichnem Jahr
Siebzehnhundert Dreysig Achte
Der erlangte Doctor-Huth
Seinen werthen Freund Herrn Goethe
Im berühmten Lahn-Athen
Auff Asträa Thron erhöhte,
So eröffnet dieses Blat
Mit Glückwünschenden Gedancken,
Wie ein treuer Knecht aus Francken
Sich darob erfreuet hat.

J. C. Schneider
Würtzburg

Der Verfasser des Carmen ist mit dem Lebenslauf des Doktoranden gut vertraut. Er nennt die Namen seiner Lehrer in Coburg, darunter auch Schwarz, den wir schon kennen, und er schließt — und das läßt uns an das Musikzimmer im Goethehaus denken — mit den Versen:

Du kanst mit Deinen Sayten
Das allerstrengste Hertz, den härtsten Sinn bestreiten;
Dein süßes Lauten-Spiel bezwingt so Bäum als Stein,
Um wieviel mächtiger wird es in Franckfurt seyn?
In Franckfurt, wo man schon Dein artig Wesen kennet,
Wo keine Schäferinn dich ohn' Empfindung nennet.
So geh' und zeig mir bald der Liebsten Nahmen an
Und bleibe mir allzeit mit Freundschafft zugethan. —

In diesem treuen Knecht aus Franken hat man jenen Johann Caspar Schneider — dieselben Vornamen wie der Doktorand sie hatte — wiedererkannt, der um zwei Jahre jünger als dieser als Handwerkssohn zu Kitzingen am Main im Jahre 1712 geboren war und dann als guter «Hausfreund» des Kaiserlichen Rates in «Dichtung und Wahrheit» seine wohlverdiente Stelle fand. Er war von Beruf Kaufmann, wurde in Frankfurt churbayrischer Rat und Agent und wohnte zuletzt im Gasthaus «Zum Rebstock» nahe dem Dom. Er ist es gewesen, der Klopstocks «Messias» in das Haus «Zu den drei Leyern» einschwärzte, in dem er sonntäglicher Mittagsgast war. In der Gretchenaffäre hat er zugunsten Wolfgangs klug vermittelt und als politischer Korrespondent hat er den Knaben zu jener Siegelsammlung angeregt, die dann Herder in Straßburg verspottete und lächerlich machte. Mit der Frau Rat teilte er die Liebe zum Theater. Die Neuberin — im «Urmeister» Madame Retti —, hatte er aus persönlichem Umgang gekannt. Für diese Schauspielerin und ihre Schaubühne als «Schule guter Sitten» hatte auf Empfehlung Hamburger Geschäftsfreunde hin schon 1736 das Haus Metzler bei den vornehmen Familien der Stadt geworben und hatte auch die Spielerlaubnis auf dem Liebfrauenberg durchgesetzt. Der Rat Schneider aber wird erst 1745, zur Krönung Franz I., mit der Künstlerin in Verbindung getreten sein, in jener fatalen Spielperiode, da die Frankfurter die Kunst wieder an den Hanswurst verrieten. Vielleicht lernte er sie auch erst 1752 kennen, wo sie in einer Hütte auf dem Roßmarkt bei der Schuchschen Truppe die Clytämnestra in Racines «Iphigenie» gab. Auf alle Fälle, wer als Student den Alexandriner so gut zu handhaben wußte, hat ebenso Liebe und Verständnis für die große Alexandrinertragödie der Zeit wie für den Hexameter Klopstocks gehabt.

Daß Schneider sich sofort ins Goethesche Haus begab, als im Juni 1774 Lavater dort abstieg, war selbstverständlich. Lavater hatte den Maler Schmoll mitgebracht, der für seine «Physiognomischen Fragmente» Porträts aufnehmen mußte. Wolfgang, selbst Zeichner und Maler, war mit dem künstlerischen Kollegen «spazieren gefahren auf'm Main in Sandhof, wo sie nach Frankfurter Manier einen Teller voll Krebse miteinander aßen. Wir [d. h. die Eltern und Lavater] besahen Chodowieckis Zeichnungen, waren herzgut, ungeniert, vertraulich beieinander. Ein Rat Schneider saß bei uns». So Lavater in seinem Tagebuch. Er vergleicht, und das sagt viel, den «treuen Knecht aus Franken» mit dem Onkel Tobias in Sternes Roman «Tristram Shandy». Das war vierunddreißig Jahre nach der glorreichen Promotion in Gießen. Johann Caspar Schneider starb 1786, also wenige Zeit nach Johann Caspar Goethe und eben da sich Johann Wolfgang zu seiner Italienreise anschickte.

Das andere Gedicht, das sicher nicht weniger Beifall fand, untersucht in einer Reihe von Strophen den Wert des Lorbeers, den des Fürsten, des Helden, den des Adels, aber nur, um stets seine Nichtigkeit zu entlarven, auch beim Poeten.

Ein Krantz umlaubet den Poeten,
Was ist sein Wehrt? ein ängstlich Wort,
Ein magrer Reim, ein Ton der Flöten,
Den treibt der Nordwind plötzlich fort.
Wie schwach, daß man sich hoch vermißt,
Weil man ein Sylben-König ist.

Nur der Lorbeer der Weisheit gilt, der nun, «Erhabner Goethe», wieder unter Anrufung von Asträa, dem Doktoranden zugesprochen wird, gleichsam prophetisch Vater und Sohn verwechselnd:

So nimm den Preiß, den du verdienet,
Nimm den geweyhten Lorbeer hin,
Der jetzt um Deinen Scheitel grünet,
In dem schon tausend Früchte blühn.
Gibt nun der Himmel sein Gedeyn,
Wird Goethens Lorbeer ewig seyn.—

Ja, das Barock verstand zu feiern. Wie seine Architektur, wie seine Musik, so war auch sein Brauchtum — festlich. In Pisa, heißt es, läutet heute noch die Glocke, wenn ein Student der Rechte zum Doktor graduiert wird. Aber solches Bewahren der alten akademischen Sitten ist selten genug. Wo sind bei uns Doktorringe, wo Doktorhut und Doktorkuß? Ganz zu schweigen vom sakralen Bereich. Was ist uns von der alten Herrlichkeit und vom alten Glanz geblieben? — Nur das resigniert melancholische Wort: «mit Pauken und Trompeten durchgefallen». —

Während Johann Caspar in Coburg und auf den Hochschulen war, hatte sich in Frankfurt Entscheidendes verändert. Im Februar 1730 war der Vater gestorben. Er hatte ein großes Erbe hinterlassen, außer dem Weidenhof je ein Haus an der Eschenheimer und Bockenheimer Gasse, den Weinberg am Röderberg, zwei Gartengrundstücke vor den Mauern, 14 verschiedene Insätze d.h. Grundstücksbeleihungen und 17 Sack Geld, je nach der Münze der verschiedenen Staaten sortiert. Die Familie war nach Frankfurter Verhältnissen nicht reich, aber sie war wohlhabend. Johann Christian Senckenberg, Arzt in Frankfurt und Bruder des Gießener Professors, hat in seinem Tagebuch von diesem Gastwirt Goethe ausgesagt, er sei im Alter vor Hochmut fast von Sinnen gekommen. Was heißt hier Hochmut? Was heißt hier: von Sinnen? Vielleicht vermißte der Graduierte, standesmäßig selbstbewußt, seitens des Gastwirts die Devotion. Sollte man aber nicht eher meinen, wer als wandernder Schneidergeselle angefangen hat, dann aber ein solches Vermögen hinterlassen konnte, der sei ganz besonders gut bei Sinnen gewesen? Die Witwe führte den Gasthof noch fünf Jahre weiter. Dann 1733 kaufte sie sich zwei Häuser am Großen Hirschgraben. Zwei Jahre später veräußerte sie den Weidenhof. Hier, am Hirschgraben, bei der Mutter, hatte von nun an Johann Caspar sein Heim, wenn er in die Vaterstadt zurückkehrte.

Das also war es, was man jetzt von Johann Caspar erwartete, einmal eine Schäferin in Frankfurt als Gattin, wie es der Freund Schneider erhoffte, zweitens ein tüchtiger Jurist in der gemeinsamen Vaterstadt zu werden, wie es der Professor Heinrich Christian Senckenberg in seiner Begrüßung zur Doktorfeier ausgesprochen hatte. — Was aber wollte er selbst? — Wir wissen es nicht. Vielerlei Möglichkeiten standen ihm offen: einmal die theoretische Jurisprudenz. Mit dem Doktortitel war, zumal wenn man «ad facultatem» und nicht «extra facultatem» promoviert hatte, was in Leipzig erst seit 1722 möglich war, die Anwartschaft auf den Fakultätsbeisitz verbunden, weiter natürlich die venia legendi, also die Universitätslaufbahn. Erst im Anfang des 19. Jahrhunderts wurde für diese ein besonderes Examen eingeführt, die Habilitation, so 1819 in Preußen. Dann war weiter einem Doctor juris der Weg frei für alle praktischen juristischen Berufe, die Advokatur, die höhere Verwaltung, sei es in den Freien Städten oder im Fürstendienst, schließlich die politisch-diplomatische Laufbahn. Es ist uns aber leider kein einziges unmittelbares Wort von Johann Caspar überliefert, wohin es ihn nun wirklich zog. Zunächst scheint er nach Frankfurt zur Mutter zurückgegangen zu sein. Dann kam es darauf an, Welt zu sehen und im Auftreten Welt zu haben. So tat er, was alle taten, die irgendwie ihren Gesichtskreis erweitern und für einen späteren anspruchsvollen Beruf sich rüsten wollten. Er begab sich auf die Kavalierstour, wie sie damals für junge Männer mit Vermögen und Bildungsstreben üblich war, das heißt, er lernte Wien kennen, seit mehr als einem Jahrhundert die Residenz der Kaiser des Heiligen Römischen Reiches Deutscher Nation. Dann wollte er Italien, Frankreich und Holland sehen. Das Bittgesuch vom Jahre 1742, in dem Goethe von Karl VII. den Titel eines Wirklichen Kaiserlichen Rates erbat, hebt die auf Reisen geschöpfte Einsicht in die Sitten und Gebräuche verschiedener europäischer Staaten besonders hervor, erwähnt aber neben der Tätigkeit am Reichskammergericht in Wetzlar auch eine solche am Reichstag zu Regensburg und Reichshofrat in Wien. Da die Promotion in Gießen am 30. Dezember 1738 stattgefunden hatte, der Aufbruch von Wien nach Italien aber genau ein Jahr später, am 30. Dezember 1739 vor sich ging, kommen also für den Aufenthalt in Regensburg die ersten Monate des Jahres 1739, für den in Wien die späteren in Frage.

NACH REGENSBURG UND WIEN

Seit 1663 war der Reichstag — früher eine Zusammenkunft zumeist von Fürsten, nach Bedarf vom Kaiser in diese oder jene Stadt einberufen — zu einem ständigen Kongreß von Gesandten geworden. Der Sitz war Regensburg, der Tagungsraum der Saal des Rathauses. Heute noch ist er in der alten Form erhalten. Da saßen und verhandelten die Vertreter der sieben Kurfürsten, der hundert Reichsfürsten und die der Freien Städte, ein Parlament der Reichsstände. Wie oft sie regelmäßig wöchentlich Sessionen hielten, scheint sich nicht ermitteln zu lassen, kaum täglich, sind wir doch im ançien régime und die Gesandten meist Herren von Stand. «So fleißig wie ein Deutscher von Adel! das hab ich mein Tage nicht gehört», läßt Goethe im «Götz» seinen Liebetraut am Hof von Bamberg sagen, doch wohl auf Grund eigener Erfahrungen. Schreiber und Sekretäre freilich hatten täglich zum Diktat beim Reichstagsdirektorium zu erscheinen.

Was hat Johann Caspar in Regensburg getan? Zu den Sitzungen hatte er keinen Zutritt. Auch hatte er keinerlei Auftrag, keine Pflicht, keine Verantwortung. Aber als Sohn eines Frankfurter Bürgers und als Doctor juris war auch ohne besondere Empfehlung die Verbindung zu dem Vertreter der Freien Reichsstadt Frankfurt gegeben. Die Freien Städte gehörten zwei Gruppen zu, dem oberrheinischen und dem schwäbischen Kreis. Frankfurt zählte zum oberrheinischen Kreis. «Wir oberrheinischen Gesellen» sagt Goethe einmal von sich und seinen Freunden in «Dichtung und Wahrheit». Indes der Kreis als solcher unterhielt keinen Vertreter in Regensburg, vermutlich deshalb nicht, weil die Interessen nicht einheitlich waren. Dafür hatten die Reichsstädte, zuweilen eine allein oder mehrere zusammen, ihren «Consulenten». Der der Stadt Frankfurt hieß, als Johann Caspar nach Regensburg kam, Johann Ulrich Bösner, ein Mann von 59 Jahren, der einst in Gießen seinen Licentiaten juris gemacht hatte und der dem Regensburger Geheimen Rat angehörte, ein Patrizier. Er hatte durch seine Mutter verwandtschaftliche Beziehungen zu Frankfurt, war durch diese nach Wien an den Reichshofrat und dann in seine Regensburger Stellung gekommen. Jede Woche schrieb er einen Bericht an den Rat im Römer. Drei Folianten solcher Reichstags-Akten aus dem Jahre 1739 sind im Bundes-Archiv erhalten.

Im Hause Bösners also ist Johann Caspar aus- und eingegangen. Hier können wir ihm einmal über die Schultern sehen. An diesen Berichten nach Frankfurt hat er sich geschult. Was enthalten sie? Keine große Politik. Noch war Windstille im alten Reich. Das meiste sind Religions-Gravamina; und da die Berichte an eine evangelische Stadt gehen, sind es zumeist Klagen über die Katholiken. Aber gerade das war für die Denkungsweise Johann Caspars nicht unwesentlich. Da beschwert sich das Corpus Evangelicorum beim Kurfürsten von Mainz, in Cronberg vor der Höhe sei das neue Rathaus abgebrochen worden, um dem

Neubau einer katholischen Kirche Raum zu geben, die unmittelbar neben der evangelischen aufgeführt worden wäre, auch noch mit erpreßten evangelischen Steuergeldern. Die Herrn von Dienheim haben widerrechtlich dem evangelischen Kirchenmeister in Schornsheim seine Stellung genommen zugunsten eines katholischen Nachfolgers. In Erbendorf verbaut der katholische Geistliche am Gründonnerstag den gemeinsamen Altar durch ein Heilig Grab, so daß der evangelische seine Beichtvesper nicht halten kann. In Weyden dürfen die evangelischen Bürgerssöhne nicht mehr durch Heiraten mit reichen katholischen Bauerntöchtern Geld aus dem Leuchtenbergschen ins Land bringen. «Und geschieht auch öfters, daß Evangelische Väter von ihren erwachsenen leiblichen Kindern Catholischer Religion in ihrem Alter wie Hunde und nicht wie Väter gehalten, wegen ihrer Religion sündlich verspottet, unverantwortlich angefeindet und wohl gar zum Abfall hart angetastet werden.» Nöte des alten Reiches! Der Kummer über das Durcheinander der verschiedenen Münzsorten ist nicht minder groß. Je länger man in diesen Berichten liest, um so mehr verliert die Krone des Heiligen Römischen Reiches Deutscher Nation von ihrem Glanz. Aber was hier an curialem Stil zu lernen war, das hat ein Jahrhundert lang bei Vater und Sohn vorgehalten.

Indes Johann Caspar wird sich nicht nur in Bösners Schreibstube aufgehalten haben. Man konnte die Vertreter der verschiedenen Reichsstände persönlich kennenlernen. Es gab gesellschaftliche Begegnungen, möglicherweise schlossen sich Freundschaften. Weiter sah man sich die Stadt und Umgebung an. Wir kennen Johann Caspars offenen Blick für die Fülle des Lebens, seine lebhafte Teilnahme an allen Kunst- und Baudenkmälern aus seinen Berichten über Italien. Natürlich hat ihn auch der Regensburger Dom interessiert, obwohl der Gotik damals noch nicht die Bahn gebrochen war. Doch als ihm Wolfgangs Freund Crespel — später der «Rat Krespel» in E. T. A.

Hoffmanns gleichnamiger Novelle — im Jahre 1776 von seinem Wirken bei dem Fürsten Thurn und Taxis zu Regensburg und vom dortigen Dom schreibt, nun unter dem Einfluß von Wolfgangs Hymnus auf «Erwin von Steinbach», da antwortet am 18. Januar 1777 Johann Caspar von Frankfurt nach Regensburg: «Durch die vorläufige Beschreibung des dasigen Dohms werden meine Ideen ganz verjüngt». Es ist eine Erinnerung an seinen Regensburger Aufenthalt, wenige Jahre vor seinem Tode.

Im Mai kränkelte Johann Ulrich Bösner, Anfang Juni zeigt die Witwe auf schwarz umrändertem Bogen den Herren im Römer den Tod ihres Mannes an. Bei dessen Nachfolger Barth wird Johann Caspar nicht geblieben sein. Jetzt lockte Wien. Dorthin ging die Reise, wohl kaum mit der Postkutsche, sondern zu Schiff die Donau hinab über Straubing, Passau, Linz. —

«Die Sonne war eben prächtig aufgegangen, da fuhr ein Schiff zwischen den grünen Bergen und Wäldern auf der Donau herunter. Auf dem Schiffe befand sich ein lustiges Häufchen Studenten. Sie begleiteten den jungen Grafen, welcher soeben die Universität verlassen hatte, um sich auf Reisen zu begeben. Wer von Regensburg her auf der Donau hinabgefahren ist, der kennt die herrliche Stelle, welche der Wirbel genannt wird. Da ergriff einer von den Studenten seine Gitarre und sang:

Die Jäger ziehn in grünen Wald
Und Reiter blitzend übers Feld,
Studenten durch die ganze Welt,
So weit der blaue Himmel wallt.
Der Frühling ist der Freudensaal,
Viel tausend Vöglein spielen auf — —

Poetisch sein und Poet sein, das sind zwei verschiedene Dinge. Bei dem letzteren ist, wie selbst unser großer Meister Goethe eingesteht, immer etwas Taschenspielerei, Seiltänzerei usw. mit im Spiele.»

Dies aus den ersten Seiten von «Ahnung und Gegenwart». Eichendorff spricht vom Sohn, wir sind beim Vater. Die Verse der Gießener Studenten in ihren Carmina zur Promotionsfeier hatten einen anderen Klang als das, was hier der Student zur Guitarre singt. Barock, Rokoko — nunmehr Romantik — die Situationen bleiben weithin einander verwandt, aber es wandelt sich die Weise, wie sie erlebt werden. Die Schäferin, das ist vorbei; der Ton der Flöten, — «den treibt der Nordwind plötzlich fort.» — «Der Freudensaal», — das Wort ist noch da wie im lutherischen Choral auf Jerusalem als die hochgebaute Stadt. Aber der Freudensaal ist jetzt nicht mehr der jenseitige Himmel der lobsingenden Frommen des Alten Testaments, sondern der diesseitige Himmel mit seinen im Frühling jubilierenden Vögeln; denn jetzt ist's das freie, das romantische Schweifen, in dem die Jugend sich selbst genießt und verherrlicht, nicht mehr die Flöte, der in die Ferne lockende Klang des Waldhorns wäre für diese Jugend der zeitgerechte melodische Ausdruck. —

In Wien, wo noch Karl VI. Kaiser war, wiederholte sich nun, was sich in Regensburg begeben, nur daß freilich die Kaiserstadt unendlich viel reicher an Sehenswürdigkeiten war, an Kirchen und Schlössern, an Adelspalästen und Kunstsammlungen, an Oper, Komödien und Konzerten. Zu alledem kam der Reiz des heiteren Wiener Lebens. Auch hier fehlen leider unmittelbare Zeugnisse aus der Zeit des Aufenthaltes, aber in seinem Reisebericht über Italien, von Johann Caspar Goethe im Alter etwa um 1765/70 niedergeschrieben, im «Viaggio in Italia», finden sich eingestreut Erinnerungen an Wien. Da sieht Johann Caspar in Venedig in San Giorgio Maggiore auf einem Altar eine Marmorsäule, in der gleichsam von Natur ein Gekreuzigter, eine Spanne groß, eingezeichnet ist, und er erinnert sich, zu Wien im Kaiserlichen Schatz ein großes Stück Holz gesehen zu haben, in dessen natürlicher Maserung auch eine ähnliche Erscheinung deutlich sichtbar war. Der Reisebrief aus

Venedig, der dies berichtet, ist vom 14. Februar 1740 datiert, also ganz kurz nach dem Wiener Aufenthalt. Zwei Monate später, unter dem 22. April schreibt er von Rom aus: «Unter den Bibliotheken von Europa sind für mein Gefühl die größten, wertvollsten, nie genug gepriesenen die seiner Kaiserlichen Majestät in Wien und die des Vaticans». Arturo Farinelli, der italienische Gelehrte, der den «Viaggio» herausgegeben hat, merkt dazu an: «Sicher hat er dort, d.h. in der Wiener Hofbibliothek, gearbeitet, seiner Natur nach immer höchst begierig nach Büchern; es war im Jahr vor seiner Italienreise.» Ein dritter Hinweis auf Wien findet sich im «Viaggio» unter dem 10. April. Johann Caspar ist in Herkulaneum gewesen und war von dort nach Portici und nach Resina aufgebrochen, um im Palast dem König und der Königin von Neapel beim Mittagsmahle zuzuschauen, wie das die Sitte erlaubte. Er schildert, wie der Königin, die eine sächsische Prinzessin war, Speisen «alla tedesca», nach deutscher Art zubereitet, aufgetragen wurden, dem König diente die gewohnte spanische Küche. Was ihm aber besonders auffiel, war die Gelöstheit der Umgangsformen: «Sowie der Hof auf dem Lande ist, sind die Zeremonien verbannt und man sieht nicht eine Spur jener spanischen Etikette, die von den Unseren in Wien so rigoros beobachtet wird in Kleidung wie in Tafelsitten; den König bediente nur ein Kavalier, die Königin nur eine Dame, um die Speisen heranzutragen.» — Also die Kaiserliche Hofhaltung, der Reichshofrat, die Kaiserliche Schatzkammer, die Bibliothek, — man sieht, Johann Caspar hatte sich in Wien umgetan.

Das Bittgesuch von 1742 spricht aber nun eben auch im besonderen vom Reichshofrat. Was hatte es mit diesem auf sich? Im Jahre 1495 auf einem Reichstag zu Worms hatten die Reichsstände in ihrer Entwicklung zu unabhängigen Einzelstaaten dem Kaiser sein höchstes Vorrecht, das Amt der Gerichtsbarkeit im Reich, aus den Händen gewunden. Sie schufen als oberstes Gericht in Deutschland das Reichskammergericht, das erst in Frankfurt, darauf in Worms und von 1527 bis 1693 in Speyer tagte. Dann ward es unter dem Druck der Raubkriege Ludwigs XIV. mehr in das Innere des Reiches, nach Wetzlar, verlegt. Es war das oberste Berufungsgericht für alle Streitigkeiten in den Ländern und Städten. Der Kaiser hatte nun seinerseits, um den Machtverlust auszugleichen, sich ein eigenes höchstes Gericht geschaffen, eben den Reichshofrat in Wien, der ursprünglich nur in allen Reichslehnsachen für Klagen gegen Reichsunmittelbare und für alle italienischen Prozesse zuständig war. In Wetzlar war das Verfahren schriftlich. Wie infolgedessen dort die Prozesse versackten, das hat Goethe im Zwölften Buch von «Dichtung und Wahrheit» ausführlich geschildert. Die Folge war, daß immer mehr Rechtsuchende mit einem Appell an den Kaiser, votum ad imperatorem, sich nach Wien wandten. Das Ansehen und der Einfluß des Reichshofrates nahm zu, wie der des Reichskammergerichts in Wetzlar abnahm.

Der Reichshofrat tagte in der Wiener Hofburg. Sein Oberhaupt war der Kaiser, den ein Präsident vertrat. Ein Reichsvizekanzler und siebzehn Reichshofräte, das war das ganze Gericht. Alle wurden vom Kaiser unmittelbar ernannt; die eine Hälfte der Richter war vom Reichsadel, die anderen waren doctores juris, «welche», wie es hieß, «in der Rechtsgelehrsamkeit so weit müssen gekommen seyn, daß sie im Stande sind, aus denen Akten eine gehörige Relation zu machen». Konfessionell waren sie paritätisch. Es gab also in der Wiener Hofburg eine Reichshofratstube mit einer Adels- und einer Gelehrtenbank. Dazu kamen für die Geschäftsführung Reichshofratagenten, Prokuratoren, Advokaten, Schreiber und natürlich auch der Reichshofrat-Türhüter, der «insonderlich dafür zu sorgen hat, daß die ordentlichen Reichshofratzimmer wohl verwahrt und sauber gehalten werden». Gelegentlich beriet der Reichshofrat den Kaiser auch politisch. Selbstverständlich war er antipreußisch. Es war ein kleines, aber sehr einflußreiches Gremium.

Und Johann Caspar Goethe? Man kann sich seine Rolle nicht bescheiden genug denken. Er wird hier noch viel weniger getan haben als später sein Sohn Wolfgang in Wetzlar. Die Atmosphäre war in Wien sicher exklusiver als in Regensburg, und so können wir schon vermuten, daß vielleicht jener Professor Senckenberg von Gießen, der Johann Caspars Lehrer war und so warm und freundschaftlich ihn zum Doctor juris beglückwünscht hatte, den Zugang ebnete, und das um so mehr, als Senckenberg selbst im Jahre 1745 von Kaiser Franz I. nach dessen Krönung in Frankfurt in den Reichshofrat berufen wurde. Der maßgebende Berater des Kaisers war, bis 1753 Kaunitz kam, Bartenstein, aus bürgerlichem Hause, Sohn eines Philosophieprofessors in Straßburg. Mit ihm kann Senckenberg schon 1740 Fühlung gehabt haben.

Farinelli mutmaßt weiter, daß vom Wiener Hof aus auch Empfehlungen für Johann Caspar an den Conte Ponce de Leon gingen, der Standortkommandant in Mailand war; der Name klingt uns im Ohr, denn bei Clemens Brentano kehrt er 1801 als Titel eines Bühnenstückes wieder. Dieser Graf, Goethe im «Viaggio» nennt ihn Conte Ponzis, öffnete wieder die Pforte zum Palazzo des Conte Simonetta, der als Sammler und als Edelmann im Verein mit seiner Gattin eines der ersten Häuser in Mailand führte.

Und auch die Verbindung zum Generalfeldmarschall Friedrich Heinrich Reichsgrafen von Seckendorf bahnte sich damals von Wien aus für Johann Caspar an. Mittelsmann war dessen früherer Privatsekretär Strecker, der den General auf den Feldzügen gegen Frankreich und gegen die Türken begleitet hatte. Es ist aber abwegig, irgendwie politische Pläne seitens Goethe oder seitens Strecker in diesen Empfehlungsbriefen an Seckendorf zu wittern. Wer Verbindungen sucht, die eine Karriere fördern sollen, wendet sich an Männer von Macht und Einfluß. Seckendorfs Name aber hatte am Hof den schlechtesten Klang. Er hatte, von dem sterbenden Prinzen Eugen für das Kommando empfohlen, die österreichische Armee gegen die Türken geführt, aber mit Mißerfolg. Er war angeklagt, «die Glorie und Reputation der Kaiserlichen Armee prostituiert zu haben». Jetzt war er ein Gefangener, in Haft auf der Festung Graz, und der Prozeß schwebte. Hätte Johann Caspar damals politische Ambitionen gehabt, die Verbindung mit einem solchen Mann hätte nur Schaden gebracht. Daß er ihn trotzdem aufsuchte, beweist, daß Goethe nichts anderes wollte, als was der Generalfeldmarschall ihm geben konnte, private Einführungsbriefe bei persönlichen Freunden in Italien. Erst im November 1740 wurde der Prozeß gegen den Feldherren von Maria Theresia niedergeschlagen und die Festungshaft aufgehoben. Freilich einige Jahre später, als das politische Feld sich so ganz geändert hatte, wurde die Verbindung zu dem Marschall doch wichtig. Darum, wer ist dieser Sekretär Strecker gewesen, dem Johann Caspar sie zu danken hatte? Ist er doch so eine Art Schlüsselfigur, einer der wenigen gleichaltrigen Bekannten Johann Caspars aus seiner Jugendzeit, von denen wir wissen. Man hat einen Coburger Schulkameraden aus Franken in ihm vermutet, hat geglaubt, er sei 1739 in Wien tätig gewesen und hat ihn dann in der Legende von dem politisch ehrgeizigen Doctor Goethe fast zu einem Intriganten gemacht, der den jungen Frankfurter in der Stellung eines Wirklichen Kaiserlichen Rates als Schachfigur in der Politik der großen Mächte gebrauchen wollte. — Nichts von alledem. —

Johann Philipp Strecker war, nur um ein Jahr älter als Johann Caspar, 1709 geboren und ist ein Jahr nach ihm 1783 gestorben. Er stammte aus einer guten, angesehenen Beamtenfamilie in Hessen-Darmstadt. Seine Jugend verlebte er in Buchsweiler, jener elsässischen Residenz der Erbprinzeß, späteren großen Landgräfin Caroline, von deren hübschem Schloß und seinen landschaftlichen Reizen Goethe im Zehnten Buch von «Dichtung und Wahrheit» eine so anschaulich heitere Beschreibung gibt. Dort ist der Vater Hessen-Darmstädtischer Kammer- und Jagdrat gewesen. Der Bruder aber war Erster Hofmaler, gehörte zu dem engsten Kreis der Erbprinzeß und gab ihren Kindern Zeichenunterricht; fünf von ihnen sollten später europäische Kronen tragen. Im Amt stand der Hofmaler Strecker neben den Malern Seekatz und Fiedler. Ein Porträt von ihm, das eine seiner Schülerinnen, nämlich die junge Prinzeß Luise, später die Gattin Carl Augusts in Weimar, darstellt, hängt im Frankfurter Goethemuseum. Als eine Art Vetter von Johann Philipp Strecker, ja doppelt ihm verwandt, lebte in Darmstadt der Kriegsrat Merck, der altersmäßig zwischen den Generationen von Johann Caspar und Johann Wolfgang Goethe stand. Seekatz aber, «der Gevatter Seekatz», ging später als Freund und Maler viel im Großen Hirschgraben ein und aus.

Alles das sind uns höchst vertraute Namen und keineswegs eine politische Wiener Atmosphäre, sondern gut Darmstadt und gut Frankfurt. Dieser Johann Philipp Strecker muß dem Doctor Goethe nahegestanden haben. Einen Fremden empfiehlt man nicht. An Strecker sind auch die beiden einzigen Briefe von Johann Caspar aus Italien gerichtet, die wir kennen. Daß sie erhalten sind, danken wir der Verwandtschaft mit Merck. Dieser ließ sich von Strekker die Jugendbriefe vom Vater seines Freundes Wolfgang geben und bewahrte sie auf. Am 22. Februar 1780 sandte er einen davon der Herzogin Anna Amalia in Weimar.

Johann Caspar und Johann Philipp Strecker haben sich vermutlich in gemeinsamen Frankfurter oder Gießener Kreisen kennengelernt. Strecker hatte nicht in Coburg, sondern in Darmstadt das Gymnasium besucht, 1727 war er für einige Zeit in Frankfurt, dann studierte er in Gießen, das er aber Ostern 1730 mit Straßburg vertauschte, während Johann Caspar erst im Herbst in Gießen immatrikuliert wurde. Zum Doctor juris promovierte Strecker nicht, vermutlich schon der Kosten wegen. Von der Hand des Vaters Strecker aber sind vollbeschrieben vier Blätter erhalten, datiert Darmstadt, den 12. März 1727: «Instruction und Regeln wornach sich mein auff Universitäten ziehender Sohn Johann Philipp zu verhalten hat.» Die erste ist, Gott immer vor Augen zu haben, morgens und abends und auch öfters zu anderen Stunden zu beten, zweitens: den öffentlichen Gottesdienst nicht zu versäumen, sich mehrmals im Jahr als reuiger Sünder in den Beichtstuhl zu stellen, die Sünden zu bekennen und das heilige Sakrament zu nehmen, drittens: die Eltern, Vorgesetzten und Lehrer zu ehren, viertens: freundlich, friedsam, modest und höflich zu allen Leuten zu sein, fünftens: die collegia sowohl publica als privata besuchen und auch zu Haus keine Stunde ohne Arbeit verstreichen zu lassen, sechstens: den Herren Professoribus allen geziemenden Respect zu erweisen, siebtens: Müßiggang, Schwärmen, Schlagen und Raufen zu meiden, achtens: in Speis und Trank Maß halten, neuntens: mit Kleidern und Büchern ordentlich umgehen, zehntens: das Geld in guter Verwahrung zu halten, Buch zu führen und von Quartal zu Quartal einen Extract daraus zu überschicken, «laße dich einen jeden Kreutzer dauern unnüzlich auszugeben und bedencke, daß es deinem Vatter sauer wird, etwas zu erwerben», elftens: nicht säumig zu sein in Briefen an Eltern, Brüder und Freunde, zwölftens: indem alles wiederholt wird noch einmal: Gott um den heiligen Geist zu bitten. «Amen.» – Und 37 Jahre später, 1764, gibt Johann Philipp Strecker eben diese «von meinem seeligen Vatter mir ertheilte Instruction nunmehro meinem auf Universitäten gehenden Sohn» mit, unter der Ermahnung, ihr getreulich nachzufolgen. Das war um dieselbe Zeit, da auch Johann Caspar seinen Wolfgang nach Leipzig sandte.

Kann es ein schöneres, wichtigeres Dokument für uns geben als diese väterliche Instruktion? Sie offenbart mehr als alles andere, wie in Johann Caspars Freundeskreis gedacht und gelebt wurde. So also war Johann Philipp Strekker erzogen worden, und so erzog er wiederum seinen Sohn. Er war kein höfischer Rokokokavalier. Er sah die Welt so wie Johann Caspar Goethe sie sah, christlich gläubig und bürgerlich streng. In den Dienst Seckendorfs wird Strecker etwa 1734 getreten sein, wahrscheinlich durch Vermittlung des Markgrafen Karl Wilhelm Friedrich von Brandenburg-Ansbach, dessen Regimenter Seckendorf eine Zeitlang geführt hatte. Die Verbindung war durch das Haus Hessen gegeben. Die süddeutschen protestantischen Fürstenhäuser hielten eng zusammen. In solcher Stellung erhielt Strecker noch 1738, also schon zur Zeit der Seckendorfschen Katastrophe, von Wien aus den erblichen Adel. Es ist bezeichnend für ihn, daß er davon keinen Gebrauch machte. Er durchstrich das Diplom und bemerkte darauf folgendes: «Es ist dieses eine von dem Hr. Major von Mullburg in Wien projectirte Sache, deren mich niemalen annehmen wollen und um deßwillen durchstrichen, aus curiosität aber nicht ganz zerrißen, weilen es wenigstens meinen gehabten guten credit angezeiget.» Von 1738 an war Strecker in hessischem Staatsdienst, zuletzt wurde er Geheimer Regierungsrat in Darmstadt.

Das ist der Mann gewesen, der Ende 1739 an Seckendorf den jungen Doctor Goethe empfohlen hat. Sie waren beide von demselben Schrot und Korn. Johann Caspar aber fand durch Seckendorf in Venedig Zutritt zu der Schicht der Nobili. Dort war nämlich ein gesellschaftlich sehr mächtiger Mann Seckendorfs Freund, der Graf von der Schulenburg [1661–1747]. Dieser war ein Condottiere großen Stils gewesen, hatte gegen Karl XII. gefochten, im Dienst Venedigs 1716 Korfu ruhmvoll gegen die Türken verteidigt, Voltaire hatte ihm seinen «Charles XII.» gewidmet. Jetzt, fast achtzigjährig, war er der ruhmreiche, angesehenste Soldat der Republik. Es ist aber sehr bezeichnend, daß seine Person im «Viaggio» nicht vorkommt. Er interessierte Johann Caspar nicht, genau so wenig, wie ihn damals Seckendorf interessiert hatte. Sie waren dem Frankfurter Doctor juris gefällig, indem sie ihn bei dem italienischen Adel in Venedig, Verona, Rom und Mailand einführten.

Es war eine gesellschaftliche Geste, wie sie gang und gäbe war; im übrigen wollte keiner etwas vom anderen. Erst recht fehlen die beiden Namen in «Dichtung und Wahrheit» und in Wolfgangs «Italienischer Reise», obwohl doch in beiden Werken zuweilen von Italienischen Erinnerungen des Vaters berichtet wird. Nur einmal, im Jahre 1824, wird Schulenburgs Name in Goethes Schrifttum genannt. Damals im April bespricht der Dichter in seiner Zeitschrift «Kunst und Altertum» ein Buch von Varnhagen von Ense, in dem drei Biographien vereinigt waren, darunter auch die des Grafen Matthias Johann von der Schulenburg, und er dankt dem Verfasser, daß er ihm frühste Jugenderinnerungen wieder aufgefrischt. «Ich las hier ausführlich, was mir von den Tagen der Kindheit her bis ins Jünglingsalter heran als Weltmärchen im allgemeinen vorgeklungen.» Hier haben wir den Beleg, daß der Vater Goethe den Kindern von seiner einstigen Bekanntschaft mit dem alten fabelhaften Haudegen aus der Zeit der Türkenkriege erzählt hat.

> Wenn hinten, weit, in der Türkei
> Die Völker aufeinanderschlagen, –

vielleicht sind auch diese Verse aus dem Osterspaziergang im «Faust» eine Spiegelung jenes «Weltmärchens» von Schulenburgs und Seckendorfs Türkenkriegen:

> Man steht am Fenster, trinkt sein Gläschen aus
> Und sieht den Fluß hinab die bunten Schiffe gleiten;
> Dann kehrt man abends froh nach Haus
> Und segnet Fried und Friedenszeiten.

KARNEVAL UND GESELLSCHAFT VON VENEDIG

Aus diesem Wien Karls VI., des letzten Kaisers aus dem Hause Habsburg, brach Johann Caspar nun auf, am vorletzten Tag des Jahres 1739, nach Italien, nach Venedig.

Und jetzt haben wir nach jenem lateinischen Brief vom 2. Dezember 1727 aus dem Gymnasium zu Coburg an den Pfarrer Ritter zum erstenmal wieder ein echtes, unmittelbares Wort von ihm selber, einen Brief, diesmal in deutscher Sprache, vom 20. Januar 1740, also nach einem Zwischenraum von 13 Jahren, und gegeben von Palmanova, der Festung, die in der Ebene südlich von Friaul die östliche Flanke von Venedig deckte. Adressat war Strecker.

Die Reise war über Graz, Laibach und Görz gegangen. In Graz war der Reichsfeldmarschall von Seckendorf in seiner Haft besucht worden; auch in Laibach wurden Kavaliersbesuche gemacht. Aber das Wetter war bitterkalt, der Isonzo mit seinen Zuwassern so angeschwollen, daß sechs Bauern den gemieteten Wagen auf ihren Schultern über eine Anhöhe tragen mußten.

Maria Theresia — es ist jetzt das Jahr, da sie zur Regierung kommen sollte —, die alten Reichsfeldmarschälle aus den Türkenkriegen, ja selbst die «artige Mariandel» im Gasthaus zu Graz, die der Brief erwähnt, — kennen wir nicht diese Welt aus Hugo von Hofmannsthals Dichtung, von der Bühne her und von seiner Prosa? «Wenn Sie weiter nach Italien wollen, wie Sie gesagt haben, so kommt heute abend ein Fuhrmann hier durch, der bringt Sie bis Villach und von dort findet sich eine Gelegenheit ins Venezianische hinunter, einen Tag über den anderen —», das ist aus dem «Andreas» —, auch einer Reise von Wien an die Adria, die Hofmannsthal in die Zeit von Johann Caspars Italienfahrt versetzt. Wir fühlen dankbar, welche Macht der Verzauberung unserer Sprache zuwachsen sollte, um den Alltag des Jahres 1740 in Musik, in Bilder, in die beglückende Fata Morgana der Poesie zu verwandeln.

Palmanova, ein Muster modernster Fortifikation, war abstrakt geometrisch geplant. Von einem großen sechseckigen Platz in der Stadtmitte liefen und laufen noch heute die Straßen strahlenförmig zu den Schanzen und Vorwerken, die ihrerseits die Sternform aufnahmen, so angelegt, daß die Artillerie Angreifer jeweils rechts wie links unter Feuer nehmen konnte. Erbauer war 1593 Scamozzi gewesen; dann hatte Vauban die Werke erweitert. Hier also schrieb Johann Caspar seinen Brief. Sein Aufenthalt in der Festung war nicht freiwillig. Johann Caspar war, wie er sagte, in «Contumaz», d.h. in Quarantäne, die Venedig wegen Pest in der Türkei jedem Einreisenden auferlegt hatte. Die Venetianer, an der Pforte des Orients, waren ängstlich vor Seuchen und hatten wahrscheinlich auch Grund. Zwei Jahre vorher hatte sogar die Kaiserstochter und ihr Gemahl, der Großherzog Franz Stephan von Toscana, zu Dolce an der Grenze der Terra Ferma vierzehn Tage lang gleichfalls eine Quarantäne durchmachen müssen, ehe man sie nach Florenz weiterreisen ließ. In der Einleitung zu der Beschreibung seiner Reise nach Italien, in seinem «Viaggio in Italia», hat Johann Caspar, noch nach Jahrzehnten grollend, die Qualen seiner Haft in Palmanova geschildert: daß man seinen Empfehlungsbrief nur auf einer Schaufel entgegengenommen und über einem Feuer desinfiziert habe, dann die zwei kleinen Fenster der Zelle, die nur mit der Leiter zu erreichen waren, die Mäuse und anderes Ungeziefer, den engen Garten, die Umzäunung. Dazu die Einförmigkeit des Essens, die den Appetit verschlug, was als Zeichen von Krankheit gedeutet wurde, so daß Johann Caspar heimlich die Speisen durch die Fenster den Hunden zuwarf. Immer wilder wuchs, da kein Friseur Zutritt hatte, von Woche zu Woche der Bart. Eine Zechine täglich für Bett und Tafel! Und schließlich dann auf dem Karneval in Venedig die Wächter wieder treffen und ansehen müssen, wie sie dieses Geld verjubelten! Das alles war mehr als verdrießlich gewesen.

Dann aber, am Abend des 12. Februar 1740, ist Johann Caspar doch in Venedig eingetroffen. Er hätte keine bessere Zeit wählen können. Venedig im Karneval. Der Markusplatz, die Hauptstraßen, alles voll Masken, daß man sich kaum bewegen konnte. Johann Caspar sieht ein, nicht kostümiert ist er selbst ein Nichts, hat er zu keiner Redoute Zutritt, ist er von aller Fröhlichkeit ausgeschlossen. Er kauft sich Maske, Mantel und Kappe wie die anderen und besteigt so kostümiert, um sich einen Überblick zu verschaffen, 582 Stufen, den Campanile di San Marco: «vi si monta per 582 scalini». Auch der Sohn sollte den torre di S. Marco besteigen; er liebte es, in fremden Städten zuerst vom Kirchturm aus sich zu orientieren. Johann Caspar sieht zum erstenmal das Meer. «O che bel prospetto! Star qui su e guardar in giù!» Er läßt sich nach der Chiesa di San Giorgio übersetzen. Hier in der Kirche muß er Maske und Narrenhut abtun; er merkt sich vier Gemälde an, Tizian meint er, statt Tintoretto und Bassano, dann das Abendmahl und das Manna in der Wüste, beides nun wirklich von Tintoretto. So wird Johann Caspar sich alle Kirchen in Italien ansehen. Er läßt möglichst wenige aus, notiert sich die Gemälde, die Maler, selbst die Inschriften; und nach zwei Jahrzehnten schreibt er auf Grund dieser Tagebücher am Großen Hirschgraben in italienischer Sprache seinen «Viaggio in Italia», Bildungsernte, Sehnsucht nach Süden und Jugend. Die Führer, nach denen er einst gereist war, die Bücher von Keyßler, Misson und Nemeitz dienen ihm dabei als Gedächtnishilfen. Johann Caspar besucht die Theater, der Sitte gemäß mehrere an einem Abend, die Comödie, die Oper. Um Mitternacht auf dem Markusplatz und unter den Arkaden der Prokuratien ist dann das tollste Treiben, Maskentrubel und Jahrmarkt in eins; «le ninfe di Venezia vi cercano ancor la loro fortun». Auch ein Stierkampf gehört zum Karneval, auf dem Markusplatz, — Tribünen, Illumination und Feuerwerk. In Abständen werden zwanzig Stiere, im ganzen hundert, und starke Hunde gegeneinander losgelassen. Das Schauspiel dauert vier Stunden. «Die Schreie von mehr als fünzigtausend Masken erschreckten mich so, daß sich mir die Haare sträubten.» Johann Caspar besichtigt Murano und seine Glasfabriken, besucht Konzerte und Spielsäle, aber auch Klöster, weiter das

Arsenal, die Druckereien, die Buchhandlungen und Bibliotheken. Auch der Colleoni wird erwähnt, aber eigentlich anonym und mehr nebenbei, als «una bella statua di bronzo a cavallo», 1495 zu Ehren eines Feldmarschalls errichtet. Johann Caspar schreibt auch hier sich die Inschriften ab, kontrolliert deren Text mit dem in seinem Führer und bemerkt, wie sehr eine solche öffentliche Ehrung Ansporn sei, sich in Tugend, Tüchtigkeit und Wissenschaft auszuzeichnen. Der Dargestellte gilt; wer das Monument geschaffen hat, wird nicht gefragt.

Wir, kunstgläubig und kunstfromm, sehen in diesem Reiterdenkmal Verrocchios das Kunstwerk. Wir vergegenwärtigen uns den Vorwurf von Pferd und Reiter von Marc Aurel über den Bamberger Reiter bis hin zum Werk der Renaissance, zu Friedrich dem Großen Unter den Linden, zum Schaffen von Marino Marini. Das Barock aber wurde vom Leitbild der Ehre regiert und geprägt. Daher sein Pathos, sein Standes- und Ständeempfinden, sein Sinn für Etikette und Zeremonie, sein Gefühl für Aristokratie. Deshalb war für Johann Caspar, der mehr historisch als ästhetisch dachte, die Inschrift, weil sie Geschichte überlieferte, wichtiger als Tat und Name des Künstlers. So erlebte er noch ganz den ursprünglichen Sinn und Zweck dieses Standbildes, einen Mann dankbar zu ehren und sein Andenken späteren Geschlechtern als gültiges Vorbild zu überliefern: «Bartholomeo Coleono Bergomensi ob militare imperium optime gestum.»

Um anschaulich zu machen, wie Johann Caspar erzählt und was er erlebte, seien aus dem «Viaggio» über den Aufenthalt in Venedig einzelne Abschnitte in Übersetzung wiedergegeben, die ersten aus dem Februar 1740, der letzte von der Rückreise im Juni. Zuerst die Theater:

«Ich war starr, als ich in die Oper von San Chrysostomo eingetreten war; die Musik, die Einrichtung, die Szenerie waren großartig, das Orchester, etwa vierzig bis fünfzig gute Spieler, die Kostüme der Hauptpersonen, alles sehr prächtig; besonders glänzend war der überlegte Aufbau, über den die Tänzer und Tänzerinnen, vierzehn zusammen, zum Schluß jedes Aktes von oben nach unten kamen, um dort ein Ballett aufzuführen. Die Oper begann um acht Uhr nach deutscher Zeit und endete um elf. Andere Opernvorstellungen wurden in S. Angelo gegeben; dort wurde ‚Cleonice' aufgeführt, doch war die Vorstellung nicht so besucht als jene, gewiß aber an Wert nicht geringer. Freilich überbot die Primadonna Signora Fumagalli mit ihrer Leistung die Übrigen, weniger durch die Schönheit ihrer Stimme als die ihrer Person.» Catharina Fumagalli sang 1740 die Partie der Cleonice; der Text war von Metastasio, die Musik von Johann Adolf Hasse, dem großen Meister der Rokoko-Oper in Dresden, Wien und Venedig. —

Nun ein Bericht über zwei geistliche Konzerte: «Ich fand in der Klosterkirche der Incurabili beim Eintritt viele gute, kleine Mädchen, die keinen andern Vater als die Liebe haben. Sie sind streng bewacht, ohne ein Gelübde abzulegen, und haben die Freiheit sich zu verheiraten, wenn sich dazu eine Gelegenheit bietet, da einige unter ihnen, wie man sagt, mehr als 20 000 Gulden besitzen, je nachdem sie ihre natürlichen Väter ausstatten oder die eine und andere vielleicht durch ihre Kunst sich das Geld ehrlich erworben hat. Sie werden nicht nur in der Musik unterrichtet, sondern in jeder ihrem Geschlechte ziemlichen Fertigkeit. Geben sie diese Lebensweise auf, so ist ihnen verboten, auf den Theatern Venedigs oder eines fremden Fürsten aufzutreten. Wenn diese Mädchen musizieren, sind sie nicht sichtbar, sondern bleiben hinten auf dem Chore. Wer nicht weiß, daß es Frauen sind, würde sie sicherlich für erste männliche Kräfte halten. Namentlich zwei unter ihnen sind wahrhafte Virtuosen, die eine auf der Violine, die andere auf der Orgel; auch zwei Sängerinnen verdienen besonderes Lob. Es ist leicht glaublich, daß, um so göttliche Dinge zu hören, zahllose Kunstfreunde sich dort vereinigen; auch der Kurprinz von Sachsen [Friedrich Christian] erschien dort mehrere Male und ließ sich stets über der Kanzel nieder, um besser zu hören und wenn möglich auch die Künstlerinnen zu sehen. Zu Beginn des geistlichen Konzertes erschien eine Art von Sakristan, der etwas für den Stuhl verlangte, etwa zwei Soldi, während doch ebensoviele Dukaten nicht zu viel gewesen wären. Deshalb ist es auch merkwürdig, daß, wenn man dem Einsammler ein Geldstück von einigem Wert reicht, er den Überschuß dem Gönner herausgibt, auch wenn dieser es gar nicht begehrt. —

Die armen Mädchen im Kloster der Pietà sind zwar legitim, werden aber dort aus Barmherzigkeit unterhalten, ohne jedoch Nonnen zu werden und erwarten nur eins: daß sich jemand entweder in ihre Kunst oder in ihre Schönheit verliebt, da ihnen eine Mitgift fehlt, die sogar die Verrufenste und Häßlichste an den Mann bringt. Auch hier betreiben sie mit unsagbarem Eifer die Musik, zumeist Instrumentalmusik. Sie übertreffen bei weitem die der Incurabili, so daß nicht selten die eine oder andere ihr Glück macht, denn die Italiener sind närrisch in Bezug auf Musik und verlieben sich oft in solche Wunder der Kunst und der Natur, wie man sie nicht leicht im ganzen übrigen Italien sieht.»—

Auch am gesellschaftlichen Leben nimmt unser Reisender teil: «Wer nur etwas bekannt ist mit dem Treiben dieser Stadt, weiß, daß die adligen Spieler auf den Redouten alle zusammen halten. Das macht es unmöglich, daß sie etwas verlieren können. Die Fremden bleiben immer die Betrogenen, wenn sie nicht sehr vorsichtig sind. Für mich, da ich nie das Spiel geliebt habe und daran festhalte, daß die Vernunft, nicht die Sinnlichkeit herrschen soll — ich habe mich nicht damit befleckt, denn das heißt, wie mir scheint, Zeit und Seelenruhe, wenn nicht gar die Gunst Gottes verlieren. Das Spielen ist gerade wie die andern ungeregelten Leidenschaften eine Krankheit. Sie nimmt zu, wenn man nicht mit der Wurzel die Ursache ausreißt, die bei den Spielern keine andere sein kann als die teuflische Gier und das ungezügelte Verlangen, in einem Atemzug ohne große Unbequemlichkeit und Arbeit reich zu werden. Wenn daher eine christliche Seele nur ein klein wenig daran dächte, daß diese Art Kapitalist zu werden nicht in der heiligen Bibel und nicht in menschlichen Schriften begründet ist, wenn man überlegte, daß die Grundsätze der bürgerlichen Gesellschaft einem solchen Erwerbe entgegen sind, sie besagen nämlich: ‚vir iustus nunquam cito dives [ein rechtlicher Mann wird nie schnell reich]', wenn man daran dächte, daß das unrecht erworbene Geld den Blitz des Himmels auf sich zieht und daß sich selten die Erben seiner freuen, man würde bei Gott nicht so viele unsterbliche Seelen in solchem Schmutz verderben sehen.»

Der Spielsaal konnte also Johann Caspar nicht verlocken, wohl aber der Tanzsaal: «Ich betrat gegen Mitternacht den schönen, mit mehr als zweihundert weißen Wachskerzen erleuchteten Raum. Zwei Orchester hatten gegenüber je auf einem kleinen Podium Platz genommen. Sie spielten abwechselnd. In der Mitte war eine zahlreiche Gesellschaft beiderlei Geschlechts, die zumeist schon die Masken der großen Hitze wegen abgelegt hatte. Ich staunte über die prächtige Versammlung. Alles atmete Prunk und venezianische Herrlichkeit. Als ich mich ohne Maske einem Stuhle näherte, um zu beobachten und zu sehen, wie die Dinge sich wohl gestalten würden, fand ich in der Gesellschaft einen mir wohl bekannten jungen Nobile. Auf meine Frage, wer die Personen seien, antwortete er: Fürsten, Grafen, Marchesen, Nobili, Literaten und noch andere der angesehensten Bürger der Stadt mit ihren Frauen, mit ihren Geliebten. Er fragte, welche Dame ich kennenlernen wolle; man erfreue sich großer Freiheit. So näherte ich mich keck einer Dame, die ein Auge auf mich zu haben schien, ohne zu fragen, ob sie Fürstin, Bürgerin, Gattin oder Geliebte sei. Ich hatte nicht zwei Worte gesprochen, als sie meinte, sie habe mich schon im Vorübergehen gesehen, wie ich ihren Onkel besucht habe. Ich prüfte solches Entgegenkommen nicht weiter, sagte nur, ich wäre dort gewesen, würde auch nicht verfehlen, sobald als möglich ein andres Mal zu ihm zurückzukehren, indes wenn schon des Oheims Bekanntschaft mir großes Vergnügen bereitet hätte, die Bekanntschaft mit seiner Nichte mache mich geradezu anspruchsvoll. Jetzt fing der Ball wieder an. Ich bat sie, mit mir ein Menuett zu tanzen. Das wurde ausgeführt, und so unterhielten wir uns bis zum folgenden Morgen. Wer nicht Lust hatte zu tanzen, konnte sich eine Spielgesellschaft aussuchen, freilich mit der gleichen Gefahr, sich zu ruinieren, wie auf den Redouten; denn in den Gemächern neben dem Tanzsaale versammelten sich die Liebhaber der Karten. Es gab Erfrischungen und Getränke im Überfluß, was man wünschte, Kaffee, Schokolade, Sorbet. Man zahlte nicht mehr als drei Skudi auf den Kopf, was nicht viel ist, wenn man die Art erwägt, in der man bewirtet wurde, und den Nutzen, den ein Fremder davon ziehen kann.»

Nun ein Vergleich zwischen italienischen und deutschen, vor allem wohl Frankfurter Gesellschaftssitten: «Die venezianischen Nobili leiten zwar den Ursprung ihres Adels aus den ältesten Zeiten ab; trotz solchem Anspruch sind sie so umgänglich im Verkehr mit den untersten Handwerkern, daß sie fast als ihresgleichen gelten könnten. Und man sage mir, worin besteht der wahre Adel? Darin, die untersten Klassen zu verachten und sich aufzublasen wie der Frosch in der Fabel? Gewiß nicht. Oder sind sie adlig, weil sie durch eine reine Laune des Schicksals von einem Cittadino erzeugt sind? Auch das nicht. Nein, das sind die wahren Adligen, die unbeschadet der ihnen geschuldeten Ehrfurcht auch mit den geringern Leuten verkehren, das Laster fliehen, der Tugend nacheifern. Schmach über uns Deutsche! Wollte der Himmel, unsere Fürsten schickten ihre Adligen hierher, um solche Haltung zu lernen, wie sie Knaben und Mädchen hierher senden, daß sie Musik lernen! Dann würde sich bald das unmenschliche Vorurteil verlieren, daß kein Bürgerlicher zu ihren Assembleen zugelassen wird. Aber mir scheint, ich predige Tauben. Doch kann ich nicht mit Stillschweigen die Sitte übergehen, die namentlich dem Fremden gefällt und ihm nützlich ist, daß alle Herren vom Adel, auch die bejahrten, selbst außerhalb der Zeit des Karnevals sich in den Buchläden, den Kaffeehäusern und auf den Plätzen ohne große Umstände anreden lassen, als ob sie mit jedem verbrüdert wären.»

Die folgende Szene spielt sich in der Kirche Santa Croce alla Giudecca am 27. Juni 1740 ab: «Die Feier begann mit einer ausgezeichneten Musik, die während des ganzen Gottesdienstes andauerte, im Wechsel Sonate, Cantate, Sinfonie. Die Kirche war mir Teppichen ausgeschmückt. Die heilige Handlung ging vor sich, von vielen Kanonenschlägen begleitet, während die beiden armen jungen Mädchen an den Ecken des Hochaltars saßen. Vornehm gekleidet und voller Freude erwarteten sie in dieser Haltung ihren Bräutigam, das heißt die Kirche. Endlich wurde die Messe gelesen, dann traten die Schwestern mit Kerzen in den Händen in Prozession in das Parlatorio, wo sie unter den üblichen Gebeten eingekleidet wurden. Es dauerte lang, bis das erledigt war. Ihr Vater küßte sie. Es kamen Damen und taten das Gleiche. — Welcher Wahnsinn, zwei so junge Mädchen einzusperren! — Es ist ein schweres Unterfangen, die Welt in einem Alter zu verlassen, wo noch jedes Urteil fehlt! Wenn solche jungen Mädchen anfangen, die Regungen der Leidenschaft und weltliches Verlangen zu fühlen, wer wird sie trösten? Nur die Predigten und Geduld. Bravo! Aber ich weiß nicht, ob die Natur sich so befriedigen lassen kann und soll, da doch der Schöpfer geordnet hat, daß sein Wille in anderer, dem allgemeinen Zweck entsprechender Weise erfüllt werde. Und im besonderen dieses Schwesternpaar war von der Natur so anziehend; fast alle Anwesenden waren verliebt in sie. Ich konnte nicht umhin, während sie noch am Altar standen, zu einer Dame zu sagen, es sei Sünde, daß diese mit solchen Reizen ausgestattete Unschuld im Grauen eines Klosters begraben würde, ja daß fast alle Zuschauer sie bedauerten, weil sie nach ihrem

Äußern zu urteilen, nicht für die Klostermauern geschaffen schienen und sie einer großen, mehr als menschlichen Tugend bedürften, um dem Verlangen der Natur zu widerstehen. Die Dame antwortete lächelnd: es war der väterliche Wille und ihr eigener Entschluß, und der Himmel würde dem frommen Sinne helfen, wenn etwa künftig das Fleisch triumphieren sollte. — Dieser guten Prophezeiung hatte ich mich ohne Einschränkung zu fügen.» — Die beiden Schwestern, die in Santa Croce am 27. Juni 1740 den Schleier nahmen, hießen Adriana und Francesca Contini. —

Aus den Erlebnissen und Schilderungen Johann Caspars wird deutlich, wie sehr verschieden das Venedig von 1740 von jenem Venedig war, das wir erleben. Nichts von der Romantik einer großen Vergangenheit, kein Kulturherbst eines schönen Verfalls — noch war alles Gegenwart. Die Stadt war schlechthin der Mittelpunkt der europäischen Gesellschaft, der Schauplatz der Lebensfreude und des Lebensgenusses. Kunst, jawohl, aber nicht Kunstgeschichte, und unter den Künsten vor allem die Musik, die große italienische Oper in ihrer Blüte, die sich Paris und Wien als Vorbild dienen lassen müssen. Als ein halbes Jahrhundert später der Sohn Johann Wolfgang die Stadt betrat, da war das Bild der Stadt schon im Wandel, im Übergang; die «Venetianischen Epigramme» sagen es uns, wie unglücklich schließlich sich Goethe 1790 dort gefühlt hat, wo 1740 der Vater so glücklich gewesen.

AUF DEM VESUV UND IN ROM

Am 3. März 1740 verließ Johann Caspar Venedig, zunächst in einer Barke die Brenta aufwärts nach Padua. Der Sohn sollte Ende September 1786 die gleiche Reise, ebenfalls zu Schiff, in umgekehrter Richtung zurücklegen. Und wie der Vater freute er sich an den Gärten und Lusthäusern, die die Flußufer umsäumten. Am 6. März ist man in Rovigo, wo der junge Graf unseren Reisenden anspricht und ihm die Sammlungen seines Elternhauses zeigt. Im Dörfchen Arquato hatte man Petrarcas gedacht, der dort gestorben und begraben ist. Ferrara, hier trifft man am 7. März ein, mahnt an Torquato Tasso und an Ariost, dessen Grabschrift in der Benediktinerkirche sich Johann Caspar abschreibt. Am 9. März wird Bologna erreicht, da ist es denn die Seidenraupenindustrie und der Seidenhandel, die das Interesse besonders fesseln, und wir erinnern uns an die Seidenraupenzucht, die der Kaiserliche Rat später im südlichen Dachzimmer seines Hauses am Hirschgraben einrichten wird und deren lästige Pflege Wolfgang und Cornelia soviel Kummer bereiten sollte; aber wir hören auch die Verse Tassos, die er dem Herzog von Ferrara entgegenhält, die das «Stirb und Werde» des «Divans» vorwegnehmen, das große Thema der Metamorphose:

Verbiete du dem Seidenwurm, zu spinnen,
Wenn er sich schon dem Tode näher spinnt:
Das köstliche Geweb entwickelt er
Aus seinem Innersten, und läßt nicht ab,
Bis er in seinen Sarg sich eingeschlossen.
O geb ein guter Gott uns auch dereinst,
Das Schicksal des beneidenswerten Wurms,
Im neuen Sonnental die Flügel rasch
Und freudig zu entfalten! —

Die Reise geht weiter über Imola, Faenza nach Rimini und von dort am Meer hin über Fano nach Ancona. Johann Caspar sammelt Seesterne und Seepferde. Er fragt nach dem Übergang von Pflanze zum Tier. Er sieht eine bedeutungsvolle Verwandtschaft vom Staubkörnchen an durch alle Stufen der Natur bis hinauf zum Schöpfer, so daß man nicht wisse, wo die eine Wesensart anfängt und die andere aufhört. Er weiß von Beispielen, wo Pflanzliches zum Tier wird. «La natura dunque rassomiglia ad una catena, le di cui anella sono le cose create.» Die Natur gleicht einer Kette, deren Ringe die geschaffenen Dinge sind. Kein

Wunder, daß man zu dieser Stelle Beobachtungen aus der «Italienischen Reise» des Sohnes vom 9. Oktober 1786 in Venedig, vom 4. April 1787 in Palermo und Verse des Thales aus der Klassischen Walpurgisnacht im «Faust» herangezogen hat.

Zwanzig Kilometer südlich von Ancona liegt auf einem Bergrücken Loreto. Seit 1194 nachweisbar befand sich dort eine kleine Wallfahrtskirche «Unserer Lieben Frauen». Im 15. Jahrhundert entsteht die Legende, daß nach dem Mißerfolg der Kreuzzüge Engel am 7. September 1295 das Geburtshaus der Maria aus Nazareth nach Loreto getragen hätten. Auch der Altar, an dem Petrus das erste Meßopfer darbrachte, und ein Gnadenbild der Maria mit dem Kind, aus Holz vom Evangelisten Lukas gefertigt, wurden hier verehrt. Ein Brand in der Basilika hat im Jahre 1921 die Heiltümer teils schwer beschädigt, teils ganz vernichtet. Johann Caspar besichtigte die Wallfahrtsstätte am 17. und 18. März. Er wunderte sich, daß alle Einwohner des Ortes von jenem Hirten abstammen wollten, der am 7. September 1295 das Engelswunder als Augenzeuge gesehen hatte. Solche Legenden reizten den Lutheraner in ihm; und so erfüllte es ihn mit Genugtuung, daß er einen Knaben, der für ein Almosen die Casa santa mehrmals fürbittend umrutschen wollte, jedesmal durch Zurufe schnell wieder auf die Kniee gezwungen, sobald dieser hinter dem Hause aufrecht laufend sich seinem Versprechen heimlich entziehen wollte. Bis 1794 stand im Haus am Großen Hirschgraben zu Frankfurt das Büchlein: «Notizie della Santa Casa della gran madre di Dio Maria Vergine adorata in Loreto. Ancona 1739», vorn eingeklebt ein Erinnerungsblatt mit eigenhändigem Eintrag: «17. Marzo 1740 J. C. Goethe.» —

Über Macerata ging es von Loreto in den Apennin hinein; und hier ist nun nachzutragen, wie Johann Caspar eigentlich reiste. Er hatte immer seinen Diener bei sich, aber auf einen eigenen Wagen hatte er schon in Venedig verzichtet. Indes er fuhr auch nicht mit der Post. Dafür hatte er sich mit vierzehn anderen Fremden einem Reiseunternehmen von drei Wagen angeschlossen, das von einem Manne geleitet wurde, der im Friseurgewerbe, — man denke an die Perücken der Männer, die hohen Coiffüren der Damen, — zu Geld gekommen war und dieses in Fuhrwerken angelegt hatte. Bei der Reisegesellschaft hieß er der «Direttore Parrucca». Der Preis war eine Zechine täglich für Fahrt, Tisch und Quartier. Unzuverlässig und geizig, hatte er aber seine Pferde nicht beschlagen lassen. Als man jetzt in den Bergen auf die Via Flaminia kam, noch mit den alten römischen Steinen gepflastert, kamen die Gäule ins Rutschen, stürzten, die Wagen schleuderten, und die Reisenden mußten zu Fuß gehen. In Rom, wo sich Johann Caspar, um standesgemäß aufzutreten, vertragsmäßig eine «carrozza di gala» ausbedungen hatte, war die gestellte Kutsche ein Wrack. Aus den geplatzten Polstern flogen die Federn durchs Fenster, und die Leute lachten über Gefährt und Reisenden.

Am 24. März war man in der Heiligen Stadt eingetroffen, am 26. verließ man sie schon wieder. Das Ziel der Reise war nicht Rom, sondern Neapel. Dort war man am 1. April. Vierzehn Tage waren für diese Stadt vorgesehen. Johann Caspar war in den Drei Königen, «Tre Re», abgestiegen, einem der besten Gasthöfe der Stadt, hatte sein Zimmer im dritten Stock und konnte vom Bett aus sehen, wie der Vesuv unablässig Rauchwolken ausstieß. Der letzte Ausbruch war im Jahre 1731 gewesen. Am 9. entschloß man sich, den Berg zu besteigen. Unterhalb des Gipfels versanken indes die Füße so tief in Lava, daß man den Gipfel nicht erreicht haben würde, hätten sich nicht plötzlich etwa fünzig Italiener, kräftig und trotzig und mit großen Messern an den Wehrgehenken, eingefunden, die ihre Dienste aufzwangen. Je zwei zogen vorn, zwei schoben an den Seiten, der fünfte drückte von hinten nach. So wurde jeder Reisende bis an den Rand des Kraters gebracht. Nach dem Abstieg erpreßten die Italiener feilschend je vier Zechinen, um die dann unter ihnen Schlägereien entstanden. Johann Caspar aber ritt auf einem Esel nach Herkulaneum hinüber, das 1719 entdeckt worden war. Der österreichische General Elbœuf hatte einen Brunnenschacht anlegen lassen, da war man in einer Tiefe von 27 Metern auf das Theater gestoßen, hatte Statuen gefunden. Mit den Ausgrabungen war erst gerade vor drei Jahren, also 1737, auf Befehl des Königs Carlos III., des Bourbonen, begonnen worden. Mit Fakkeln stieg Johann Caspar, sicher einer der ersten Deutschen, in die Tiefe. Das Mauerwerk war rot und grau, bemalt mit Gestalten, «heidnisch im Geschmack, göttliche Wesen und Ungeheuer». Viel war noch nicht zu sehen, und das nachrutschende Geröll und Gestein hinderten einen längeren Verbleib. Immerhin, noch wurde ja vielfach in Europa die Wahrheit der Entdeckung angezweifelt, Johann Caspar aber hatte sich überzeugt.

Und nun begann die Rückreise. Vom 19. April 1740 an war Johann Caspar in Rom. Der Gasthof, in dem der Direttore Parrucca seine Reisenden untergebracht hatte, war der «Monte d'Oro, osteria sulla piazza di Spagna molto famosa». Die Stadt war für Goethe in erster Linie die Hauptstadt des Papsttums. Er blieb zwei Wochen. Ja, ursprünglich waren für Rom nur vier Tage vorgesehen, wie aus einem Briefe an Johann Philipp Strecker im Juni aus Venedig hervorgeht: «Ich habe mich in Rom zehn Tag länger als mein Vorsaz gewesen aufgehalten, um, wie dermahlen die Rede ginge, der Creation des Pabstes beizuwohnen. Allein anoch izo wird dem Vermuthen nach die römische Kirche noch lange eine Wittwe bleiben.» Rückblickend, im «Viaggio», wird die Bedeutung Roms anders eingeschätzt. Jetzt heißt es: «Ich verließ also diese berühmte Stadt am 4. Mai nicht ohne ein Gefühl der Bitterkeit, wenn ich ihre Bedeutung erwog, in jeder Beziehung würdig des Studiums, und dann darüber nachdachte, wie wenig und unvollkommen ich meiner Sehnsucht Genüge leisten konnte und wie ich zum Verzicht gezwungen war, genauer und gründlicher alles zu prüfen.» Etwas trocken, — aber doch auch eine Klage über den Abschied von Rom! Vergleicht man mit ihr die letzten Seiten in der «Italienischen Reise» des Sohnes, so wird auch hier wieder deutlich, was es heißt, daß ein Herz empfinden und ein Dichtermund aussagen kann. Trotzdem, man folgt auch Johann Caspar auf seinem Gang über die Piazza Navona, zur Rotonda, zum Monte Cavallo, auf seinen Wegen zum Campidoglio, zum Campo Vacchino, zur Cestiuspyramide, wo 1830 der Enkel sein Grab finden sollte, und zu all den berühmten Kirchen Roms nicht ohne Ergriffenheit.

Am 4. Mai verläßt Johann Caspar die Heilige Stadt. Über Viterbo kommt er nach Montefiascone, wo er vor dem Altar in der Kirche des heiligen Flavian das Grab des trunkfrohen deutschen Ritters und das berühmte «Est Est Est» in Augenschein nimmt. Die Geschichte war am Hirschgraben sprichwörtlich. Auch die Frau Rat spielt auf sie an.

Am 8. Mai ist der Reisende in Siena, am 10. in Livorno, am 13. in Pisa, am 14. in Lucca, am 17. erreicht er Florenz, das aber am 20. bereits wieder verlassen wird, um über Bologna schon am 25. Mai wieder in Venedig zu sein. Eile war not. Am folgenden Tag nämlich ward die Vermählung des Dogen mit dem Meere als größte Staatsfeierlichkeit der Republik begangen. «Tutta la città fu in fermentazione», die ganze Stadt war in Gärung und im festlichen Gewande. Die Barken vereinten sich am Lido. Ein großer Teil führte Musikinstrumente jeder Art mit sich. Sie erwarteten den Bucentoro, das Staatsschiff. 1797 hat Napoleon es verbrannt. Nachdem der Doge an Bord gegangen, traf das Schiff ein, unter dem Lärm der Trompeten, der Pauken und vieler anderer Instrumente und unter dem Tosen der Freudenschreie, daß die Luft erbebte. Die Zeremonie gipfelte dann darin, daß der Patriarch das Meer mit Weihwasser segnete und der Doge einen Ring in die Wogen warf unter den Worten: «Meer, wir vermählen uns dir zum Zeichen wahrer und dauernder Herrschaft. Desponsamus nobis te, Mare, in signum veri perpetuique dominii.» Die Adria war nach Johann Caspars Bericht unruhig, der Himmel bewölkt. Sechsundvierzig Jahre später, Michaelistag, am 29. September 1786, schrieb im gleichen Venedig der Sohn, Johann Wolfgang: «Nachdem ich müde geworden, setzte ich mich in eine Gondel, die engen Gassen verlassend, und fuhr den nördlichen Teil des großen Kanals durch in die Lagunen bis gegen den Markusplatz und war nun auf einmal ein Mitherr des Adriatischen Meeres, wie jeder Venezianer sich fühlt, wenn er sich in seine Gondel legt. Ich gedachte dabei meines guten Vaters in Ehren, der nichts Besseres wußte, als von diesen Dingen zu erzählen.» Und wiederum drei Jahrzehnte später, im September 1815 — Goethe verlebte seine Abschiedstage auf der Gerbermühle —, da geht die Erinnerung an Venedigs einstige Vermählungsfeiern mit dem Meere in den «Westöstlichen Divan» ein. Kein großartigeres Symbol als eben dieses weiß Goethe für seine Bindung an Marianne.

Als ich auf dem Euphrat schiffte
Streifte sich der goldne Ring
Fingerab in Wasserklüfte,
Den ich jüngst von dir empfing.

Und Hatem antwortet:

Dies zu deuten bin erbötig!
Hab ich dir nicht oft erzählt,
Wie der Doge in Venedig
Mit dem Meere sich vermählt?

«Hab ich dir nicht oft erzählt?» Ja, auch Goethes Vater hatte es oft erzählt. War er doch Augenzeuge des Schauspiels gewesen, in den glücklichsten Tagen seiner Jugend.

Und tatsächlich, hier in Venedig fühlte sich Johann Caspar am meisten gefesselt. Obwohl er schon bei der Einreise in Italien dort länger geblieben war als später in Neapel oder in Rom, nämlich drei Wochen, schenkt er dieser Stadt noch einmal fast zwei Monate.

Aus diesem venetianischen Aufenthalt liegt uns nun wieder ein Brief vor. Er trägt weder Ort noch Datum, aber aus dem Inhalt ergibt sich, daß er auf der Rückreise geschrieben worden ist. Johann Caspar ist froh, wieder in Venedig zu sein; nur Oberitalien sei noch zu besuchen und dann Frankreich und Holland. Adressat ist wieder Johann Philipp Strecker. Goethe hat dessen Antwort auf seinen Brief aus Palmanova in Venedig vorgefunden und schreibt nun seinerseits. Und zwar antwortet er gleich. Kein Wort über Venedig, nur ein paar Zeilen über die letzten Tage in Rom. Und er schreibt, als ob alles ein Unsinn gewesen wäre! «Ich wundere mich, da es doch allen Reisenden gleich wie mir ergangen und noch ergehet, daß man denen Italienern ihre alten Mauern, worauf sie sich so viel einbilden, nicht lässet, und davor Frankreich, England, Holland und Niedersachsen alleine besuchet.» Freilich er gibt zu: die Bildhauerkunst, die Malerei, die Mosaiken, die prächtigen Kirchen, die vortrefflichen Kabinette, alles, wie es dergleichen woanders nicht gibt. «Doch auch dieses alles bestehet in einer blossen Liebhaberey und trägt weder zur Glückseeligkeit des menschlichen Lebens noch zu einem reelen Entzwek, der schon unter dem ersten mitbegriffen, etwas bei. Genau gesagt ist es, daß man in ganz Europa vor sein Geldt nicht unbequemer und verdriesslicher reiset, als in besagtem Italien. Man bringt nichts mehr mit nach Hause als einen Kopf voller Curiosideten, vor welche man insgesammt, wenn man sie in seiner Vatterstadt auf den Markt tragen sollte, nicht zwey baare Heller bekäme.»

Der ganze Ärger über die Strapazen, Unkosten, Verdrießlichkeiten der schnellen Reise von Rom über Siena, Florenz, Bologna, nach Venedig in zwanzig Tagen spricht aus diesem Schreiben. Merck hat es einen Handwerksburschenbrief genannt. Wir aber denken an das Jahr 1790, an Johann Wolfgangs zweiten venetianischen Aufenthalt, fünfzig Jahre nach dem des Vaters, und an die schon erwähnten «Venetianischen Epigramme»:

Das ist Italien, das ich verließ. Noch stäuben die Wege,
Noch ist der Fremde geprellt, stell er sich, wie er auch will.
Deutsche Redlichkeit suchst du in allen Winkeln vergebens:
Leben und Weben ist hier, aber nicht Ordnung und Zucht;
Jeder sorgt nur für sich, mißtrauet dem andern, ist eitel,
Und die Meister des Staats sorgen nur wieder für sich.
Schön ist das Land; doch ach! Faustinen find ich nicht wieder.
Das ist Italien nicht mehr, das ich mit Schmerzen verließ.

Und dennoch hat der Dichter seine «Italienische Reise», hat Johann Caspar, dazu noch in italienischer Sprache, seinen «Viaggio in Italia» geschrieben.—

In seiner «Italienischen Reise» erzählt Goethe, da wo er von seiner Ankunft in Venedig spricht: «Als die erste Gondel an das Schiff anfuhr, erinnerte ich mich eines frühen Kinderspielzeuges, an das ich vielleicht seit zwanzig Jahren nicht mehr gedacht hatte. Mein Vater besaß ein schönes mitgebrachtes Gondelmodell; er hielt es sehr wert, und mir ward es hoch angerechnet, wenn ich einmal damit spielen durfte. Die ersten Schnäbel von blankem Eisenblech, die schwarzen Gondelkäfige, alles grüßte mich wie eine alte Bekanntschaft, ich genoß einen langentbehrten freundlichen Jugendeindruck.»

Dieses Gondelmodell war noch vor wenig Jahrzehnten in einer Frankfurter Familie, Nachkommen aus der Sippe der Großmutter Cornelia, vorhanden. Erst in der Katastrophe des letzten Krieges ist es verloren gegangen.

DIE SCHÖNE VON MAILAND

In der Nacht zum 14. Juli wird von Venedig aufgebrochen, wieder die Brenta aufwärts nach Padua, dann nach Vicenza. In Verona speist Johann Caspar als Gast eines süddeutschen Grafen von Oettingen, am 22. ist er in Mantua. Cremona wird durcheilt: aber den Kanal will man doch sehen, durch den Prinz Eugen 1702 die Soldaten einschleuste, die den französischen Marschall Villeroy im Bett überraschten und aus einer Armee von 8000 Mann entführten. Der Ausgang des Kanals war jetzt vergittert. «Ist die Kuh geraubt, schließt man den Stall», meint Goethe. Der Stadt Mailand gilt der 39. Brief vom 2. August. Zuerst erzählt er vom Conte Simonetta, der zweimal wöchentlich offenes Haus hielt und bei dem Johann Caspar durch den kommandierenden General Ponce de Leon eingeführt war, weiter von Sammlungen, von Medaillen, Urkunden und etruskischen Vasen, vor allem aber von der Bibliotheca Ambrosiana; sie bestehe aus drei Räumen, habe 40 000 Bücher und 1 500 Handschriften, sei täglich vormittags und nachmittags zwei Stunden geöffnet und im Winter geheizt. Erwähnt wird auch der Bibliothekar Sassi. Nach diesem wird von neun Kirchen berichtet, darunter zuerst vom Mailänder Dom: «opera gotica». Er sei kaum weniger groß als Sankt Peter in Rom und enthalte 2 000 Statuen. Es sei eine Sünde, daß er nicht vollendet sei; und natürlich muß Johann Caspar das Dach besteigen.

Der Aufenthalt in Mailand währte vom 4. Juli bis 7. August, also volle fünf Wochen. Was hielt ihn gerade in Mailand so lange fest? — Die Antwort ist vielleicht überraschend. — Das Abenteuer! — Italien beglückte ihn hier zum Abschied noch mit dem Zauber einer romantischen Liebe. — Keine Faustina, — auch keine Maddalena Riggi, wie sie den Sohn 1787 bezaubern sollte, aber doch auch wie diese eine schöne Mailänderin.

Vermutlich war Johann Caspar im Albergo al Pozzo abgestiegen. Da sieht er vom Zimmer seines Gasthofs aus drüben über der engen Straße am Fenster ein junges, schönes Mädchen. Er wirft in großen Buchstaben ein paar huldigende Worte auf ein Papier und hält dieses gegen die Scheibe: «Quando puossi adorarla più vicino? Wann könnte ich Sie aus der Nähe anbeten?» Mit dem Opernglas liest es die Dame. Sie antwortet auf die gleiche Weise: «Wenn ich Heilige bin. Quando sarò santa.» Fürchtet sie den Fremden? Fürchtet sie ihr Temperament, ihre Sehnsucht? Schlag auf Schlag geht es so hin und her, sich steigernd, Spiel und Leidenschaft, bis aus den kurzen Fenstergrüßen von beiden Seiten wirkliche Liebesbriefe werden.— Des Dichters Vater ein Pedant? — Sicher nicht in seiner Jugend. Weder auf dem Ball in Venedig noch hier in Mailand hat er sich als solcher erwiesen.

Johann Caspar hat Maria Giuseppa Merati nie gesprochen, aber auch nie vergessen. Ihren letzten Brief richtet sie nach Argentina, also nach Straßburg. Und noch zu einer Zeit, da der Sohn Wolfgang in Sesenheim Friederike liebte und in Wetzlar Lotte verfallen war, fügte der Vater diesen ganzen Briefwechsel als Abschluß seinem «Viaggio» an und setzte den Wunsch und Glauben unter die Briefe, sie sollten einem jeden, der sie lese, bis in das Tiefste der Seele dringen. «O che sono gustose queste risposte, piene di senno e di spirito, di tanta forza, che penetrano sin al fondo dell'anima di quello che le vede.»

«Dichtung und Wahrheit»? — Sind wir es nicht gewohnt, daß die Familie Goethe uns unter diesem Stichwort immer wieder Rätsel aufgibt? Johann Caspar schließt seinen Mailänder Brief vom 2. August mit der Fiktion, er habe in seinem Gasthof hinter der alten Wandtäfelung ein Bündel schlecht lesbarer Schriftstücke gefunden, alt, doch aus seinem Jahrhundert, den Briefwechsel zweier Liebender, den er mitteilen wolle. Diese Liebesbriefe, die den Abschluß des ganzen «Viaggio» bilden, also auf den letzten italienischen Brief, den aus Genua und vom 20. August, folgen, beginnen indes nach dem schon erwähnten Fenster- und Operngladialog mit dem sehr aktuellen Datum «Mailand den 8. Juli 1740». Der erste aus Mailand datierte Brief des «Viaggio» trägt das Datum des 5. Juli 1740. Also am dritten Tag nach Johann Caspars Ankunft im Gasthof haben, wenn diese Datierungen stimmen, die Briefwechsel mit der Dame im Hause gegenüber eingesetzt. Im ganzen sind es je acht Briefe von jeder Seite, der letzte des Liebhabers: Straßburg, den 2. Januar 1741, der letzte der Dame aus Mailand vom 6. Februar 1741, unterschrieben: «M. G. Merati» und adressiert: «A Monsieur Gian Gaspar de Goeda Docteur de Loy per Mr. Kornmann Banquier Argentina». Es gab, so hat Gabbiati, der Direktor der Bibliotheca Ambrosiana, ermittelt, um 1740 in Mailand wirklich eine vornehme Familie Merati. Ein Merati war Arzt am Ospedale Maggiore. Vermutlich wohnte die Familie in der Parrocchia S. Eufemia, also in der Mitte der Stadt. — Und Giuseppa Maria selbst? — Kein Bild, kein Dokument hat sich bislang von ihr gefunden. —

Den Dialog durch das Fernglas hatte das Mädchen kurz beendet: «Schreiben Sie, wenn Sie wollen, schicken Sie, sofern Sie können. Ich will mich nicht mehr plagen. Es wird schon gehen. Damit genug.» — Sie hatte recht. Diese Fensterkorrespondenz war ermüdend. Und Johann Caspar schrieb. Charmant war die Antwort der Dame. Sie halte nichts von plötzlichen Liebesgefühlen, aber sie vergnüge sich an ihnen, weil sie, kaum entstanden, bald wieder verlöschten. Sein wundes Herz zu heilen, solle er sich an seine schöne Seele halten. Daß auf seiner Italienfahrt sie selbst die erste sei, der er große Augen gemacht habe, glaube sie keineswegs. Bei der Meisterschaft, mit der er seine Augen zu gebrauchen wisse, könne sie mit mehr Recht sagen, daß sie noch niemand gefunden, der in dieser Kunst erfahrener wäre. Und übrigens, wenn sie ihm ein Stelldichein gewähre, beraube sie sich ja des Briefwechsels.

Das ist ein neuer Ton im «Viaggio». Es ist kein Zweifel,

dieser Brief ist echt. Das Hinüber und Herüber jeden wechselnden Tag, dann in Abständen, zieht sich in Mailand bis zum 31. Juli hin. Schließlich schreibt Johann Caspar noch vom 10. August in Turin. Der letzte Brief der Merati nach Straßburg ist, wie gesagt, vom 6. Februar 1741. In ihrem zweiten Brief hatte sie bekannt, daß auch sie über die Trennung Verdruß empfände. Aber die Gründe — es ist die Familienkonvention —, die eine Begegnung verböten, seien fest und bestimmt. Freunde, Besuche, Briefe zu empfangen sei nicht ihre Gewohnheit. Ihren dritten Brief, den sie mit ihrem Vornamen «Maria Giuseppa M.» zeichnet, hatte sie begonnen: «Ach was! Sie halten mich für ablehnend. Ich bin es nicht. Ich teile Ihr Leid. Ihre Abreise steht bevor, aber das ist Ihr Wille und kein Zwang. Wenn Sie mich wirklich liebten, würden Sie nicht gehen. Reisen Sie glücklich, aber nennen Sie mir wenigstens Vornamen, Namen, Heimat und Land, wohin Sie reisen. Die Post vermittelt mir Mons. Federico Antonio Ponzone, Ufficiale nel Regg.° Ufficio della Posta Milano.»

Soweit skizzenhaft Auszüge aus dem Briefwechsel, der, immer wortreicher von beiden Seiten her, sich so in der Schwebe zwischen Spiel und Gefühl hält, daß es schwer ist, ihn zu beurteilen. Die Überlegenheit, und nicht nur die geistige, liegt bei der kleinen Mailänderin. Ungeklärt bleibt auch die Frage, inwieweit ihn Johann Caspar später bearbeitet hat. Daß ihn aber noch nach mehr als zwanzig Jahren eine solche Bewegung überkommen konnte, wie sie sein Wort über diese Briefe an den Leser verrät, beweist doch, daß diese wenn auch unerfüllte Liebe der schönste Ertrag seiner ganzen Italienfahrt war. — Ist es nur Spiel gewesen? War es verscherztes Glück? Zuweilen ist wohl beiden Briefschreibern diese Frage zu einer Bedrückung geworden.

Andererseits, Liebesleiden in Briefen dichterisch zu überhöhen war Zeitstil. So sind «Die Leiden des jungen Werthers» entstanden. Und auch Cornelia hat ihren Schmerz über die Abreise ihres geliebten Harry Lupton in poetischen

Briefen an Katharina Fabricius aus dem Alltag in die Sphäre des Romanhaften gehoben. Die Frau Rat ist die einzige in der Familie, deren Briefe, auch da, wo das Herz liebeswund ist, immer erdgebunden geblieben sind.

Johann Caspar schreibt in seinem letzten Reisebrief, dem von Genua am 20. August 1740, er werde nun in einem Zweimaster nach Marseille segeln und seine Berichte dann in französischer Sprache fortsetzen. Aus dem «Viaggio in Italia» sollte also eine «Voyage en France» werden. Das nächste Datum ist der 2. Januar 1741, der Brief an die Merati aus Straßburg. Frankreich und Paris, dem haben also im ganzen nur vier Monate gegolten. Das alles hat keinen großen Eindruck mehr gemacht. Vielleicht haben für Paris auch die Empfehlungen gefehlt, die für Italien von Wien aus zu haben gewesen waren. Jedenfalls: die «Voyage en France» ist nie geschrieben worden. Im Ersten Buch von «Dichtung und Wahrheit» steht das Wort des Vaters an den Sohn, man müsse Paris vorweg sehen, weil man, aus Italien kommend, sich an nichts mehr ergötze. Johann Caspar war reisemüde. Der Plan, Holland zu sehen, war aufgegeben. Als später der Vater seinem Wolfgang dessen künftigen Reiseweg, nämlich den, den er einst selbst erlebt, vorzeichnet, ist nur von Wetzlar, Regensburg, Wien, Italien und Frankreich, aber nicht mehr von den Niederlanden die Rede.

In dem Brief an die Merati steht, eine schreckliche Überschwemmung habe die Reise gehemmt, aber nun wolle er in Straßburg einige Monate bleiben, bis die Wahl des neuen Kaisers vor sich gehe. Post erreiche ihn beim Bankier Korn. Nach Straßburg ist auch vom 6. Februar der Abschiedsbrief der Merati adressiert: «per Mr. Kornmann Banquier Argentina». Die Firma Kornmann – im «Viaggio» variiert die Namensform – hat sich in Straßburg nachweisen lassen. Sie handelte auch in Burgunderwein. Johann Caspar benutzte also einfach eine alte Geschäftsverbindung der Familie vom «Weidenhof» her, den ja die Mutter bis 1735 geleitet hatte. Dadurch aber, daß man Argentina als Argenteuil genommen hat, den Ort an der Seine nördlich Paris, ist man auf merkwürdige Spekulationen gekommen. Johann Caspar soll dort als Geschäftsträger Seckendorfs zwischen den Wittelsbacher und Habsburger Agenten bei der Kaiserfrage zum mindesten als Beobachter tätig gewesen sein. Das ist Phantasie. Die Politik war nicht wichtig, wohl aber die Wissenschaft. Johann Caspar war nicht in Argenteuil, sondern in Straßburg und ließ sich dort am 25. Januar 1741 bei der juristischen Fakultät immatrikulieren. Er ward noch einmal Student. Man sieht, wie ernst er es mit seiner akademischen Ausbildung nahm. Und eben darum hat auch der Sohn, hat auch Wolfgang 1770 sich in Straßburg immatrikulieren lassen müssen, «wo man mir ein heiteres lustiges Leben versprach, indessen ich meine Studien weiter fortsetzen und am Ende promovieren sollte». Ein heiteres lustiges Leben — also Johann Caspar war gerne im Elsaß gewesen.

Bleibt die Frage, warum noch einmal eine Immatrikulation an einer Universität? Hatte doch Johann Caspar 1738 sein Studium mit der Promotion in Gießen abgeschlossen und war dann beim Reichstag in Regensburg, beim Reichshofrat in Wien mit der juristischen Praxis vertraut geworden. Was konnte ihn veranlassen, sich wieder gleichsam auf die Schulbank zu setzen? Wahrscheinlich ist es die Persönlichkeit von Johann Daniel Schöpflin gewesen, der als Professor der Geschichte und Beredtsamkeit seit 1720 in Straßburg lehrte, hoch angesehen als politischer Berater an den süddeutschen Fürstenhöfen, juristischer Vertrauensmann in Wien, aber auch bei der französischen Krone, Stifter und Präsident der Akademie der Wissenschaften von Mannheim. Er gilt als Begründer der «Straßburger Diplomatenschule». Noch Wolfgang stand ganz unter seinem Eindruck, rühmt von ihm, «daß er sich in der höheren Sphäre des Staatsrechts zeitlebens bewegt habe», hat indes persönlich, wie das der Jurisprudenz gegenüber nun einmal seine Art war, auf Distanz gehalten. «Genähert habe ich mich diesem vorzüglichen Manne niemals als in einer Nacht, da wir ihm ein Fackelständchen brachten.» Schöpflin starb am Tag nach Wolfgangs Promotion.

Es gab für Johann Caspar auch noch einen anderen Grund für das Studium in Straßburg. Prüft man nämlich die Matrikel dieser Universität, so ergibt sich, daß, von Ulm abgesehen, keine Stadt so viele ihrer Söhne nach Straßburg geschickt hat, auch Nürnberg nicht, auch Augsburg nicht, wie Frankfurt. Nur die bekanntesten Namen seien aus der Fülle der Studenten Frankfurter Herkunft herausgezogen: von Barckhaus, Behaghel, du Fay, Ettling, Fichard, von Glauburg, von Günderrode, von Holzhausen, Hupka, zum Jungen, von Klettenberg, von Cronstetten, Lersner, Merian, Metzler, de Neufville und allein aus der Familie von Uffenbach fünf, darunter, uns besonders wichtig, Johann Friedrich von Uffenbach, 1712, und zwar in der Liste der «serenissimi et illustrissimi», also in der Adelsliste aufgeführt, aber mit der Randbemerkung seitens des Rektors «hic tantum est Patritius», dieser ist nur ein Patrizier. Der jüngere Bruder Wilhelm wurde 1713 in der gewöhnlichen Matrikel als studiosus juris eingetragen.

Das war es also: Straßburg gehörte zur «welschen peregrinatio», wobei man peregrinatio am besten mit Kavalierstour übersetzt. Straßburg — das mußte sein! Und diesem «Muß» verdanken wir das Heideröslein, die Friederikenlieder, schönste Seiten in «Dichtung und Wahrheit» und vermutlich die Gretchentragödie.

Daß uns der «Viaggio in Italia» überliefert worden ist, ist ein großer Glücksfall. Er ist das bedeutendste schriftliche Dokument über Goethes Vater, die Form der Zeitsitte gemäß fingierte Reisebriefe, ein Buch von 1079 Seiten in Quart, 8 cm dick im Durchmesser, die Briefe selbst Seite für Seite von seiner schönen festen Hand, die Appendices aber mit zittrigen Zügen geschrieben. Wahrscheinlich 1795, bei Auflösung des Haushaltes am Großen Hirschgraben, spätestens 1808, nach dem Tode der Mutter, hat sich Goethe den väterlichen Band nach Weimar kommen lassen. Was sagt er über den Charakter des Vaters aus? Unter welchen Gesichtspunkten ist Johann Caspar gereist? Wie hat sich ihm die Welt dargestellt, wie stellt er sich selbst dar?

Fast ganz fremd sind ihm bei seiner Reise soziale Beobachtungen. Das kann man von einer Reise des 18. Jahrhunderts auch nicht verlangen. Nach den wirtschaftlichen Zuständen ward auch nicht viel gefragt, mehr schon nach den politischen, der Art und Weise, wie regiert und verwaltet wird. Was aber im Mittelpunkt des Interesses steht, das sind Religion und Kunst. In jeder Stadt besucht Goethe immer wieder die Kirchen, eine nach der anderen und keineswegs nur als Schöpfungen der Kunst. Die Kirche, die er betritt, ist ihm Gotteshaus. Er erlebt sie als Christ. Daß er sich dabei stets von neuem mit dem katholischen Kult auseinandersetzen muß, mit der Reliquienverehrung, mit den Legenden und Wundern, zeigt nur, wie ernst es ihm um den Glauben ist. Die Erziehung, die er in Coburg erfahren hat, das strenge und festgefügte Luthertum, ist die Basis seiner Existenz. Und so ist ihm auch Rom schlechthin Begegnung mit dem Katholizismus. Aber ist das nicht eben die Größe dieser Stadt, daß sie jedem Christen die christliche Frage vorlegt, Pascal und William Blake, Kierkegaard und Dostojewskij? Und hat nicht auch Goethe der Sohn, hat nicht auch Wolfgang diesen Dialog mit der ehrwürdigen alten Hauptstadt der Christenheit führen müssen? In der «Italienischen Reise», unter dem 27. Oktober 1786, kurz vor der Ankunft in Rom in Terni, schreibt er: «Dem Mittelpunkte des Katholizismus mich nähernd, von Katholiken umgeben, mit einem Priester in eine Sedie eingesperrt, indem ich mit reinstem Sinn die wahrhafte Natur und die edle Kunst zu beobachten und aufzufassen trachte, trat mir so lebhaft vor die Seele, daß vom ursprünglichen Christentum alle Spur verloschen ist; ja wenn ich mir es in seiner Reinheit vergegenwärtigte, so wie wir es in der Apostelgeschichte sehen, so mußte mir schaudern, was nun auf jenen gemütlichen Anfängen ein unförmliches, ja barockes Heidentum lastet. Da fiel mir der ewige Jude wieder ein, der Zeuge aller dieser wundersamen Ent- und Aufwicklungen gewesen und so einen wunderlichen Zustand erlebte, daß Christus selbst, als er zurückkommt, um sich nach den Früchten seiner Lehre umzusehen, in Gefahr gerät, zum zweitenmal gekreuzigt zu werden. Jene Legende: Venio iterum crucifigi, sollte mir bei dieser Katastrophe zum Stoff dienen.» — Johann Caspar stellt gegen Rom sein Luthertum, Johann Wolfgang das Urchristentum der Evangelien. Aber keiner von beiden ist gleichgültig. Sie sind beide echt christlich engagiert.

Diese lutherische Haltung bestimmte nun auch bei Johann Caspar das Urteil in Fragen der Kunst. Da ist er zum Schluß seines zweiten Aufenthaltes in Venedig in der Akademie der Maler. Dort sieht er Personen, männliche, weibliche, als nackte Modelle: «Man stelle sich vor, so ein verlornes Geschöpf als Jungfrau Maria gemalt ruft dann Wunder hervor.» Nein, da drehen sich ihm, wie er sagt, die Gedärme im Leib um. «Compatisca questa riflessione. Sono il solito moralista. Man verzeihe mir die Bemerkung, aber da bin ich Moralist.» Und damit kommen wir zu der Frage, wie hat Johann Caspar die Kunstwerke gesehen, die er in Italien vorfand? Wie hat er sie beurteilt, wie hat er sie verstanden? —

Im Jahre 1816 erschien bei Cotta der Erste Teil von Goethes «Italienischer Reise», ein Buch des reinsten Glückes, wie es kaum ein anderes in unserer Sprache gibt. Es umfaßt die Zeit vom Aufbruch aus Carlsbad bis zum Februar 1787. In Rom waren die deutschen Maler bei Niebuhr, dem preußischen Gesandten, versammelt, um das Ereignis zu feiern, Cornelius, Koch, Schadow, Overbeck und andere mehr. Die Schrift wurde vorgelesen. Die Enttäuschung war groß. An allem, was diesen Männern bedeutend und wert war, war Goethe ja vorbeigefahren! «Es ist unbegreiflich, wie

Goethe dergleichen hat drucken lassen», stöhnte Niebuhr. Wortführer war Cornelius, der doch eben den «Faust» illustriert hatte. Tief bekümmere es ihn, daß Goethe Italien so gesehen. Das Herz habe ihm damals nicht geschlagen, das reiche, warme Herz, es sei erstarrt gewesen. Schon daß er auf der Hinreise den Regensburger Dom nicht einmal nenne! In Padua sieht er die Kapelle der Annunziata nicht, für Giotto kein Wort, für die Primitiven kein Auge! Die Dogenprozession in Venedig erlebt er nur als ästhetisches Schauspiel, als Theaterzug, ohne den Hintergrund der alten Größe. San Giovanni e Paolo kennt er nicht. «Überhaupt, wie unglaublich wenig er in Venedig gesehen, weiß nur der, welcher selbst da war. Von Florenz will ich gar nichts sagen, wie man dort durchfliegen konnte. Ich sage dies alles nur, um meinen Spruch wahr zu machen, daß er ohne Liebe gesehen hat»! So Niebuhr in Briefen an Savigny vom 7. und 16. Februar 1817. Koch, der Goethe ohnehin grollte, weil er Hackert nicht leiden mochte, hatte während des Vorlesens in der Sofaecke geschlafen; er wurde nur bei dramatischen Stellen geweckt. Es war nicht zu leugnen und es war der allgemeine Eindruck: Johann Wolfgang Goethe war blind durch Italien gefahren.

An diese Szene darf man sich erinnern, wenn man in den Biographien von Goethes Vater liest, wie sein «Viaggio» Stadt für Stadt mit der Reise des Sohnes verglichen und an ihr gemessen wird und wie man dem Vater dabei vorhält, was er alles nicht gesehen habe. Seine Urteile seien oft genug schief und in der Sistina in den Stanzen — vielleicht waren sie wegen der Papstwahl geschlossen — sei er überhaupt nicht gewesen. Ja, wahrlich, dieser Johann Caspar war blind durch Italien gefahren!

Schlägt man indessen nach, was Johann Caspar über Bernini sagt, so findet man Worte des höchsten Lobes. Da ist der Brunnen auf der Piazza Navona mit den vier Flüssen der Welt, da ist seine Arbeit an San Pietro, an der Chiesa della Madonna della Vittoria mit dem Brunnen dabei, da nennt er eine Papststatue in Velletri, und vor allem sind da die beiden Gruppen in der Villa Borghese, Aeneas und Anchises und Apollo und Daphne, eine Schöpfung, lesen wir, so schön, daß die Feder sie nicht zu beschreiben vermöge, beste Arbeit Berninis, durch die er mehr als durch jedes andere sein großes Talent bewiesen habe. Ja, Bernini ist überhaupt für Johann Caspar ein Gipfel der italienischen Kunst. Auch für uns ist der Brunnen auf der Piazza Navona schlechthin eine Chiffre für Rom. In Goethes «Italienischer Reise» ist dieser Brunnen aber überhaupt nicht erwähnt. Er war für Goethe sicher ein Kunstgreuel. Die Piazza Navona wird nur nebenbei genannt, eines Klosters wegen und wegen Filippo Neri. Berninis Name aber hat in der ganzen «Italienischen Reise» Goethes nirgends eine Stätte. Denn was hatte Winckelmann geschrieben, kurz nach seiner Ankunft in Rom, im Sommer 1756, in einem seiner ersten Briefe in die Heimat? Bernini sei der größte Esel unter den neueren Künstlern. Und damit war ein Urteil, nein ein Verdikt, gültig für mehrere Epochen, gefällt.

Johann Caspar hatte sicher nicht den Blick, noch das sich einfühlende, künstlerisch beschwingte Empfinden seines Sohnes. Aber hätte er in Frankfurt eine Galerie moderner Bilder zusammengetragen, wenn er nicht ein Organ für Kunst gehabt hätte? Er reiste als ein Vertreter des Barock, der Sohn reiste als Klassizist, Cornelius als Romantiker. Es ist nicht eben weise, wenn man glaubt, etwas dadurch zu gewinnen, daß man eine Generation gegen die andere ausspielt.

GROSSE POLITIK

Wie lange Johann Caspar in Straßburg geblieben ist, wissen wir nicht, den ganzen Sommer 1741 vermutlich bis zum Semesterende. Den Termin einzuhalten, den er sich gesetzt hatte, nämlich bis die Wahl des neuen Kaisers stattfände, die er als Frankfurter selbstverständlich miterleben mußte, das war nicht schwer. Die Verhandlungen zwischen den Kurfürsten und den großen Mächten um die Wahlkapitulationen schleppten sich durch den Frühling und den ganzen Sommer hin, und erst im September 1741 kamen sie wirklich vorwärts. Sie wurden im Grunde auf den Schlachtfeldern ausgetragen, begann doch gerade jetzt der große, blutige Streit um die Pragmatische Sanktion.

Am 20. Oktober 1740 war Kaiser Karl VI. gestorben. Die junge «Prinzeß Resl», wie die Wiener ihre Maria Theresia nannten, war mit erst dreiundzwanzig Jahren Herrscherin von Österreich. In Budapest und Prag warteten auf sie die Königskronen von Ungarn und Böhmen. Alle Mächte hatten in der sogenannten «Pragmatischen Sanktion» diese weibliche Thronfolge anerkannt, nur Bayern nicht. Barbarossa war es gewesen, der nach der Niederlage der Welfen, um das Herzogtum Bayern zu schwächen, 1154 die bayrische Ostmark zum Herzogtum der Babenberger erhoben hatte. Aus diesem Herzogtum mit der Hauptstadt Wien war die Hausmacht Österreich erwachsen. Die Wittelsbacher hatten naturgemäß nicht den geschichtlichen Sinn für die völkerverbindende, weltweite Mission der Donaumonarchie. Sie sahen im Hause Habsburg von jeher nur einen Emporkömmling in einem ehemals bayrischen Territorium. Nach dem Testament des Kaisers Ferdinand I. — er starb 1564 — waren sie die Thronerben für Wien und die Habsburgischen Lande, wenn keine ehelichen Nachkommen Ferdinands vorhanden seien. Jetzt ergriff man in München die Gelegenheit und interpretierte das Testament: statt keine «ehelichen», keine «männlichen» Nachkommen, berief sich auf siebzehn Heiraten und beanspruchte die Lande Maria Theresias. So begann der österreichische Erbfolgekrieg. Er ging über ganz Europa.

Friedrich II., seit 1740 König von Preußen, benutzte die Verlegenheit der jungen Fürstin zum Einfall in Schlesien. Auch Frankreich griff Maria Theresia an. Es sah seit dem Streit zwischen François I. und dem Kaiser Karl V. um Italien, dann um die Rheingrenze, in einem deutschen Kaiser aus dem Hause Habsburg immer einen Erbfeind. Darum war es mit Bayern seit Ludwig XIV. alliiert. England war eifersüchtig auf Frankreich als Kolonialmacht, um so mehr, als man in Paris den Stuarts eine Flotte gab, die in England landen sollte. Also trat England auf die Seite Maria Theresias. Spanien griff die Österreicher in Italien an. Kurz, es ward an allen Fronten gekämpft. Maria Theresia behauptete sich schließlich in ihren Erblanden, aber an die Wahl ihres Gatten, des Großherzogs Franz Stephan von Lothringen-Toscana zum Römischen Kaiser Deutscher Nation war nicht zu denken.

Der Mittelpunkt der politischen Verhandlungen über die Nachfolge Karls VI. war nach der Goldenen Bulle Frankfurt. Dort war die Nachricht vom Tod Karls VI. am Abend des 26. Oktober eingetroffen. Am Dienstag, den 1. November ist der Magistrat zum ersten Mal in langen Trauermänteln zu Rat in den Römer gegangen. Im Dom war der hohe Chor schwarz verhangen, ein Castrum doloris aufgeschlagen. Unter Teilnahme der Dominikaner, Karmeliter, Kapuziner fand am 22. November der Trauergottesdienst statt. Auch das Gymnasium neben der Barfüßerkirche, also am Platz der Paulskirche, war schwarz ausgeschlagen. Der Conrektor Albrecht lud in lateinischem Programm zur Trauermusik ein. Das ist dasselbe Gymnasium, das zwei Jahrzehnte später Wolfgang besuchte und ist derselbe Johann Georg Albrecht, bei dem der Knabe hebräisch lernte, um die Bücher Moses im Urtext lesen zu können. Der Vater, Johann Caspar, muß ihn zu seinen engeren Freunden gezählt haben, denn als der Kaiserliche Rat beerdigt wurde, ging dieser Rektor Albrecht mit zu Grabe. Immer wieder verschlingen sich nun großes politisches und kleines stadtgeschichtliches Geschehen und das Dasein von Johann Caspar, aber auch das von Wolfgang Goethe zu einem Lebensteppich, dessen Figuren und Ornamenten nachzuspüren nicht ohne Reiz ist.

In zwei umfangreichen Foliobänden, dem sogenannten

Krönungs-Diarium aus den Jahren 1742 und 1743 ist Tag für Tag in schönstem Druck und mit prächtigen Kupfern der Nachwelt Bericht gegeben, wie die Figuren auf dem politischen Schachbrett gezogen wurden. Johann Caspar hat diese beiden Bände gekauft und sie in seine Bibliothek eingestellt. Aus ihnen hat er 1764 dem Sohne vorgelesen, und dieser hat im Fünften Buch von «Dichtung und Wahrheit», wo er so wunderbar anschaulich diese größte Zeremonie des alten Reiches vor unseren Augen aufsteigen läßt, die Krönungs-Diarien zu Rate gezogen, um dem Gedächtnis nachzuhelfen.

Der Anfang freilich war bescheiden. Am Samstag, den 14. Januar 1741, «meldete sich der Herr Reichs-Quartier-Meister bei der Wahl-Deputation wegen der zu liefernden Schreib Materialien, worauf beschlossen wurde, demselben, dem Herkommen gemäß, ein Riess Papier, einen Krug mit Tinte, ein Tintenfaß und Sandbüchse, eine Tüte mit Sand, 3 Bund Federkielen, eine Schere, zwei Federmesser, 12 Stangen Siegellack, 8 Stangen Bleistifte und 8 Stangen Röthel durch den Rechnei-Bedienten gegen einen Schein überbringen zu lassen, welches auch darauf geschehen».

Die Quartiere wurden folgendermaßen verteilt: an Chur-Mainz gab man nahe den Dominikanern den Compostellhof, in dem sich seit dem Mittelalter alle Pilger zu sammeln pflegten, die nach Spanien wallfahren wollten, Chur-Köln erhielt die Niederlassung des Deutschen Ritterordens drüben über dem Main, Chur-Sachsen bekam den Kornmarkt, Chur-Brandenburg den Saalhof der Familie Bernus, Bayern die Zeil mit den Barckhausschen und Uffenbachschen Häusern, schließlich die Churpfalz die d'Orvilleschen und Rühlschen Häuser auf dem Roßmarkt und dem Großen Hirschgraben, alles Familiennamen, denen wir in der Lebensgeschichte der Eltern Goethe und des Sohnes immer wieder begegnen — die einen in Frankfurt, die Rühles als Rühle von Lilienstern in Weimar. Daß 1764 ein kurpfälzischer Kavalier das sogenannte «Peking», d.h.

das mit chinesischer Tapete geschmückte Zimmer, das 1759 auch der Graf Thoranc innehatte, als Wahlgesandter bezog, erzählt Goethe in «Dichtung und Wahrheit». Das prunkvolle barocke Quartierschild aber, mit goldener Inschrift und Bild der Stadt, das damals über der Eingangstüre des Goethehauses angebracht worden war, ist erhalten. Es hängt auf dem Flur des zweiten Stocks.

Inzwischen war Friedrich der Große in Schlesien eingefallen, und alle Wahlvorbereitungen kamen ins Stocken. Johann Caspar konnte ruhig den Frühling und den Sommer in Straßburg studieren, während der Rat beschloß: «Weil bei gegenwärtiger angenehmer Sommerszeit sowohl die hohen Herren Wahl-Gesandten, als auch anderer großer Potentaten und Fürsten hier anwesende Herren Envoyés Extraordinaires und viele andere vornehme Standespersonen beyderley Geschlechts, fast täglich vor das Gallen-Tor längst dem Main auf und ab, mit sehr vielen sechsspännigen und anderen Carossen, abends im Kühlen spazieren zu fahren und spät wieder in die Stadt zu kommen pflegten, bemeldtes Tor bis abends um 10 Uhr offen und darunter Laternen aufrichten zu lassen.» Wo fuhren die Kutschen denn hin? Vermutlich zumeist nach dem von Loenschen Garten, den der spanische Gesandte als Landsitz gewählt hatte. Dort gab er Soupers, Bälle und Feuerwerke, von denen die Krönungsdiarien zu berichten wissen. Es ist das derselbe Landsitz am Main, wo einige Jahre später die Trauung und Hochzeit von Goethes Eltern stattfinden sollte.

Die erste Wahlkonferenz im Römer hat am 20. November 1741 stattgefunden. Um diese Zeit ist Johann Caspar ganz sicher im Großen Hirschgraben gewesen, nach zweijähriger Abwesenheit wieder in den Armen der Mutter. Die Kavalierstour war beendet.

Schließlich, in dreißig Wahlkonferenzen, die letzte am 23. Januar 1742, war die Wahl des bayrischen Kurfürsten Karl Albrecht durchgesetzt und waren alle Einzelheiten geregelt worden. Für Johann Caspar war dieser Winter ein Höhepunkt des Lebens. Hölderlin hat Frankfurt einmal, freilich aus anderen Gründen, als den Nabel der Erde bezeichnet. Kein Zweifel, daß die Frankfurter so empfanden. Die Stadt war eine einzige große Bühne, mit unerhörten, immer neuen Aufzügen und Einzügen, mit Feuerwerken, Mainfesten, mit Galadiners, Bällen und Contretänzen bis morgens fünf Uhr, mit Übervölkerung der Stadt und Überbeanspruchung der Wohnungen und der Ställe. Allein der Kurfürst und Erzbischof von Köln, auch Wittelsbacher und Bruder des Kaisers, war von seiner Residenz Bonn mit einer Flottille den Rhein heraufgefahren, mit fast 1400 Personen, darunter 24 Köchen und einem Marstall von 741 Pferden. Wir spüren es noch aus «Dichtung und Wahrheit» heraus, was dem Vater Goethe, aber auch dem Sohn dieses großartige Welttheater der Wahl und Krönung in ihrer Vaterstadt bedeutet hat. Es ist uns heute schwer, die richtige Vorstellung davon zu gewinnen, darum sei, um ein Beispiel zu liefern, die Auffahrt des Kurfürsten von Mainz zur zwölften Wahlkonferenz vom Deutschordenshaus in Sachsenhausen zum Römer nach dem Krönungs-Diarium wiedergegeben, wie sie am Freitag, den 15. Dezember 1741 stattgefunden hat:

«Der Aufzug Ihro Churfürstlicher Durchlaucht geschahe aus dem Teutschen Hause durch die Fahr- und Schnur-Gassen in folgender Ordnung:

Kam ein Portier,
Vierundvierzig Laquayen der Herren Cavaliers,
Ein Fourier,
Zweyundzwantzig Churfürstliche Hof-Lakayen,
Zehn Churfürstliche Heyducken,
Zwey Läuffer,
Acht Trompeter und zwey Paucker,
Acht leere Staats-Kutschen, jede mit sechs Pferden von unterschiedenen Farben bespannet, und bey jeder ein Stall-Bedienter,

Der Hof-Fourier,
Zwantzig subalterne Bedienten,
Zwölff Churfürstliche Edel-Knaben,
Zwey Pagen-Hofmeister,
Die Hof- und Cammer-Räthe, Truchsesse und Leib-Medici,
Der Cammer-Fourier,
Die Cavaliers, Cammer-Herren und Minister,
Der Herr Ober-Hof-Marschall,
Zwey Herren Geistliche,
Zwantzig Schweitzer Trabanten,
Zwantzig Hatschirer,
Der sehr herrliche mit rothem Sammet überzogene, in- und auswendig reich mit Gold gestickte, mit sechs Apfel-Schimmeln bespannte Leib-Wagen. In demselben saßen Ihro Churfürstliche Durchlaucht mit einem rothen Talar und langen rothen Mantel von Gros de tour, worauf das Teutsche Ordens-Creutz gesticket war, bekleidet. Neben dem rechten Schlag der Kutsche gieng der Herr Ober-Stallmeister, Freyherr von Roll, neben dem lincken aber der Hauptmann von der Garde, Freyherr von Scherf,
Noch eine leere eben so prächtige und von sechs Pferden gezogene Staats-Kutsche.»

Aber das war ein Nichts gegen die Einzüge der Kurfürsten oder gar des Kaisers in die Stadt. Wie eine Mischung aus Märchenzauber und Opernprunk muten uns die Stiche an, die solche Aufzüge festgehalten haben. Da sieht man oben die Stadt mit ihren Türmen und den Rauchwolken der Salutschüsse über den Wällen, dann in vierundzwanzigfacher Schlangenwindung, weil sonst nicht alles auf das Blatt gegangen wäre, den Kaiserlichen Einzug. Ungezählt die Hunderte der zierlichen Reiter, ungezählt die marschierenden Soldaten, Behörden, Lakaien zu Fuß. Die Zahl der Kutschen allein über achtzig, und dazwischen immer zu Roß die Trompeter und Kesselpauker, mit dem neuen

Musikinstrument, das man den Türkenkriegen verdankte. Dazu ist im Krönungs-Diarium von jeder Kutsche angegeben, welche Standesperson in ihr gesessen. Im Goethehaus im obersten Stockwerk kann man sich an diesen Kupferstichen freuen. Es ist, als ob Goethe, der ja sehr oft bildliche Eindrücke in Dichtung umgeschmolzen hat, bei seinem «Hochzeitlied», als es in Thüringen entstand, an solch einen Frankfurter Stich gedacht hätte:

Da kommen drei Reiter, sie reiten hervor — —
Dann folget ein singendes, klingendes Chor
Possierlicher, kleiner Gestalten;
Und Wagen auf Wagen mit allem Gerät,
Daß einem so Hören als Sehen vergeht,
Wie's nur in den Schlössern der Könige steht;
Zuletzt auf vergoldetem Wagen
Die Braut und die Gäste getragen.

Hören und Sehen, das ist Johann Caspar wie Wolfgang Goethe vergangen, als sie sich diese Einzüge ansehen konnten.

Freilich, Johann Caspar war nicht dabei, wenn am Wahltag die Fürstlichkeiten und der hohe Adel, die hohe Geistlichkeit den Dom füllten und dann unter dem «Veni Creator spiritus» der Graf von Pappenheim als Reichs-Erb-Marschall die Kurfürsten oder deren Vertreter in das kleine mittelalterliche Conclave rechts vom Hochchor führte und hinter sich die Tür abschloß, aber er war sicher dabei, als nach vollzogener Wahl das «Vivat Rex» vom Volk ausgerufen und auf dem Domturm eine Fahne herausgesteckt wurde, Zeichen dafür, daß die Wallartillerie dreihundert Freudenschüsse abzufeuern hatte. Und ebenso gewiß hat Johann Caspar als Doctor juris am 15. März auf dem Römerberg gestanden, wo «Graduierte und übrige Bürgerschaft» vor dem Kaiser auf dem Römer-Balkon den Huldigungseid schwuren; und zwar standen «die Herren Doctores, Licentiati und andere Gelehrte» auf der linken Seite des Balkons. Diesmal erschien die Fahne auf dem Nikolausturm, und es gab hundert Salutschüsse. Von dieser Huldigungsszene gibt der Zweite Band des Krönungs-Diariums einen großen Kupferstich, freilich ohne daß wir Johann Caspar unter den Doctores, die die Rechte zum Eid heben, identifizieren könnten.

Alles das scheint Geschichte der Stadt Frankfurt zu sein und ist doch eben Lebensgeschichte von Johann Caspar Goethe.

Wie sehr er sich mit seiner Vaterstadt eins gefühlt hat, das beweist, daß er noch in diesem Wahljahr 1742 gleichsam als Vor- und Nachgeschichte zur Krönung mit eigener Hand einen Quartband anlegte, der alles, was seit 1509 in Frankfurt rechtsgeschichtlich geschehen war, alphabetisch verzeichnete. An diesen Quartband schloß er eine Sammlung von einundzwanzig Foliobänden an, die, einzig in ihrer Art, in Druckblättern und Abschriften entsprechende Texte sammelte, stadtgeschichtlich eine Quelle ersten Ranges. Hier finden wir im 19. Band von der Hand jenes Schreibers Liebholdt, der Wolfgangs Anwaltskanzlei führte, den Bericht über die Hinrichtung der Kindsmörderin Susanna Margaretha Brandt am 14. Januar 1772, neben anderen Dokumenten ein Beweis, wie sehr dieser unselige Kriminalfall mit der werdenden Faustdichtung verbunden ist. Hier finden wir auch den Bericht über den Tod der jungen Anna Elisabeth Stöber, vermutlich einer frühen Jugendgespielin Wolfgangs, die verzweifelt sich in den Main warf, weil sie glaubte, ohne Ehe Mutter zu werden. Goethe verwendet ihr Los in den «Leiden des jungen Werthers» unter dem 12. August, Werther verteidigt mit dem Schicksal dieses Mädchens den Selbstmord. Alle diese Bände, der in Quart wie die in Folio, stehen heute noch in der Bibliothek des Vaters im Haus am Großen Hirschgraben [Art. Ausg. Bd. 5, S., 704ff.; Bd. 4, S. 1068].

Auf eines aber sei in Verbindung mit dem Krönungs-Diarium noch besonders hingewiesen, auf den strengen zeremoniellen Formalismus, von dem dieses ganze städtische Wesen während der Kaiserkrönung, aber auch sonst getragen wurde. Wenn am 25. März 1741 der Schöffe Textor und der Senator Schlosser — also später Wolfgangs Großvater und Cornelias Schwiegervater — im Saalhof bei Chur-Brandenburg für die Stadt den Besuch machen, so werden sie vom Haussekretär auf dem Absatz der Treppe empfangen, hinauf in die Galerie begleitet, es wurde «alsobald ein Zimmer geöffnet, worauf des Herrn Botschafters Exzellenz aus einem Nebengemach ihnen bis in die Gallerie der Stube entgegen kamen und selbige sogleich vorausgehend hineinführten, niedersetzen hießen und sich, nur etwa einen Schritt gegen ihnen über, auf einem Sessel ohne Lehnen, wie Deputati auch hatten, niedersetzten. Nach einem viertelstündigen Gespräch nahmen die Herren Deputierte ihren Abschied und wurden von Seiner Exzellenz wiederum bis in die Mitte des Vorzimmers, von Dero Haus-Secretario aber bis auf den untern Absatz der Treppe begleitet.» So berichtet das Diarium immer wieder über jeden Besuch und jeden Gegenbesuch. So war die Zeit. Es ist gut, darum zu wissen. Und manches, was bei Goethes Vater als Pedanterie angesprochen wird, war nichts anderes, als daß er eben aus einem barocken Jahrhundert stammte.

Nachdem als letzte Vorbereitung zur Krönung die Metzgersöhne einen fetten Ochsen mit Blumen und Bändern geschmückt, die Hörner vergoldet und Bayern zu Ehren an blauweißem Seil unter Musik in die kaiserliche Küche geführt hatten, damit er auf dem Römerberg am Spieße gebraten werde, fand am 12. Februar die Krönung statt. Und damit war ein Wittelsbacher deutscher Kaiser, Karl Albrecht, als Kaiser Karl VII.

Dieser Kaiser aber war ein kranker Mann. «Meine Krönung ist gestern vor sich gegangen, mit einer Pracht und einem Jubel ohnegleichen, aber ich sah mich zur gleichen Zeit von Stein- und Gichtschmerzen angefallen. Krank, ohne Land, ohne Geld, kann ich mich wahrlich mit Hiob, dem Mann der Schmerzen vergleichen», schrieb der Gekrönte in sein Tagebuch. Tatsächlich, fast gleichzeitig mit der Wahl, ritten die Husaren Maria Theresias durch das Isartor in München ein. Das ganze Land wurde vom Feind überschwemmt. Damit waren dem Kaiser auch alle Einnahmen abgeschnitten.

Schon einmal war ein Wittelsbacher Kaiser gewesen, im 14. Jahrhundert, Ludwig der Bayer. Frankfurt hatte an ihm einen gnädigen Herrn gehabt. Achtunddreißigmal hat er hier Hof gehalten, zumeist beim Deutschen Orden in Sachsenhausen. Von hier aus hat er seine Politik gegen Avignon getrieben. Er hat der Stadt die Erlaubnis zu einer neuen Umwallung jenseits der Staufenmauer gegeben. Mit Recht steht seine Statue an der Front des Römers.

Nun trug zum zweitenmal ein Wittelsbacher die Kaiserkrone. So fremd uns heute die politischen Verhältnisse des 18. Jahrhunderts geworden sind, so fern diese Zeitläufte liegen und so verworren uns das alles anmuten mag, dieser Kaiser Karl VII. aus München ist doch eben jener Kaiser gewesen, von dem Goethes Vater sich den Titel eines Kaiserlichen Rates erbeten hat. Dieses bayrische Kaisertum in Frankfurt ist einmal bestimmende Umwelt für Johann Caspar Goethe, aber auch für die Familien Textor, Schlosser und für das ganze Frankfurter Patriziat gewesen. Wir können nicht umhin, wir müssen nach der Persönlichkeit dieses Kaisers und seinem Schicksal fragen.

Karl Albrecht war in Gegnerschaft zum Hause Habsburg aufgewachsen. Das ging auf den spanischen Erbfolgekrieg zurück, der am Anfang des Jahrhunderts, von 1701 bis 1714, Europa in Atem hielt. Damals war, am 29. April 1706, im Rittersaal der Wiener Hofburg über seinen Vater, den Kurfürsten Max Emanuel, in feierlicher Thronsitzung die Reichsacht ausgesprochen worden, weil Bayern sich gegen den Kaiser mit Frankreich verbündet habe. Freilich, der Geächtete war weit vom Schuß. Er hielt, gedeckt durch französische und bayrische Truppen, theaterfreudig, prunksüchtig, als spanischer Statthalter in Brüssel Hof.

München, seine Hauptstadt, hatte damals noch keinen Namen. Johann Caspar Goethe, auf seiner Kavalierstour von Regensburg nach Wien, ließ die Stadt beiseite liegen. Nach der Volkszählung von 1704 hatte sie nur 13600 Bewohner. Jetzt kam ein Reichsherold und verlas unter dem schönen Wahrzeichen der Stadt, der Mariensäule auf dem Markt, die Ächtung des Landesfürsten. Diese Mariensäule hatte ein frommer Kurfürst der Gottesmutter zum Dank dafür errichtet, daß München nicht wie Magdeburg zerstört und gebrandschatzt worden war, denn «die Vorschriften und das Gebot der Liebe reichen weiter als die Regeln des Rechts», so hatte Gustav Adolf 1632 beim Einzug in die Stadt gesagt, Worte aus dem Völkerrecht des Hugo Grotius. Jetzt aber mußten eben hier die erschreckten Münchener Bürger hören, daß niemand ihren Landesherren «hausen oder herbergen, atzen oder tränken» dürfe.

Indes eine Reichsacht im 18. Jahrhundert war nicht mehr das, was sie im Mittelalter gewesen. Die Kurfürstin, eine polnische Königstochter, war schon vor der Acht, nicht nach Avignon, das ihr der Papst angeboten hatte, sondern in das maskenfrohe Venedig geflohen. Die Söhne, die Prinzen, gerieten in österreichische Gefangenschaft. Sie lebten in Graz in höchst standesgemäßer Haft; ihr Marstall enthielt 32 Pferde. So also waren die Jugendjahre.

Bald aber versöhnten sich die feindlichen Herrscherhäuser wieder, und Karl Albrecht heiratete nun als bayrischer Kurprinz 1722 die zweite Tochter des Kaisers Joseph, Maria Amalia. Ihr Andenken lebt noch heute in ihrem reizenden Jagdschlößchen fort, in der Amalienburg im Nymphenburger Park, Charme und Glanz in Silber und Blau, von Cuvilliés erdacht und ausgeführt. 1726 ist dann Karl Albrecht Kurfürst geworden. Er verkörpert für Bayern das Rokoko. Cuvilliés, einst als Kammerzwerg an den Hof des Vaters gekommen, von diesem aber in seiner Genialität erkannt und nach Paris zur Ausbildung bei Blondel geschickt, vergrößerte Schleißheim und schuf die «Reichen Zimmer» der Residenz. Seine Kunst gab der Hauptstadt das Gepräge. Das berühmte Residenztheater schuf der Künstler dann unter dem nächsten bayrischen Kurfürsten.

Statt auf einem dieser seiner heiteren bayrischen Schlösser mußte Karl VII. aber nun auf der Frankfurter Zeil Hof halten. Das Haus der Familie von Barckhaus, 1690 errichtet, lag auf der Südseite der Straße im churbayrischen Wahlquartier. Das Thurn- und Taxis-Palais, das vornehmste wirkliche Palais der Stadt und eben 1741 vollendet, scheint aus politischen oder persönlichen Erwägungen nicht in Frage gekommen zu sein. Von den Barckhaus' wissen wir, daß sie um die Mitte des 17. Jahrhunderts aus Westfalen eingewandert sind, und daß sie 1680 von Leopold I. geadelt wurden. Die Familie, reich und angesehen, war für alle Künste aufgeschlossen. Der Katharinenkirche stiftete sie den barocken Marmoraltar und die schöne Kanzel mit dem Pelikan auf dem Schalldeckel. Das Historische Museum zu Frankfurt bewahrt den berühmten Barckhausschen Kunstschrank mit seinen barocken Gold- und Silberschmiedearbeiten. — Jetzt bot ein Barckhaus dem Kaiser die Residenz. Nur drei Jahre älter als Karl VII., mit Vornamen Heinrich und 1690 geboren, wurde er mit vierundfünfzig Jahren Ratsherr.

An und für sich neigte Karl VII. als Wittelsbacher zu einer verschwenderischen Lebensführung, aber er wußte sich in die Verhältnisse zu fügen. Kennen wir doch von ihm Verordnungen wie diese: «fortan von den Kerzen die Stümpfeln sowohl beim Theater als den Musicis jedesmal zurückzunehmen und zu weiterem Nutzen zu verwenden.»

Für die Frankfurter Bürger war das Hin und Her dieses österreichischen Erbfolgekrieges natürlich spannend und aufregend genug. Da residiert auf einmal bei ihnen auf der

Zeil der Römische Kaiser Deutscher Nation, da siegt im Juni 1743 als Maria Theresias Verbündeter der König von England, Georg II. — er hatte 1734 die Universität Göttingen gegründet — fast vor den Toren Frankfurts bei Dettingen über die Franzosen und Bayern. Dann wendet sich das Kriegsglück, und so zieht Karl VII. im Oktober 1744 wieder in München ein. Aber er ist ein todkranker Mann. Er stirbt in Nymphenburg am 20. Januar 1745 — als Mensch liebenswert, als Politiker ein Phantast. Daß aber in Frankfurt, als dieser schöne Kaiser die Stadt verlassen, ein dreizehnjähriges Mädchen traurig war wie über eine verlorene Liebe, ein Mädchen, das diesem Kaiser in die Kirchen nachgeschlichen war, wenn er dort zum Beten auf der hintersten Bank kniete, Catharina Elisabeth Textor, das wissen wir aus dem Munde von Bettina Brentano.

Bestattet wurde Karl VII. in der Theatinerkirche. Die war nach dem Vorbild von San Andrea della Valle in Rom erbaut und lag damals hart an der Stadtumwallung; noch gab es keine Ludwigsstraße. Die Herzen des Herrscherpaares fanden ihre letzte Ruhe in der Gnadenkapelle von Altötting. Frankfurt war nur Zwischenspiel gewesen.

Und nun wird, da der Wittelsbacher Kaiser tot ist, am 13. September 1745 doch noch Franz Stephan, der Großherzog von Lothringen-Toscana und Gatte Maria Theresias, in Frankfurt als Franz I. zum Kaiser gewählt. Man muß das nachlesen im Ersten Buch von «Dichtung und Wahrheit», wie Wolfgang 1764, also zwei Jahrzehnte später und anläßlich der Königskrönung von Josef II. — und schon ist alles halb Legende — von bejahrten Personen erzählt bekommt, was einstens in ihrer Jugend gewesen:

«War die Krönung Franz des Ersten nicht so auffallend prächtig wie jene [nämlich des Bayern Karls VII.], so wurde sie doch durch die Gegenwart der Kaiserin Maria Theresia verherrlicht, deren Schönheit ebenso einen großen Eindruck auf die Männer scheint gemacht zu haben als die ernste würdige Gestalt und die blauen Augen Karls des Siebenten auf die Frauen. Wenigstens wetteiferten beide Geschlechter, dem aufhorchenden Knaben einen höchst vorteilhaften Begriff von jenen beiden Personen beizubringen. Alle diese Beschreibungen und Erzählungen geschahen mit heitrem und beruhigtem Gemüt: denn der Aachner Friede hatte für den Augenblick aller Fehde ein Ende gemacht, und wie von jenen Feierlichkeiten, so sprach man mit Behaglichkeit von den vorübergegangenen Kriegszügen, von der Schlacht bei Dettingen, und was die merkwürdigsten Begebenheiten der verflossenen Jahre mehr sein mochten; und alles Bedeutende und Gefährliche schien, wie es nach einem abgeschlossenen Frieden zu gehen pflegt, sich nur ereignet zu haben, um glücklichen und sorgenfreien Menschen zur Unterhaltung zu dienen.»

Die Schlacht bei Dettingen! — Wer erinnert sich nicht aus dem Dritten Buch von «Dichtung und Wahrheit» der aufgeregten Szene nach der Schlacht bei Bergen? Da hatten die Preußen unter dem Herzog Ferdinand von Braunschweig am 13. April 1759 Frankfurt den Franzosen entreißen wollen, wurden aber östlich der Stadt bei Bergen vom Herzog von Broglie geschlagen. Wolfgang stand oben im Giebel am Dachfenster und lauschte dem Gewehrfeuer und dem Kanonendonner. Der Vater, fritzisch gesinnt und seit Roßbach zuversichtlicher, wagte sich hinaus auf die Bornheimer Heide, ward aber dann durch den Ausgang der Schlacht auf das tiefste enttäuscht und hatte das fatale Rencontre mit dem Grafen Thoranc, das ihn beinahe ins Gefängnis geführt hätte. Die Schlacht bei Dettingen, anderthalb Jahrzehnte früher, hat ihn ganz sicher nicht weniger aufgeregt.

Die Franzosen waren bei Oppenheim über den Rhein gegangen und standen auf dem südlichen Mainufer zwischen Groß-Gerau und Darmstadt. Die Österreicher, Engländer und Hannoveraner hielten das nördliche Mainufer und lagerten westlich Frankfurt vom Gutleuthof an über Griesheim bis Höchst. Der König von England, Georg II., hielt sich im Schloß zu Hanau, nach der Schlacht bei Frankfurt im Schloß zu Rödelheim auf. Eine Begegnung zwischen ihm und dem Kaiser hat naturgemäß nicht stattgefunden. Als König von England war Georg II. souveräner Monarch, als Kurfürst von Hannover war er Fürst des Reiches. Nach welchem Protokoll hätte man verfahren sollen? Vor allem aber, sie waren Feinde.

Der alte Reichswald südlich von Frankfurt trennte die Armeen und machte eine Schlacht unmöglich. Die Franzosen zogen deshalb flußaufwärts, versuchten den Österreichern und Engländern in den Rücken zu kommen und bestrichen mit ihrer Artillerie den Fluß, auf dem die Schiffe und Kähne dem Feinde die Zufuhr brachten. Sie zwangen auf diese Weise die österreichisch-englische Armee zur gleichen Bewegung in östlicher Richtung auf dem Nordufer des Mains. Man kam bis Aschaffenburg, verzichtete dann aber auf einen Vorstoß in die Oberpfalz oder die bayrischen Kernlande, beschloß vielmehr den Rückmarsch nach Hanau, um sich zunächst dort mit 12000 Hessen und Hannoveranern zu vereinen und so der französischen Armee gleich stark zu werden.

Noailles, der die Franzosen und Bayern führte, erkannte die Gunst der Stunde. Er suchte die Entscheidung. Zunächst besetzte er das geräumte Aschaffenburg im Rücken der abgezogenen Briten und Österreicher und ging dann, Fluß zu Tal, bei Seligenstadt mit 26 Bataillonen und 44 Schwadronen auf zwei Brücken über den Main. Die englische Armee war in einer Falle. Eingeengt auf schmalem, nur einen Kilometer breitem Uferstreifen zwischen den Waldhängen des Spessart und dem Main, hatte sie den Feind im Rücken und den Feind vor sich, denn die Franzosen hatten am Ausgang des Engpasses das Dorf Dettingen besetzt, das seinerseits durch die sumpfige Mündung des Forchbaches geschützt war. Vom südlichen Mainufer her lag die Armee, die in zwei Kolonnen marschierte, unter dem Flankenfeuer der französischen Artillerie. Da machte die Ruhmsucht eines Unterführers, des Herzogs von Grammont, alles zunichte. Das Treffen begann planlos, verlief planlos und entschied letzten Endes nichts. «La Maison du Roi», die Elite der französischen Kavallerie, in der der Adel diente, gab den Schutz des Forchbaches auf und griff — der Ehre halber ohne Feuerbereitung — um 10 Uhr morgens dreimal mit dem Degen in der Faust an, wurde aber schließlich von hannoverscher und österreichischer Reiterei geschlagen. Der König, der zwischen den beiden Marschkolonnen ritt, war erst, weil er einen Angriff vom Rücken her fürchtete, bei der Nachhut, eilte aber, als sich die Schlacht vorn entwickelte, an die Spitze. Das Hin und Her des Kampfes, die immer neuen Infanterievorstöße, die Kavallerieangriffe zu schildern, ist hier nicht die Aufgabe. Die Franzosen konnten auf dem engen Gelände ihre Übermacht nicht zur Geltung bringen. Um zwei Uhr nachmittags erzwang die englische Reiterei den Sieg. Sechsmal warf sich ihr die französische Garde-Kavallerie entgegen, dann ergriff sie die Flucht. Noailles gab den Befehl zum Rückzug auf das Südufer des Mains. Der Weg nach Hanau war frei. Warum die Franzosen nicht von Aschaffenburg eingegriffen haben, ist unbekannt. Das Datum der Schlacht war der 27. Juni.

Die Verluste waren blutig, die Zahlen schwanken um etwa drei- bis fünftausend Mann für jede Seite. Der Herzog von Aremberg, der die Österreicher führte, war verwundet, ebenso an der Seite seines Vaters der zweite Sohn des Königs, der Herzog von Cumberland. Der Held des Tages aber war ohne Zweifel Georg II., der immer wieder wie ein alter Troupier seine Soldaten an den Feind führte und sie durch sein Beispiel hinriß. Er hatte schon 1708 bei Oudenarde unter Marlborough im Feuer gestanden und eine Attacke geritten.

In Wien war die Siegesfreude ungeheuer. Die Stadt wußte die Nachricht eher als Maria Theresia, die gerade von einer Lustfahrt auf der Donau zurückkam. Eine Strecke, fünfzehn Kilometer lang, umsäumte die Bevölkerung die Ufer und jubelte ihrer geliebten Herrscherin zu. Der Stephansdom war ein einziger großer Dankgottesdienst. Die Pragmatische Sanktion war gerettet, zumal die Franzosen schließlich über den Rhein zurückgingen. In London war Georg II., der es als König deutscher Abstammung schwer genug hatte, auf einmal der Abgott der Nation. In Hannover wurde eine Medaille auf den Sieg geschlagen, auf der Vorderseite der Kurfürst, auf der Rückseite eine Kampfszene. Voltaire ließ sich im Haag von Lord Stair, dem General der Briten, über die Schlacht berichten, indes der König im Schloß zu Berlin, voll Unmut über einen Sieg des Hauses Habsburg, sich in boshaften Anmerkungen über seinen Onkel in London erging und über die Main-Enten spottete, womit er die französischen Reiter meinte. Das war das Echo in Europa. Kaiser Karl VII. aber, den beide Heerführer, Noailles wie Lord Stair, nach der Schlacht in Frankfurt aufsuchten, antwortete den Franzosen, als sie ihm die Frage eines Friedens nahe legten, wer sichtlich so wenig vom Kriege verstünde, solle sich nicht mit Ratschlägen über den Frieden versuchen.

Im deutschen Bewußtsein hat die Schlacht bei Dettingen keine Stätte, nicht einmal im Frankfurter. Ganz anders in England! Es war die letzte Schlacht, an der ein englischer König persönlich teilnahm. Eine Anzahl alter Regimenter tragen den Namen Dettingen auf dem Fahnenband.

Und doch, dann und wann, werden auch die Deutschen noch an die Schlacht von Dettingen erinnert, und zwar durch die Musik. Georg II. hatte dem Komponisten seiner Hofkapelle den Auftrag zu einem «Te Deum» gegeben. Noch im Juli begann Georg Friedrich Händel seine Vertonung unter dem Text: «The King shall rejoyce». Das ist der 21. Psalm. Es ist, als ob der Komponist die Schlacht selbst erlebt hätte. Mit Trompetengeschmetter beginnt er, und die Trompeten dröhnen zwischen die sakralen Texte, die Chöre, die Soli, die Quartette und die Trios. Immer war die Schlacht gleichsam in Händels Ohren, während er die Noten schrieb. Schon am 18. November 1743 fand die Uraufführung statt, in Whitehall Chapel, noch im gleichen Monat die Wiederholung im Königlichen Schloß und dann wieder und wieder, bis in die Gegenwart hinein, in St. Paul's Cathedral — eine unvergeßliche Musik. In Deutschland führten die Verbündeten das Werk auf; dann gab es nur noch gelegentliche Aufführungen, die letzte zu Frankfurt in der Epiphaniaskirche im Händeljahr 1959. —

«It was a famous victory» — ja, das galt auch für Dettingen! Geschrieben freilich ist der Vers auf die Schlacht bei Höchstädt und Blindheim oder, wie die Engländer sagen, Blenheim, wo im Jahre 1704 — es war die gleiche politische Situation — die Engländer und Österreicher unter Marlborough und Prinz Eugen den Bayern und Franzosen entgegentraten, und wo nach langem verlustreichem Ringen abends ein Reiterdurchbruch von 104 britischen Schwadronen die Entscheidung brachte. Eine grandiose Ballade, diese elf Strophen auf «The Battle of Blenheim» von Robert Southey aus dem Jahre 1798, also schon nach Valmy, tief zweideutig, ja voll skeptischer Ironie gegenüber dem Sinn von Ruhm und Sieg und all dem Schlachtenglück und -unglück. Der erste Druck erschien unter dem 9. August in der «Morning Post», einer Zeitung also. Es ist ein politisches Gedicht.

Da sitzt der alte Bauer nach getaner Arbeit im Sonnenschein vor seiner Hütte und die Enkel, Peter und Wilhelmine, bringen ihm einen Schädel, den sie am Bach beim Spiel gefunden haben.

'Now tell us what 'twas all about',
  Young Peterkin, he cries;
And little Wilhelmine looks up
  With wonder-waiting eyes;
'Now tell us all about the war,
  And what they fought each other for.'

Und der Alte erzählt von der Schlacht und dem Elend der Bauern und dem der eigenen Vorfahren:

'They say it was a shocking sight
After the field was won;
For many thousand bodies here
Lay rotting in the sun;
But things like that, you know, must be
After a famous victory. — —

And everybody praised the Duke
Who this great fight did win.'
'But what good came of it at last?'
Quoth little Peterkin.
'Why that I cannot tell' said he,
'But 'twas a famous victory'.

Das 17. Jahrhundert hatte das Unglück der Religionskriege, das 18. das Unglück der Kabinettskriege. Als Anklage und Abrechnung des Bürgertums und der Bauern, die die Opfer bringen mußten, ward Southeys Ballade gedichtet, für Dettingen ebenso gültig wie für Höchstädt.

— Engländer. — In Italien, auch in Frankreich war Johann Caspar gewesen. Eine Reise nach England hat er nicht geplant. Jetzt aber waren die Engländer nach Frankfurt gekommen und promenierten, wenn nicht durch die Straßen, so doch vor den Toren. Es ist dies, von dem jungen Harry Lupton abgesehen, den später seine Tochter Cornelia leidend lieben sollte, für Johann Caspar die einzige persönliche, gewiß etwas einseitige Begegnung mit englischer Art und Sitte gewesen. «Sie sind alle in gut Scharlach gekleidet und mit schönem Gewehr versehen. Sie sind dabei ziemlich gestreckt, stark von Brust und Knochen und so gewachsen, daß sie Strapazen wenig zu achten scheinen. Dem Trunk sind sie eben so wohl ergeben als unsere Landsleute. Sie haben eine Menge Weibsleute bei sich, welche mit ihren Hüten und kleinen roten Mänteln eine sehr artige Figur machen. Alles ist an ihnen nett und sauber und zeigt die Glückseligkeit eines freien Volkes. Nichts aber läßt possierlicher, als wenn die guten Männer ihre Kinder auf den Armen tragen und die Weiber wie vornehme Damen zierlich geputzt vorausgehen, nicht anders, als ob sie verbunden wären, so viel Menschen wieder in die Welt zu setzen, als sie besorgt sind, daß in einem Feldzug darauf gehen möchten. Sie machen sich also gleichsam daraus eine Ehre, ihre Kinder selbst zu schleppen und allenthalben, wo sie hinkommen, Kindtaufen zu halten.» So von Loen in einem Brief aus Frankfurt vom 22. Juni 1743. Ob Johann Caspar, wie von Loen es tat, auch hinaus nach Rödelheim fuhr, um dort im Schloß des Grafen Solms den König und seinen General Lord Stair zu sehen, bleibt dahingestellt.

Man hat gesagt, diese Kriege seien das Schicksal von Johann Caspar Goethe gewesen. Auf ihnen beruhe «die Tragik seines Lebens». Die Bestimmung über sich selbst sei ihm durch die Politik aus der Hand genommen worden. — Eine solche Behauptung verlangt eine Prüfung.

Sicher war es nach der Rückkehr in die Vaterstadt im Herbst 1741 das erste Anliegen, die erworbene Welterfahrung, die juristischen Kenntnisse irgendwo einzusetzen, sich einen Beruf, eine Stellung in der Welt zu schaffen. Der Dichter erzählt im Zweiten Buch, der Vater habe sich deshalb der Stadtverwaltung für ein subalternes Amt ohne Bezahlung zur Verfügung gestellt, vorausgesetzt, daß man es ihm ohne Kugelung übertrüge. Das sei abgeschlagen worden, und so habe sich der Vater verschworen, überhaupt kein Amt in der Vaterstadt anzunehmen. Das ist in dieser Form Legende. Kindereindrücke sind keine Geschichtsquelle. Die Kugelung fand nur bei der Bürgermeisterwahl statt. Da wählte der Rat aus Schöffen und Ratsherren zweimal drei Kandidaten, aus denen dann in geheimer Abstimmung durch Abgabe weißer und schwarzer Kugeln der Ältere und der Jüngere Bürgermeister bestimmt wurden. Richtig ist, daß der Vater später überhaupt nicht in den Rat kommen konnte, weil schon der Bruder, der Zinngießermeister Hermann Jacob Goethe, Sohn des Weidenhofwirtes aus dessen erster Ehe, seit 1747 im Rat war. Verwandtschaft schloß Mitgliedschaft im Rate aus.

Indes jetzt ward, wo nach der Ablehnung irgendeine Frankfurter Stelle nicht in Frage kam, jene Verbindung, die Johann Philipp Strecker im Herbst 1739 zwischen Johann Caspar Goethe und dem Reichsfeldmarschall von Seckendorf im Zeichen der Italienfahrt hergestellt hatte, für Goethe persönlich und politisch wichtig. Maria Theresia hatte den Prozeß gegen den Reichsgrafen, kaum daß sie am 6. November 1740 den Thron bestiegen, niedergeschlagen. Ein Weib auf dem Thron, Feinde ringsum, sie wußte, sie brauchte jeden Degen. Seckendorf aber hatte dem Wiener Hof die Kränkung nicht vergessen. Er hatte es nicht eilig, sich in dem Mächtestreit, der da anhob, als Figur einsetzen zu lassen. Er zog sich schmollend auf sein Schloß Meuselwitz in Sachsen-Altenburg zurück. Als aber durch Friedrichs Sieg über die Österreicher bei Mollwitz am 10. April 1741 die Würfel gefallen waren und die Wittelsbacher zwar nicht Österreich gewonnen hatten, es aber doch zu erwarten war, daß ihrem Hause immerhin die Kaiserkrone zufallen würde, da verließ Seckendorf — im Grunde auch nur ein Condottiere — die Habsburger und ging zum Hause Wittelsbach über. Im Juni 1741 war er in Frankfurt. Die österreichische Feldmarschallswürde legte er nieder und empfing den gleichen Rang und die gleiche Stellung bei den Bayern. Auch diese hatten erfahrene Feldherrnkraft bitter nötig. Denn eben an jenem 12. Februar, an dem Karl VII. feierlich in Frankfurt zum Kaiser gekrönt worden war, waren die Österreicher siegreich in München eingezogen.

Durch Seckendorfs Vermittlung ist Johann Caspar Goethe bei Karl VII. «Wirklicher Kaiserlicher Rat» geworden. Das läßt sich nicht beweisen, ist aber das Wahrscheinliche. Das Gesuch, in dem Johann Caspar um Ernennung zum Kaiserlichen Rat einkam, liegt in Weimar im Goethe-

Schiller-Archiv. Es zeigt den Amtsstil der Zeit und die bei solchem Gesuch festliegenden traditionellen Formeln:

«Allerdurchlauchtigster Großmächtigster und unüberwindlichster Römischer Kayser auch zu Böheim König ɔc. ɔc.

Allergnädigster Kayser, König und Herr Herr!

Ew. Kayserl. & Königl. Majestät haben bereits seit Dero jüngsthin glorwürdigst angetrettenen Kayserl. Regierung auch ein und andere Personen dieser Stadt, so sich durch Wissenschaften und gute Sitten qualificirt gemacht, dero allerhöchste Kayserl. Gnade in verschiedenen Fällen allermildest angedeyhen lassen. Nachdem ich nun nicht allein durch die letzthin von Ew. Kayserl. & Königl. Majestät in allerhöchster Person alhier eingenommenen Huldigung ein allerunterthänigst-treu-gehorsambster Knecht geworden, sondern auch durch den auf verschiedenen Teutschen Academien in denen Studiis gelegten Grund und deren volligen Vollendung so wohl, als nachhero bey dem Kayserl. Cammer-Gericht zu Wetzlar, dem Reichs-Tage zu Regenspurg und dem Reichs-Hoffrath viele Jahre hindurch erlernte Reichs-Praxeos, so fort auff Reisen geschöpffte Einsicht verschiedener vornehmen Europäischen Staaten, Sitten und Gebräuche, die erforderlichen Eigenschafften, Gott, Ew. Kayserl. & Königl. Majestät und dem Vatterlande ersprießlich dienen zu können, hoffentlich acquiriret, So erkühne mich ebenfalls Ew. Kayserl. & Königl. Majestät obgedachte meine wenige qualitäten zu vördrist zu Dero allerhöchsten Diensten allergehorsamst zu offeriren, Zugleich aber allerhöchst Dieselben zu bitten, mir Dero würklichen Kayserl. Raths Caracter allermildest zu conferiren, welche allerhöchste Kayserl. Gnade Zeitlebens mit Treuaufrichtigsten Diensten zu demeriren mein einziges Augenmerk seyn wird, Der ich übrigens in allertiefester

Verehrung, zu Dero allerhöchsten Kayserl. Huld und Gnade mich fernerhin empfehlende, ersterbe

Ew. Kayserl. und Königl. Majestät ɔc.
allerunterthänigst treugehorsambster
Knecht
Johann Caspar Goethe J. U. D.»

Auf der Außenseite ist die Gewährung der Bitte mit Folgendem ausgesprochen: «ist deme gegen erlegung des gewöhnlich Tax das gebetten Decret auszufertigen. Fkf. a. M., d. 16. May 1742».

Die Gebühren für das Diplom betrugen wie üblich 313 Gulden und 30 Kreuzer, die zum größten Teil nach einem gewissen Proporz auf die einzelnen Beamten der Kanzlei verteilt wurden.

Und nun holen wir tief Atem und lesen die Urkunde der Ernennung. Den Wortlaut liefert uns das Adelsarchiv des k. k. Ministeriums des Inneren zu Wien:

«Wir Carl der VIIte (totis titulis) bekennen offentlich mit diesem Brief, und thun kund allermänniglich, wie wohl Wir aus Römisch-Kayserlicher Höhe und Würdigkeit, darein der allmächtige Gott, Uns gesetzet hat, auch angebohrner Güte und Mildigkeit allzeit geneigt seynd, aller und jed Unserer, und des heyl: Reichs, auch Unserer Erb-Königreich, Fürstenthumen, und Landen Unterthanen und getreüen Ehr, Nutz, aufnehmen, und bestes zu betrachten, und zu befördern; So seynd Wir doch billig mehr gewogen, diejenige, welche Uns, dem heyhl: Reich, und Unserem Chur Haus vor anderen mit getreuer Dienstbarkeit anhängig seynd, mit sonderbaren Kayl. gnaden zu bedenken.

Wann Wir nun gnädiglich angesehen wahrgenommen und betrachtet die Ehrbarkeit, Redlichkeit, gute Sitten, Vernunfft, fähig- und geschicklichkeit, Wormit vor Unserer Kays. Mayt: Unser und des Reichs lieber getreuer Johann Caspar Goethe angerühmet, und dabey allergehorsamst vorgebracht worden, was gestalten Er durch den auf verschiedenen Teutschen Academien in denen Studijs gelegten Grund, und deren völligen Vollendung so wohl als nachhero bei Unserm und des Reichs Cammer-Gericht zu Wetzlar, dem Reichstag zu Regenspurg, und Reichs-Hof-Rath viele Jahre hindurch verlehrnete Reichs-Praxeos, so fort auf Reisen geschöpffte Einsicht verschiedener vornehmen Staaten Sitten und gebräuche, die erforderliche Eigenschafften und Erfahrenheit Uns und dem gemeinen Weesen nützlich- und erspriesliche Dienste leisten zu können, löblich erreichet und überkommen habe, auch davon werckthätige Proben abzulegen und bis in seine grube damit gegen Uns und das wehrte Vatterland fortzufahren des allerunterthänigsten Erbiethens ist, wie Er dann wohl thun kann mag und soll.

So haben Wir demnach aus jetztbemeldten und anderen Uns bewegenden Ursachen obernannten Johann Caspar Goethe auf die unterthänigste Bitte, die gnad gethan und ihn zu Unsern würcklichen Kayersl: Rath gnädiglich gewürdiget an- und aufgenommen. Thun auch solches mit wohlbedachtem Muth, gutem Rath und rechtem Wissen hiermit in Krafft dieses Briefs, und meinen, setzen und wollen, daß mehrberührter Johann Caspar Goethe nun uns hinfüro Unser würckl. Kayserlicher Rath seyn, sich also nennen und schreiben, auch von männiglich dafür erkennet, geehrt und gehalten werden, auch sonsten allen Vorgang, Ehr ,Würde, Vortheil, Recht und gerechtigkeit, wie andre Unsere Kayserl: Räthe haben, sich derselben freuen, gebrauchen, und geniessen solle und möge, von allermänniglich ohnverhindert. Doch solle Er Unsere geheime wo und wie die von Uns oder sonsten denen Unserigen, an ihn gelangen werden, nicht allein bis in seine Grube verschweigen, sondern auch nach seinem besten Wissen und Vermögen, Unser und des Vatterlands Beste und Frommen beförderen, Schaden warnen, und durch sich selbsten oder andere, was darzu gereichen kann fleissig berichten, auch zu Beobachtung Unsers Kayserlichen Ansehens jedzeit dahin bedacht seyn sich ehrbarlich nach Teutscher Redlichkeit zu halten und keinen in Königlich oder deren Churfürsten und Ständen des Reichs Diensten stehenden Räthen gleiches Stands weichen, und sonst alles anders thun und leisten, was einem getreuen Rath gegen seinen Kayser, ober Haupt und Herrn zu thun gebühret, und wohl eignet, immassen dann wie gemelt, Unser Kayserl: gnädigstes Vertrauen in seine des Johann Caspar Goethe Persohn ohne dem gestellet ist, getreülich und ohne gefährde.

Mit Urkund dieses Briefs, besiegelt mit dem Ffurth den 16ten May 1742.»

Das ist die Sprache von Menschen, die Zeit haben, getragen von der Freude und dem Glauben an die Macht der Formel. Das magisch Bannende aus Urzeiten lebt wie in Zaubersprüchen in diesen Wiederholungen fort, aber auch rhetorischer Aufbau der Sprache von der Schule Ciceros her und dann eine Lust am Pomp und weiten Schwung der Ornamentik. Die Baukunst der Zeit, die Musik der Zeit folgen ähnlichen Gesetzen. Im übrigen wird deutlich, wie der ganze Akt von Johann Caspar ausgegangen ist und nicht vom Kaiserlichen Hof; die Urkunde wiederholt einfach anerkennend die Leistungen des Bittstellers, die dessen Antrag als Begründung aufgeführt hatte.

Nachdem Johann Caspar seine Urkunde empfangen, ist er sicher, wenn nicht schon vorher, in das Barckhaussche Haus gegangen und vom Kaiser in Audienz empfangen worden. Was die beiden miteinander gesprochen haben, wissen wir nicht.

Was hat Johann Caspar beabsichtigt, als er sich diese Würde verschaffte? Hatte er vor allem eine gesellschaftliche Rangerhöhung in der Vaterstadt im Auge? Nur der Schultheiß, die sieben ältesten Schöffen und der älteste Syndikus hatten in der Freien Reichsstadt als Ehrentitel die gleiche Bezeichnung. Oder sollte ihm der Titel eine erste Stufe zu einer diplomatischen Laufbahn sein? Welche Stellen kamen da in Frage? Wir wissen freilich, daß Graf Törring, der unfähige Günstling des Kaisers, der die bayrische Armee und Politik leitete, weder den Willen und vor allem nicht die Mittel hatte, sich einen Stab diplomatischer Vertretungen aufzubauen, lebte doch dieser Kaiser nur von französischem Geld und Anleihen bei Frankfurter Bürgern. Vom Hause Wittelsbach war nicht viel zu hoffen. Auch ist es sehr unwahrscheinlich, daß Johann Caspar, dieser starre Lutheraner, Hofdienst in einem katholischen Hause suchte, hatte doch selbst Bartenstein in Wien übertreten müssen und Seckendorf gerade seiner Konfession halber zu leiden gehabt.

Oder hat Johann Caspar als geschulter Jurist an eine Tätigkeit in dem Reichshofrat gedacht, vielleicht nicht gleich, aber später einmal? Seit Ende des 17. Jahrhunderts bis zur Auflösung des Reiches im Jahre 1806 immer zu Wien in der Hofburg, jetzt vom 17. März 1742 bis zum 18. Dezember 1744 tagte diese Behörde zu Frankfurt. Während der Reichstag, als Regensburg in den Händen Maria Theresias war, sich im Römer versammelte, wählte sich der Reichshofrat das Kloster der Dominikaner als Sitzungsort; hier war 1292 Adolph von Nassau zum Römischen König erwählt worden, hier hatte vermutlich als Ordensprovinziat Eckehart gepredigt, Dürer hatte für den Altar dieser Kirche die Himmelfahrt Christi gemalt, jetzt hatte der Orden unter dem Prior und Subprior etwa noch fünfzehn Dominikanerbrüder im Kloster, die nun die vordem Wiener Behörde bei sich aufnahmen.

Vom Kaiser sind damals in den Reichshofrat auf die Gelehrtenbank eine Anzahl neuer Männer berufen worden. Unter ihnen war Lyncker im gleichen Jahr wie Johann Caspar, also 1710, geboren, hatte aber doch schon in kurmainzischen Diensten gestanden. Der kursächsische Freiherr Thomas von Fritsch, Sohn eines Leipziger Buchhändlers, war zehn Jahre älter als Johann Caspar, hatte sich nach dem Studium durch weite Auslandsreisen gebildet, war dann sächsischer Beamter geworden und hat noch 1763 beim Hubertusburger Frieden Chursachsen vertreten. Er ist der Vater jenes Freiherrn von Fritsch, der sich 1776 in Weimar als Vorsitzender des Geheimen Conseils so scharf dagegen wandte, daß Carl August den jungen sechsundzwanzigjährigen Doctor Wolfgang Goethe in dieses Conseil berufen wollte. Als dritter Reichshofrat, von Karl VII. ernannt, sei Ulrich von Quandt, ein Kaufmannssohn aus Ulm, angeführt. Er war vier Jahre älter als Johann Caspar, hatte aber schon 1733 eine ordentliche Professur in Marburg bekleidet, dann war er 1740 Hofrat im Dienste von Hessen-Kassel gewesen. Der bedeutendste Mann unter den neuen Räten war aber der Graf von Bünau, ein Gelehrter von Ansehen. Seine «Teutsche Kaysergeschichte und Reichshistorie» — der vierte Band erschien eben 1743 — war schlechthin das führende Werk für die deutsche Geschichte unter den Karolingern. Auf seinem Gut Nöthnitz bei Dresden hat er den jungen Winckelmann als Bibliothekar beschäftigt. Nach dem Tod Karls VII. wurde er der Minister der Herzogin Anna Amalia in Weimar und erwarb sich für seinen Lebensabend jenes Gut Oßmannstedt, das er durch Oeser ausschmücken ließ und das später Wieland gehörte.

Diese Beispiele mögen genügen. Man sieht, an Erfahrung und Laufbahn waren diese Männer dem jungen Rat Goethe überlegen; aber sicher hat er mit ihnen Fühlung gehabt. In jener Zeit war der Kreis der Oberschicht sehr klein. Ein jeder kannte jeden. Auch war durch von Loen, der über die kaiserliche Gerichtsbarkeit geschrieben hat, — es wird von ihm noch die Rede sein —, die Verbindung gegeben.

Am 7. Oktober 1745 konstituierte, nach Karls VII. Tod, der neue Kaiser Franz I. gleich nach seiner Wahl den neuen Reichshofrat im Frankfurter Römer. An die sechzig Bewerber, auch solche, die vorher Karl VII. gedient, hatten sich für das einflußreiche Amt empfohlen. Unter den neuen Reichshofräten war Heinrich Christian von Senckenberg, der Sohn des Frankfurter Arztes und eben jener Professor, der in Gießen Johann Caspars Lehrer gewesen war und ihn vor sieben Jahren zum Doktor beglückwünscht hatte.

Johann Caspar sah sich das alles von seinem Haus im Hirschgraben an, — gelassen vermutlich und mit sehr viel Ruhe. Man hat gesagt, weil er von den Wittelsbachern ernannt gewesen sei, wäre für ihn unter der Habsburger Krone kein Platz und keine Tätigkeit gewesen. Das entspricht nicht den Tatsachen. Da der Wittelsbacher tot, seine Dynastie abgetreten war, alle ihren Frieden gemacht hatten, war es weder ehrenrührig noch gesinnungslos, wenn Johann Caspar sich jetzt dem Hause Österreich etwa als Geschäftsträger in Frankfurt zur Verfügung gestellt hätte. Wir hören nichts von einem solchen Versuch. Wir hören auch nichts davon, daß Goethe irgendeinem anderen Staate seine Dienste angeboten hätte. Es gab ja deren wahrlich genug im alten Deutschen Reich und jeder hatte bei jedem seinen diplomatischen Vertreter. Da war z. B. eben Johann Michael von Loen, der später durch Johann Caspars Vermählung mit der Tochter des Stadtschultheißen Wolfgangs Großoheim werden sollte. Er trat in den Dienst Friedrichs des Großen. Da war noch später der eigene Schwiegersohn Schlosser, der Gatte Cornelias; er trat in den Dienst des Markgrafen von Baden. Aber gerade das Schicksal des Freiherrn von Loen — man lese nach im Zweiten Buch — war ein Beispiel: «Der gute Oheim», meinte der Vater, «hätte besser getan, sich mit dem Könige nicht einzulassen, weil es überhaupt gefährlich sei, sich demselben zu nähern, so ein außerordentlicher Herr er auch übrigens sein möge.» Und weiter: «Es mangelte nicht an Betrachtungen und Beispielen, um vor Höfen und Herrendienst zu warnen, wovon sich überhaupt ein geborner Frankfurter kaum einen Begriff machen konnte.» Und im Fünfzehnten Buch, da Wolfgangs Berufung nach Weimar spielt, kann man finden, was für Argumente und bittere Ressentiments der Vater Goethe gegen jeden Hof- und Fürstendienst in sich trug. Nein, die Vorstellung, Johann Caspar Goethe sei durch die politische Entwicklung um seinen eigentlichen Lebensinhalt, eine diplomatische Laufbahn, gekommen, ist irrig. Wer ehrgeizig ist, setzt sich nicht mit fünfunddreißig Jahren zur Ruhe. Wer ehrgeizig ist, der handelt. Johann Caspar handelte nicht. Er hatte die Verbindung mit Seckendorf benutzt, um sich innerhalb der Stadt Frankfurt eine Position zu schaffen. Der Titel machte Goethe gesellschaftlich unabhängig. Er sollte ihm ein Air geben, aber beileibe nicht ihm irgendwelche Verpflichtungen und Dienste auferlegen. Johann Caspar wurde Particulier. Er lebte, wie er gereist war, widmete sich seinen geistigen Interessen, der Freude an der Kunst, der Befriedigung durch Studium und Wissen. Er stand mit einer solchen Entscheidung nicht allein. Es gab eine ganze Anzahl angesehener gelehrter Männer in der Freien Reichsstadt, die ähnlich dachten und handelten. —

DIE HOCHZEIT

Unter den Versen, die der Vater im Fünfzehnten Buch seinem Wolfgang entgegenhält, um ihn vom Fürstendienst unter den Wettinern abzuhalten, lautet einer:

Wer ganz will sein eigen sein,
Schließe sich ins Häuschen ein,
Geselle sich zu Frau und Kindern,
Genieße leichten Rebenmost
Und überdies frugale Kost,
Und nichts wird ihn am Leben hindern.

Ja, eben darum ging es Johann Caspar: Geselle dich zu Frau und Kindern! Ein Haus besaß er, das der Mutter am Großen Hirschgraben, eine Familie mußte er sich gründen. Am 20. August 1748 heiratete er, selbst achtunddreißig Jahre alt, die siebzehnjährige Katharina Elisabeth Textor. Ihr Vater, 1693 in Frankfurt geboren, war gleichfalls Jurist. Er war 1731 Schöffe, d. h. Ratsherr geworden, dann 1738 und 1743 Älterer Bürgermeister, und er war auch wie der Schwiegersohn Kaiserlicher Rat. Jetzt, wenige Wochen vor der Heirat der Tochter, hatte man ihn zum Stadtschultheißen, d. h. obersten Richter gemacht.

«Alle großen Familien machen hier Banden unter sich: wer unter ihnen ist oder das Glück hat, sich unter sie zu verheiraten, der ist von gutem Herkommen, der hat Verstand, der hat Ehre.» Der das sagte, wußte Bescheid; es war Johann Michael von Loen, der selbst dem Bürgermeister Textor verschwägert war, da er die Schwester von dessen Gattin zur Ehe hatte. So ist auch die Heirat Johann Caspars sicher von sozialen Erwägungen bestimmt gewesen; aber man darf darüber nicht vergessen, daß in jener Zeit die Ehe ganz anders als heute göttliche Institution war, daß sie ihre Weihe und ihre Verbindlichkeit aus dem Segen der Kirche erhielt, in der Johann Caspar wie Catharina Elisabeth die heilige Ordnung der Welt sahen. Eine gegenseitige Neigung war dabei nicht ausgeschlossen.

Wann und wo sind sich die Eltern des Dichters zuerst begegnet? Wie kommen überhaupt solche Verbindungen zustande? Haben fürsorgend Vater oder Mutter die Fäden geknüpft? Ist es der Mann gewesen, der sich die Gattin aussuchte? Hat die junge Dame, energisch und temperamentvoll, der Vorsehung nachgeholfen? Oder haben wohlwollende Verwandte fördernd die Hände im Spiel gehabt? Wieder können wir nur sagen, daß uns unmittelbar nichts überliefert ist. Das Wort Goethes im Zweiten Buch von «Dichtung und Wahrheit», der Vater habe um die Tochter des Schultheißen geworben, um sich selbst durch solche Verwandtschaft die Aufnahme in den Rat zu verbauen, ist, wie wir schon gesehen, sachlich falsch und psychologisch ganz unmöglich, ein Teil jener Legende, die sich bei dem Sohn um den Vater gebildet hatte. Vielleicht hat der Herr von Loen, der Oheim, seine Nichte besonders gern gehabt. Er war eine hochgebildete Persönlichkeit, Schriftsteller, Aristokrat, Mann von Welt. Er stand seinem ganzen Werdegang nach dem jungen Doctor Goethe nahe. Der Dichter spricht von seinem Großoheim im Ersten und vor allem im Zweiten Buch von «Dichtung und Wahrheit». Loen war, als Johann Caspar heiratete, vierundfünfzig Jahre alt, also fast gleichaltrig mit dem Vater der Braut. Er lebte seit vierundzwanzig Jahren in Frankfurt auf jenem schönen Landsitz mainabwärts vor den Toren, der früher den Merians gehört hatte. Hier ward seine Nichte dem Doctor Goethe in die Ehe gegeben. Nicht im Anwesen des Vaters Textor, des Bürgermeisters und Stadtschultheißen also — es lag mit geräumigem, gepflegtem Garten an der Friedbergergasse — fand die Hochzeit statt und nicht in der Barfüßerkirche die Trauung, sondern beides, kirchliche Feier wie Fest, im Hause des Oheims am Main. Wenn Goethe aus dem Munde von Bettina Brentano erzählt [Art. Ausg. Bd. 10, S. 681], die Mutter habe gesagt, ihre Erziehung hätte sie einer Tante zu danken, die ihr über das bornierte Wesen ihres häuslichen Lebens hinweggeholfen habe, so kann das nur von Loens Gattin gewesen sein. Aus alledem kann man schließen, daß es das Haus von Loen gewesen ist, das das Paar zusammengeführt hat.

Über die Hochzeit haben wir nun einen Bericht. Hermann Jacob Goethe, der Zinngießermeister, der ältere Halbbruder des Bräutigams, schrieb in seine Familienbibel — sie liegt im Goethemuseum aus —: «Anno 1748 den 19. [statt 20.] Augusti Dingstag Nachmittag umb 1 Uhr ist Mein Bruder Johan Caspar Göthe als Keiserlicher Hoffrath mit deß Herrn Stattschultheisen von [!] Textor Fräulein Jungfer Tochter in des Herrn Hoff-Rath von Lohnen garten vor dem St. gallen Tohr unten an der Wind Mühlen gelegen durch Herrn Pfahrer Fresenius in dem schönen garten-Hauß getrauet und copuliret worden und ist mit einem Consert eine abend Mahl Zeit gehalten worden, worzu der aller Höchste Gott Ihnen seinen Gnaden reichen Seegen hier Zeitlich und dort Ewig verleihen wolle. Dabey Herr Pfahrer Fresenius vor der Copulation eine schöne und wohl außgearbeite zierliche oration gethan hat und wohl auf den Zustand gerichtet war.» Die «Oration» ging über die Worte: «Denn die leibliche Übung ist wenig nütz; aber die Gottseligkeit ist zu allen Dingen nütz und hat die Verheißung dieses und des zukünftigen Lebens.» Die Worte stehen im Ersten Timotheus-Brief Kapitel 4 Vers 8. So vollzog denn ein lutherischer Geistlicher in einem kalvinistischen Landhause eine lutherische Trauung. Das war etwas sehr Außergewöhnliches, zugleich aber auch das Vorzeichen einer neuen Zeit.

Fresenius war der Hauptpfarrer an St. Katharinen. Er hat Wolfgang und Cornelia getauft. In seiner Kirche hatte die Familie drei Plätze; einer darunter, ein Anhängbänkel, d. h. ein Klappsitz im Gang, war ein Kinderplatz. Die gesammelten Predigten des Geistlichen standen und stehen in der Bibliothek des Herrn Rat; dort hängt auch sein Porträt. Während der Festlichkeit aber hielten nach Standesgebühr und Herkommen zwei Hellebardiere vor von Loens Haus Ehrenwache, in rot-weißer Uniform und wie eben der Name sagt: mit Helm und Barte. Die Musici aber, was werden sie gespielt haben? Wahrscheinlich Telemann, der Kapellmeister an St. Katharinen gewesen und noch um 1750 der musikalische Abgott der Frankfurter war.

Wir haben noch ein anderes Dokument über diese Hochzeit, das ist ein Gedicht, das bei der Feier im von Loenschen Hause vorgetragen wurde. Die Titelseite in Folio lautet: «Die hochbeglükte Goethe- und Textorische am 20. August 1748 vollzogene Vermählung bewunderte in diesen geringen Zeilen des wohlgebohrnen Brautpaars tiefgehorsamster Johann David Schepern.» Man sieht, es ist noch genau dieselbe Sprache wie 1739 bei der Doktorpromotion in Gießen. Was sollte sich auch in diesen neun Jahren geändert haben? Nur daß die damals prophezeite «Schäferin aus Frankfurt» sich inzwischen gefunden hatte. Näheres über den Dichter wissen wir nicht. Es lohnt auch nicht, Nachforschungen anzustellen.

Wo Tugend, Ehre, Glück, Verstand, Wiz, Schönheits Gaben
Bey Schliesung einer Eh sich so verbunden haben — —
So was vorzügliches nach Würden zu besingen
Mag eines Dichters Geist sich in die Höhe schwingen,
Da dem, der sich, wie ich, zu Dichter Dienern schreibt,
Nur die Bewunderung desselben übrig bleibt.

Eine Strophe dem Vater der Braut, eine dem Bräutigam, eine der jungen Frau —

Sie sind einander wehrt, hör ich von weitem schreien.
Sind Sie einander wehrt? O Gott so gieb Gedeyen!

Nein, ein Dichterfürst ist er nicht gewesen, dieser Johann David Schepern, sondern, wie er richtig erkannte, ein «Dichter Diener». Ganz anders von Loen. Er hat den Garten seines Hauses am Main, der der Hochzeitsfeier als Folie diente und der eben jetzt im August in aller Rosenschönheit prangte, in einem langen Gedicht liebevoll uns vor Augen gestellt. Das Haus, der Hof mit zwei Reihen Bäumen, das Gitter, an der Mauer die Orangerien. Der Garten selbst, Rasenplätze mit Buchsbaum, war geschmückt mit barokken Statuen, Arbeiten des Frankfurter Bildhauers Cornelius Andreas Donett, die das Historische Museum der Stadt bewahrt. In der Mitte hatte er einen Springbrunnen; ferner Obstbäume, Rosenhecken im Viereck und Halbrund, vor allem Spaliere mit Trauben.

Ein breiter Gang, der durch den Garten streicht
Und keinem nicht an Schönheit weicht,
Ist als ein Perspectiv gezogen:
Hier wird, o Gott! mein Geist zur Andacht oft bewegt.
Es sieht mein Glaubens-Aug dich nur im Perspective,
Die unerforschliche ganz unermeßne Tiefe
Von deiner Liebe, Weisheit, Macht,
Wer ist, der sie erkennt, wer ist, der sie betracht?

Doch wirst du mir, ich hoffs, in jenem Leben
Davon das rechte Licht in deinem Lichte geben. —

Deus absconditus. — In diesem Hause also und in diesem Garten, sonnig nach Süden offen am vorbeifließenden Strom, fand die Hochzeit der Eltern Goethes statt. Ja, es ist eine ganz besonders festlich heitere Hochzeit gewesen; sonst hätte der Bruder, der Zinngießermeister, nicht so ausführlich darüber berichtet. Es ist der einzige Eintrag in seiner Familienbibel.

Acht Jahre später, und die Gattung des barocken Gratulationsgedichtes ist in den Händen des Knaben Johann Wolfgang Goethe. Es sind seine ersten Verse, wie er selbst sagt. Glückwünsche zum Neuen Jahr:

Erhabner Großpapa! Ein Neues Jahr erscheint,
Drum muß ich meine Pflicht und Schuldigkeit entrichten,
Die Ehrfurcht heißt mich hier aus reinem Herzen dichten,
So schlecht es aber ist, so gut ist es gemeint.
Gott, der die Zeit erneut, erneure auch Ihr Glück,
Und kröne Sie dies Jahr mit stetem Wohlergehen;
Ihr Wohlsein müsse lang so fest wie Zedern stehen,
Ihr Tun begleite stets ein günstiges Geschick;
Ihr Haus sei wie bisher des Segens Sammelplatz,
Und lasse Sie noch spät Möninens Ruder führen,
Gesundheit müsse Sie bis an Ihr Ende zieren,
Dann diese ist gewiß der allergrößte Schatz.

Die Großmutter Textor, «Erhabne Großmama», bekommt ein entsprechendes Gedicht, gleichfalls zwölf Verse. [Artemis Ausgabe Bd. 2, S. 193f.]. Man sieht, was noch barock ist, ahnt aber auch schon das Eigene. Barock ist das Versmaß, der Alexandriner, der Griff nach dem pathetischen Wort, nach der gelehrten Metapher wie Moenina, die Mainstadt, Rokoko ist die Freude an der Antithese, und doch zeigt sich in alledem ein treuherziger Zug zur Schlichtheit hin, zum «reinen Herzen». So hat Goethe angefangen! So ist er aus seiner Zeit, aus dem, was er vorfand, herausgewachsen, hat er die Schale durchbrochen. In dem Gedicht auf eine Hochzeit im Hause Passavant im Sommer 1774 — jetzt ist der «Götz» schon erschienen und der «Werther» ist im Druck — und in dem Gedicht zur Hochzeit des Pfarrers Ewald in Offenbach, von Wolfgang und Lili am 10. September 1775 gesungen, hat dann die ganze Gattung des Hochzeitscarmens ihren Höhepunkt erreicht. In der Umformung des letzten Gedichts zu:

In allen guten Stunden,
Erhöht von Lieb und Wein,
Soll dieses Lied verbunden
Von uns gesungen sein!

lebt sie zum mindesten in Studentenkreisen heute noch fort.

Neben der Familienbibel und dem Gratulationsgedicht im Goethemuseum zu Frankfurt bewahrt Weimar noch eine besondere Erinnerung an die Hochzeit im von Loenschen Landhaus am Main. Das ist der Teppich, auf dem Bräutigam und Braut niederknieten, als sie den Segen des Pfarrers empfingen. Dieser Teppich war ein ehrwürdiges Erbstück in der Familie der Textors, ein Kunstwerk gotischer Webkunst aus dem frühen 16. Jahrhundert. Rautenförmig abgeteilt zeigt er Sternrosetten, Blüten und Ranken. Ein Jahr nach der Hochzeit, am 29. August 1749, ward Wolfgang über diesem Teppich zur Taufe gehalten. Das gleiche geschah bei den Geschwistern. Vermutlich 1808, nach dem Tod der Mutter, kam er mit dem anderen Erbe nach Weimar. August und Ottilie wurden auf ihm getraut. Die Enkelkinder Walther, Wolfgang und Alma erhielten über ihm gleichfalls die Taufe. Bei der Bestattung des Dichters am 26. März 1832 diente der Teppich in der Fürstengruft dem Sarg als Unterlage. 1872, bei dem Tod von Ottilie von Goethe, fand er zum letztenmal Verwendung. Da er keinerlei christliche Motive aufzeigt, ist eine Klosterarbeit nicht anzunehmen. Eine Ahne Goethes wird in der Zeit, da sie Braut war, sich diesen Teppich, zunächst für ihre Hochzeit, gewoben haben.

Es gibt mehrere Teppiche ähnlicher Art. Sie haben kunstgeschichtlich ihre Bedeutung. Ein Gegenstück, das vordem im Schloß Spiez in der Schweiz war, verwahrt das Schnütgenmuseum zu Köln. Teile einer verwandten Webearbeit befanden sich in dem Nonnenkloster zu Eichstädt, das der heiligen Walpurga geweiht ist. Inwieweit es sich jeweils um eine mittelfränkische oder Schweizer Arbeit handelt, ist nicht zu entscheiden. Die süddeutsche Herkunft ist wahrscheinlicher. Auch im «Germanischen Museum» in Nürnberg befinden sich Brautteppiche.

Der Goethesche Teppich hängt heute im Haus am Frauenplan in der sogenannten Großen Stube. Diese liegt im rückwärtigen Trakt des Gebäudes und gehörte einst, mit Fenstern in den Hof und Fenstern auf den Garten, zu Christianes Bereich.

Das sind die Zeugen, die über die Zeiten hinweg noch heute von jenem 20. August 1748 künden, — antike Gottheiten als barocke Gartenstatuen, ein gotischer Brautteppich, ein Hochzeitscarmen und eine Bibel. —

GEISTIGE NOBILITÄT

Johann Caspar Goethe war also nun Kaiserlicher Rat und wohnte mit seiner Mutter, der einstigen Weidenhofwirtin, die jetzt siebzig Jahre alt war, und mit seiner jungen siebzehnjährigen Frau am Großen Hirschgraben in jenen miteinander verbundenen gotischen Häusern, wie sie, das nördliche schmal, das südliche größer und mit Giebel, um 1600 von holländischen Flüchtlingen erbaut worden waren. Wie gestaltete er sein Leben, nachdem die Bewerbung um ein städtisches Amt erfolglos geblieben war? Im Zweiten Buch von «Dichtung und Wahrheit» hat Goethe die Stellung seines Vaters in Frankfurt, seitdem er in der Vaterstadt wieder heimisch geworden war, zu umreißen versucht. Er hat das getan, indem er jene soziale Schicht charakterisiert hat, der der Vater jetzt angehörte. Es war die geistige Nobilität der Stadt.

In den süddeutschen Reichsstädten hatte sich, nachdem das Unheil der Religionskriege überwunden war, mit dem wachsenden Wohlstand, der vermehrten Länder- und Weltkenntnis und bei dem hier eingewohnten Unabhängigkeitssinn der Bürger eine geistige Oberschicht gebildet, die im höchsten Sinne das Antlitz des Gemeinwesens prägte. Hier hatte Frankfurt jetzt vor Nürnberg und Augsburg die Führung übernommen. Die Mitglieder dieses Kreises, ob mit oder ohne Amt, mochten sie dem Stadtadel entstammen oder nicht, sie waren Gelehrte und sie waren Sammler und sie fühlten sich untereinander verbunden. Das alte Patriziat, der Ämteradel war vielfach korrupt. Er regierte, aber sein moralisches Ansehen war fragwürdig. Goethe in «Dichtung und Wahrheit» erwähnt den Stadtadel kaum, aber mit viel Liebe verweilt er bei jenen Persönlichkeiten, denen er seinen Vater jetzt zuzählt. Was sie charakterisierte war, wie er formuliert, eine «elegantere und liberalere Lebensweise», ein Wissen um die «freie Welt», das man sich auf Reisen erworben, die wichtige Verbindung mit dem Buchhandel, dessen Sitz Frankfurt noch bis ins 18. Jahrhundert hinein war, und der persönliche Wohlstand, der viele Bürger zu Sammlern machte. Wenn es heißt: diese Männer standen isoliert gegeneinander wie gegen das Ganze, ohne unter sich eine «Sozietät» zu machen, so meint Goethe mit Sozietät nur, daß sie klassenpolitisch und sozial gesehen keine Zunft, kein eigentlicher Stand waren wie die Sozietäten des Patriziats, die Adelsgesellschaften der «Frauensteiner» und der «Limpurger», die in dauernder Fehde mit den Graduierten lagen, indem sie argumentierten: erbliche Dignität stünde über Personaldignität und stürbe ein Doctor, so gehörten seine Kinder doch wieder dem gemeinen Pöbel an. Wenn also auch keine «Sozietät» und kein politischer Stand, so standen diese Männer einer kultivierten Oberschicht unter sich doch durchaus in Fühlung und hatten zu Zeiten auch eine gesellschaftliche Vereinigung, die sie wechselnd in ihren Häusern zu Gastmählern und Vorträgen zusammenführte wie das Kränzchen, das 1725 im Hause Uffenbach gegründet wurde.

Der Prototyp dieser ganzen Schicht war Zacharias Conrad von Uffenbach, der von 1683 bis 1734 lebte. Das Geschlecht, ursprünglich wohl Offenbach, war im 16. Jahrhundert aus Wetzlar in die Stadt gekommen. Drei Krebse hatte es als redendes Wappen. Einer der Sippe ward ein angesehener Maler und Lehrer von Elsheimer; ja man kann sagen, mit ihm beginnt die Frankfurter Malerschule. Einer wurde ein berühmter Arzt, ein anderer ein guter Jurist und Reichshofrat. Das große Vorbild aber für die Frankfurter Gelehrten- und Sammlerkreise, das ist eben Zacharias Conrad von Uffenbach gewesen.

Der Vater hatte sein Vermögen im Handel mit französischen Mode- und Galanteriewaren erworben. Der Sohn legte alles Geld in Büchern an. Sein Haus an der Zeil barg in acht Räumen 60000 gedruckte Bände und 2000 Bände Handschriften, darunter Kostbarkeiten ersten Ranges. Es waren lateinische, griechische, französische, englische, mittelhochdeutsche und vor allem auch hebräische Manuskripte. Die einzige Handschrift des Nibelungenliedes in Jiddisch ist so auf uns gekommen. Vieles stammte aus rheinischen Klöstern, die damals ihre mittelalterlichen Handschriften wie Altpapier abgaben, unter anderem z. B. aus St. Pantaleon in Köln, in dessen mächtigem ottonischen Kirchenbau der Reichskanzler und Erzbischof Bruno [† 965] und die Kaiserin Theophanu, Gemahlin Ottos II., begraben liegen. Das meiste hatte Uffenbach auf seinen Reisen zusammengekauft. 1702 bis 1704 bereiste er Deutschland, 1705 die Niederlande, 1709 bis 1711 Niedersachsen, Holland und England, 1718 Belgien. In Berlin wurde noch kurz vor seinem Tode Spener, in Hannover, das damals

12000 Einwohner zählte, wurde Leibniz besucht. Spener erinnerte sich seiner Frankfurter Anfänge, 1666 bis 1686, der ersten pietistischen Versammlungen in seinem Pfarrhaus bei der Barfüßerkirche und fragte nach den ihm bekannten Frankfurter Familien. Damals, 1668, hatte auch der junge Leibniz Spener in Frankfurt gesprochen. Es ging um die Wiedervereinigung der Konfessionen. Nun war auch der Philosoph ein alter Mann. Er empfing die Reisenden in Pelzstrümpfen, in pelzgefüttertem Nachtrock, in großen Socken aus grauem Filz und sonderbarer langer Perücke. Man sprach über codices. Auch noch nach Frankreich und Italien zu gehen, das verhinderte der spanische Erbfolgekrieg. Den Bericht über die Reise von 1709 bis 1711 ließ der Bruder, der an ihr teilgenommen hatte, nach Uffenbachs Tod in drei Bänden 1753 bis 1754 drucken; das waren etwa die Jahre, da der Rat Goethe sein Haus umbaute. Dieser Reisebericht ist ein Vorbild für Johann Caspars «Viaggio in Italia» gewesen. Man braucht, um sich dessen bewußt zu werden, nur etwa bei Uffenbach im «Dritten Theil» nachzulesen, was dort von Seite 744 an über Köln gesagt wird. «Ich observirte an dem Rathhaus die sechs Inscriptionen, davon Misson Tom. I. pag. 43 meldet, sahe aber, daß sie ganz nicht von der Römer Zeiten, sondern recent waren». Genau so hat Johann Caspar in Italien die Inschriften nach demselben Misson als Reiseführer mit den Originalen verglichen. Man sieht, das war keine Goethesche Pedanterie, sondern einfach bei gelehrten Reisenden noch aus dem Barock her der Zeitstil. Den Dom, die Kirchen hatte Uffenbach schon bei seinem ersten Kölner Aufenthalt 1705 besucht; er beschränkt sich also jetzt auf die Klöster. Hier geht er — wir sind im April 1711 — von Orden zu Orden, von Kloster zu Kloster, fragt nach alten Manuskripten und stellt immer wieder fest, daß die Mönche nicht wissen, was sie besitzen. So kommt er auch, nahe dem Rhein bei St. Severin gelegen, zum Kloster der Kartäuser. Als ihm hier ein Bruder, die Wunderheilungen rühmend, den Saum von Christi Oberkleid zeigt, den das blutflüssige Weib angerührt, fragt Uffenbach, ob das Kleid zu gewissen Tagen für Kranke ausgestellt würde. «Darauf antwortete der arme Tropf, es seye solches nicht nöthig, sie schickten nur ein Stückgen Brod, welches sie an dem Saum streichen; wenn nun eine Frau solches Brod ässe und ein paar Vater unser und ave Maria dabei betete, helfe es sogleich. Wenn die Leute Glauben daran haben, kan es allerdings mancher helfen, dann die Einbildung kan mehr als alle Arzney thun.» Genau so würde auch Johann Caspar berichtet haben. Uffenbach besucht die Buchläden, geht zu den Antiquaren. Er fragt nach «Particuliers, so eine Bibliothek oder Cabinett hätten», hörte aber zu seiner größten Verwunderung, «daß in dieser so berühmten und großen Stadt nichts rechtes von dergleichen anzutreffen.» Köln war im Mittelalter die volkreichste und geistigste Stadt des Reiches gewesen, mit einer Fülle großartigster Basiliken und Klöster. Albertus Magnus und Eckehart hatten hier gelehrt. Dann aber blieb der Dombau stecken. Die Dunkelmännerbriefe enthüllten den Verfall. Erst mit der Romantik blühte die Stadt wieder auf.

Das Erscheinen von Uffenbachs Reisen ist in der Frankfurter Gesellschaft naturgemäß viel besprochen worden. Es hat bei Goethes Vater die Idee seines «Viaggio in Italia» hervorgerufen. Den Verfasser selbst aber kann Johann Caspar nur oberflächlich gekannt haben; er war erst vierundzwanzig Jahre alt und noch Student in Leipzig, als jener starb. Es gibt indes auch andere Querverbindungen zwischen Uffenbach und den Lebensläufen von Goethe Vater und Sohn, vor allem in der Lektüre, an der man sich bildete. Die Büchertitel, die wir aus «Dichtung und Wahrheit» kennen, die Bilderbibeln mit Kupferstichen, das alles finden wir in der Lebensbeschreibung Uffenbachs wieder. Indes es sind auch Unterschiede in der Bewertung. Gottfried Arnolds «Unpartheiische Kirchen- und Ketzergeschichte» [1699], die gerade in den Ketzern die eigentlich Rechtgläubigen sieht und so dem jungen Goethe das Buch der Befreiung aus den dogmatisch-orthodoxen Fesseln des Luthertums wurde, war auch dem jungen Uffenbach empfohlen worden, in Halle auf der Universität von seinem Lehrer Thomasius. Dieser Bahnbrecher der Aufklärung meinte: er halte Arnolds Werk nach der Heiligen Schrift für das beste und nützlichste Buch und seine Hörer sollten das Geld dafür ihrem Munde absparen oder erbetteln. Aber es scheint, daß die Frankfurter Studenten sich zurückhielten, daß sie bei Arnold fanden, es fehle ihm der Affekt der Liebe und Gunst für die Rechtgläubigen und der Affekt des Hasses gegen die Irrlehrer. Wie dem auch sei, der Pfarrer Balthasar Ritter, der im Jahre 1727 dem jungen Gymnasiasten Johann Caspar Goethe in Coburg sein Buch über Flacius Illyricus, den Streiter für Luthers Rechtfertigung allein aus dem Glauben, schickte, rühmt dankbar in seiner Vorrede, daß gerade Uffenbach es gewesen, der dieses Werk zu fördern «großgünstig beliebet habe». Auch der Reichshofrat Senkkenberg hatte in Uffenbach sein Vorbild gesehen; erst durch jenen sei er befähigt worden, etwas zu lernen.

Die Handschriften, die Uffenbach besessen, befinden sich heute in den öffentlichen Bibliotheken von München, Gießen und vor allem in der Staats- und Universitätsbibliothek Hamburg. Hier liegen auch in zahlreichen Folio-und Quartbänden die 20000 Briefe aus dem 16., dem 17. und 18. Jahrhundert, die Uffenbach teils in den Originalen, teils in Abschriften zusammengetragen hat, Briefe von Gelehrten und Theologen, eine großartige, unerschöpfliche Quelle zur Geistesgeschichte jener Zeit, die nirgends ihresgleichen hat. Der erste der Foliobände enthält Briefe der großen Reformatoren, aber schon der zweite und dritte bringt nur Schreiben, die an jenen Frankfurter Pfarrer Mathias Ritter gerichtet sind, der um 1570 der Freund von Flacius Illyricus gewesen war. Immer wieder stoßen wir auf diesen Namen, der uns zuerst in dem frühen Brief des Coburger Gymnasiasten Johann Caspar Goethe begegnet ist. Die lutherische Rechtfertigungslehre in ihrer schärfsten Ausprägung ist bis ins 18. Jahrhundert in gewissen Kreisen Frankfurts der Eckpfeiler ihres Luthertums gewesen. Sie bestimmte das Verhältnis zu den Katholiken und Reformierten und wirkte noch in die Welt hinein, in der Johann Wolfgang Goethe aufwuchs.

In «Dichtung und Wahrheit» ist Zacharias Conrad von Uffenbach nicht erwähnt, wohl aber sein jüngerer Bruder, Johann Friedrich von Uffenbach, Kaiserlicher Stückhauptmann und Königlich Großbritannischer Obristleutnant. Weder in der österreichischen noch in der britischen Armee hatte Uffenbach gedient. Die Titel hatte er sich erworben wie Johann Caspar seinen Kaiserlichen Rat. Sie sollten ihn davor schützen, in Frankfurt ein Amt annehmen zu müssen. Als Gegenleistung für die Ernennung zum Großbritannischen Obristleutnant vermachte er der hannoverschen Universität – der König von England war Kurfürst von Hannover — seine Frankfurter Bücher und Kupferstiche. Die umfangreiche Korrespondenz über diese Abrede liegt auf der Universitätsbibliothek Göttingen. Dieser Johann Friedrich von Uffenbach war nun nicht nur ein Gelehrter, sondern auch durchaus eine musische Persönlichkeit. Als Architekt baute er mit Balthasar Neumann die Brücke über den Main zwischen Frankfurt und Sachsenhausen um; noch sind alle Unterlagen erhalten. Mit allen Künsten des Ingenieurwesens vertraut, erfand und leitete er das berühmte Feuerwerk bei der Krönung Karls VII. Wie sein Bruder war er ein Sammler von Büchern und Handschriften. In Hamburg liegt aus seinem einstigen Besitz ein Juwel der italienischen Literatur und der Buchkunst überhaupt. Es ist eine Geschichte Roms von Troja an bis zu Constantin, nicht mehr lateinisch geschrieben, sondern das älteste Denkmal der römischen Mundart, ein kleines Büchlein aus dem 13. Jahrhundert mit zartesten Miniaturen auf feinstem Pergament. Vor allem aber war dieser jüngere Uffenbach ein Sammler von Gemälden und Handzeichnungen, war aber auch selbst Zeichner, war Dichter, war Romanschriftsteller und besonders war er ein leidenschaftlicher Musik- und Theaterfreund! Mit Telemann gründete er im Jahr 1713 das Collegium musicum, aus dem das Konzertwesen der Stadt hervorging. Er verteidigte gegen Gottsched die Oper und komponierte einen «Marco Aurelio», für den er auch das italienische Libretto schrieb und zwanzig barocke Theaterdekorationen entwarf. Graun, der die Berliner Oper leitete, wollte das Werk aufführen, scheiterte aber am «goût» des Königs. Die Wahl des Helden war ein Bekenntnis. Der Philosoph als Kaiser, an der Wende von Antike zum Christentum — dieses Thema, immer wieder hat es verwandte fromme Naturen angezogen.

Wir gehen sicher nicht fehl, wenn wir in Uffenbach, als Freund des Hauses, auch den «Konstabler Lieutenant» erkennen, der nach dem Ersten Kapitel von «Wilhelm Meisters Theatralischer Sendung» das berühmte Puppentheater hat bauen lassen oder selbst gebaut hat, vor dem Wolfgang und Cornelia gesessen und das noch heute im Dachstock des Goethehauses steht. Ein Puppenkabinett hatte er sich 1718 in Amsterdam angesehen.

Schon Adolf Feulner hat vermutet, daß Johann Friedrich von Uffenbach auch dem Vater bei dessen Hausumbau geholfen habe. Daß dem so war, läßt sich belegen. In Weimar hat sich ein Brief erhalten, der, weil unter den väterlichen Bauakten, dem Vernichtungswillen des Dichters den Frankfurter Briefen gegenüber entgangen ist. Das Schreiben, datiert vom 17. April 1755, ist uns ebenso wie die Gießener laudatio durch den späteren Reichshofrat Senckenberg und wie die Briefe aus Italien an Strecker wertvoll und wichtig als eines der wenigen Dokumente aus dem Freundeskreis von Goethes Vater, das die Zeiten überdauert hat. Wir kommen auf diesen Brief zurück.

In «Dichtung und Wahrheit» erinnert sich Goethe der Konzerte und Oratorien, die im Uffenbachschen Hause auf der Zeil aufgeführt wurden und wie sich die Frankfurter darüber mokiert hätten, daß der Hausherr selbst mitsang, was als nicht standesgemäß empfunden wurde. Uffenbach starb 1769. Die Auktion der Sammlungen fand Montag, den 6. Mai 1771 statt, in Uffenbachs Haus. Der Katalog ist im Stadtarchiv erhalten. Die Gemälde, die versteigert wurden, waren zumeist aus Holland und gingen unter den Namen van Dyck, Rembrandt, Valkenburg, Teniers und anderen. Auch die zeitgenössischen Frankfurter Maler, die Schütz, Seekatz, Juncker waren mit einigen Stücken vertreten. Den Kern der Sammlungen bildeten die Handzeichnungen: Niederländer, Dürer und vor allem auch Italiener; Uffenbach war länger in Rom gewesen. Die Namen der Käufer sind nur bei den Plastiken verzeichnet, und hier findet sich neben Sammlern wie Ettling, Bernus, Gerning, Städel eben auch immer wieder der Name Goethe. Das ist der Kaiserliche Rat gewesen. Wolfgang war die erste Hälfte des Monats in Straßburg, die zweite in Sesenheim, wo auf ihn schon das Gefühl des Unrechts und das Leid der Trennung von Friederike drückte. Sonst pflegte der Vater gerne den Sohn auf die Versteigerungen zu schicken. Diesmal saß er selber unter den Käufern und bot. Was er ersteigerte, wird uns noch beschäftigen, wenn wir von seinen eigenen Sammlungen reden.

Auf den ersten Seiten des Vierten Buches erzählt Goethe von seinen Versuchen mit einem Magnetstein und einer Elektrisiermaschine und erwähnt dabei einen «Hausfreund, dessen Jugend in die Zeit gefallen war, in welcher die Elektrizität alle Geister beschäftigte». Dieser Freund des Vaters habe erzählt, wie er als Knabe gewünscht, eine Elektrisiermaschine zu besitzen und wie er mit Hilfe eines alten Spinnrades und einiger Arzneigläser ziemliche Wirkungen hervorgebracht habe. Auch hier hat es sich um Johann Friedrich von Uffenbach gehandelt, der im Jahre 1687 geboren war. Die Elektrisiermaschine war 1663 von Otto von Guericke erfunden worden. In Göttingen, in der Universitätsbibliothek, liegen die fünf Foliobände der handschriftlichen Protokolle über Uffenbachs wissenschaftliches Kränzchen, das sich 1725 gegründet hatte. Eine Fülle von technischen Apparaten und Maschinen in reizvollen Aquarellen ist da sauber abgezeichnet. Elektrisiermaschinen wurden in den Sitzungen des Kränzchens öfter vorgeführt. Die Zeichnungen, etwa die Uffenbachs zur Wassermaschine in Herrenhausen, sind so sorgfältig und aufschlußreich, daß sie heute den Stipendiaten der «Deutschen Forschungsgemeinschaft» auf der Suche nach Material zur Geschichte der Technik wertvolle Dienste leisten. Als Uffenbach starb, war er zweiundachtzig Jahre alt. Apparate und kleine Maschinen kamen auch mit auf die Auktion.

«Ein Hausfreund» sagt Goethe. Warum nennt er den Namen Uffenbach nicht? Das ist Altersstil. Auch der Name des intimsten Freundes der Knabenjahre wird verschwiegen. Er heißt Pylades. Wir können nur vermuten, daß es Moors war. In der so einfühlsamen Würdigung von Goethes Altersbriefen [Art. Ausg. Bd. 21, S. 1074] lesen wir: «Namen werden kaum mehr genannt. Es findet sich unter Goethes Briefen ein sich über mehrere Seiten hinziehendes Schreiben, das Goethe Kräuter diktiert hat. Es ist an von Voigt gerichtet und vom 27. Februar 1816 datiert. In einem sehr umsichtigen und eingehenden Gutachten wird die Berufung eines «bedeutenden Mannes» an die Universität Jena mit all ihren Vor- und Nachteilen dargelegt. Den Namen erfahren wir nicht. Es ist kein Geringerer als Schelling. Der junge Goethe hatte die Dinge bei ihrem Namen genannt. Der greise Dichter benennt sie nach ihren Eigenschaften.» — Doch noch ein Wort über die Uffenbachschen Protokolle!

Vertieft man sich in diese fünf Folianten, sie umfassen 2592 Seiten, so kann man sich dem Gefühl des Staunens, ja einer gewissen Ehrfurcht nicht entziehen. Zuerst wöchentlich, später in größeren Pausen kam da eine kleine Schar von Männern aus wissenschaftlichem Interesse wechselnd in den Häusern der Mitglieder zusammen, drei Brüder Uffenbach, die Ärzte Kißner und Eberhard, der mehrfach Älterer Bürgermeister ward, die Kaufleute Behaghel und Diesterweg und der Handelsmann Ettling, der eine der größten Gemäldesammlungen der Stadt besaß, — alles Mitglieder einer gesellschaftlichen Oberschicht mit reichen Häusern, Kunst- und Naturalien-Kabinetten oder auch mit einem botanischen Garten. Man sprach über astronomische, physikalische, botanische, zoologische, paläontologische Themen und über Probleme der Technik. Der Hausherr, bei dem jeweils die Zusammenkunft stattfand, pflegte irgendwelche Objekte vorzulegen, Pflanzen, Steine, Versteinerungen oder eben Apparate, und darüber vorzutragen, und Johann Friedrich von Uffenbach hat von jeder Sitzung auf ein oder mehreren Seiten schriftlich festgehalten, wo man zusammengekommen und was vorgetragen worden war. Er selbst war Mitglied der Göttinger Akademie der Wissenschaften, und auch dies war eine kleine Frankfurter Akademie, die älteste gelehrte Gesellschaft der Stadt.

Themen der bildenden Kunst spielten in Uffenbachs Kränzchen gegenüber den Naturwissenschaften eine sekundäre Rolle. Aber die Mitglieder hätten nicht selbst Sammler sein müssen, wenn nicht auch sie behandelt worden wären. Man referierte über die Geschichte der Miniaturmalerei und über Glasmalerei. Eine «Historie von der gesamten Bildkunst auf Papier», von den ersten Holzschnitten bis zu Dürer, von den ersten Kupferstichen bis zu Rembrandt, Merian und Callot wird in zwei Sitzungen vorgetragen. Stiche nach Holbein und van Dyck, «alles in einem hiesigen Ausruf vor ein Spottgeld erstanden», werden gezeigt.

Dabei, wie altfränkisch treuherzig klingt das alles: «Hierauf wurde die übrige Zeit unserer Versammlung diesmal nach lange vorher geschehenem Versprechen dazu angewendet, daß wir des Eigentümers dieser Behausung, nämlich des Herrn Bernus neues Gebäude am Main und seine darin aufgehängte sehr große Zahl von kostbaren Malereien in Augenschein nahmen.» Die Zusammenkunft, am

20. Juli 1736, war bei Diesterweg gewesen, der in englischem Tuch handelte. Man hatte über einen paläontologischen Fund, den der Herr von Günderode in seinem Hof vor der Stadt gemacht hatte, und über Tropfsteinhöhlen gesprochen. Diesterweg wohnte in der Saalgasse im Saalhof, dem Barockpalais am Main, das der Familie Bernus gehörte. Der Vater hatte den Bau begonnen, der Sohn wollte ihn vollenden. Als Hausherr trat er jetzt in die Versammlung und lud die Anwesenden ein, seine Gemäldegalerie zu besichtigen. Man hatte zehn Zimmer zu durchschreiten, aber auch die Gänge und Vorplätze hingen voller Gemälde. Zumeist waren es Holländer und Italiener, Uffenbach hebt die Vogelbilder von Jan Weenix [1640–1719] hervor, von Italienern ältere Historienbilder und moderne Architekturstücke. Er genießt den schönen Blick aus den Fenstern auf Fluß und Landschaft und erwähnt, daß im zweiten Stock noch ein ganzes Zimmer voller Skizzen von Vos gewesen sei. Man habe sich so trefflich unterhalten, daß es Nacht ward, ehe man sich trennte.

Außer den Mitgliedern nehmen auch Gäste an den Sitzungen teil, Ärzte, Pfarrer, Kaufleute oder Particuliers, d. h. wohlhabende, berufslose Bürger. Oder Sammler schicken ihre Neuerwerbungen, besonders der Herr von Ucheln. Uffenbach hat seine Sammlung in hübschen Versen gerühmt. Am 15. Dezember 1730 sandte er «eine kleine, aber sehr zart in Öl gemalte und meisterliche Schilterei einer Landschaft von Adam Elsheimer», am 4. März 1735 «ein überaus fein gemaltes Bauernstück von Teniers, welche in Holl und Niederland ihrer Seltenheit halben in gar großem Werte sind». Ferner schickte er «zwei alte auf Holz gemalte Porträts von Medicis» [nicht denen in Florenz, Ärzte sind gemeint], «die der Herr Eigentümer von der Arbeit des bekannten Holbein urteilte». Uffenbach setzt aber in seinem Protokoll genau auseinander, warum von Holbein nicht die Rede sein könne. Da weht eine Luft wie im kunsthistorischen Seminar. Sehr schön indes seien die vorgelegten

Landschaften gewesen. Am 15. März 1737 überschickt von Ucheln «Blumen und Vogelwerk in Miniatur und Wasserfarben von der itzo berühmten und zu Nürnberg lebenden Künstlerin namens Dietzschin. Die Gewohnheit, so diese Malerin hat, ihre Stücke mit einem dunklen, satten Grunde von Farben anzustreichen, erhebt das Übrige sehr zart und lebhaft gemachte Werk ungemein und gibt ihm ein sehr liebliches Ansehen. Insonderheit sind die Insekten und Raupen überaus natürlich vorgebildet.» Immer ist die Betrachtung kritisch: Kontur, Farben, Komposition, das alles wird zur Diskussion gestellt. Barbara Dietzsch war damals erst dreißig Jahre alt, hatte aber schon einen Namen. Auch Johann Caspar Goethe erwarb für sein Gemäldekabinett am Großen Hirschgraben auf der Ostermesse 1758 vier kleine Bilder von ihr; vermutlich war sie selbst, wie andere Maler auch, zur Messe anwesend; leider sind die Bilder verloren.

Die Familie von Ucheln, ursprünglich Holländer, waren 1626 von Köln, wo sie sich als Lutheraner nicht halten konnten, nach Frankfurt gekommen und wurden eine führende Handelsfamilie der Stadt im 17. Jahrhundert. Sie wohnten auf der Zeil, exportierten Hochheimer, Bodenheimer und pfälzische Weine nach den Niederlanden, trieben mit den de Neufville zusammen ein großes Speditionsgeschäft und hatten ein Bankhaus. Heinrich von Ucheln, der Bildersammler, war mit solcher Leidenschaft Kunstfreund, daß die Firma fallierte. Die Auktion der 221 Gemälde fand in dem Jahre statt, da Wolfgang geboren wurde.

Die Wirkung der Uffenbachschen Gesellschaft ging aber auch über die eigentlichen Gelehrten- und Sammlerkreise hinaus. Am 15. März 1737 wird eine Näh- und Stickarbeit, unter Glas, gewürdigt, die «Abbildung eines hochgefärbten Insektes, welche Mademoiselle Metzlerin allhier nach der Fr. Merianin Surinamischen Insektenkupferbildern verfertigt. Sowohl die Zeichnung als Farben, insonderheit aber der ungemeine Fleiß war betrachtenswert und alles ungemein meisterlich und wohl angeordnet». — Maria Sybilla Merian, in Frankfurt geboren und eine der bedeutendsten Frauen der Zeit, hatte ihre Beobachtungen in Surinam in Südamerika gemacht. Ihr Werk, das grundlegend die Metamorphose der Insekten erforschte, war mit meisterlichen Zeichnungen von ihrer Hand 1703 erschienen und hatte sowohl bei den Zoologen wie in den Kreisen der Kunst Aufsehen erregt; die Metzlers waren 1674 aus dem Erzgebirge nach Frankfurt gekommen und hatten es schnell zu Ansehen in der Stadt gebracht. Die «Mademoiselle Metzlerin», die Uffenbach erwähnt, hieß Christina Barbara; sie war damals vierunddreißig Jahre alt und leitete später die Firma. Seltsamerweise hat sich eine gleiche Seidenstickerei von ihrer Hand, Schmetterlinge, Libellen und Blumen unter Glasrahmen gespannt erhalten.

Es ist hier nicht der Raum auszuführen, wie groß das Interesse der Gesellschaft für Architektur war, für die Bauten Fischers von Erlach, oder etwa für eine neue Kirche in Worms oder für bauliche Probleme in Heidelberg. Josef Görres hat geschrieben: «Heidelberg ist ja selbst eine prächtige Romantik; da umschlingt der Frühling Haus und Hof und alles Gewöhnliche mit Leben und Blumen und erzählen Burgen und Wälder ein wunderbares Märchen der Vorzeit, als gäbe es nichts Gemeines auf der Welt.» Nun, hundert Jahre früher stand man noch ganz unter dem Eindruck der Katastrophe, war dasselbe Heidelberg noch eine Stätte der Öde und Trümmer, auch im Geistigen. Was einst die Universität war, die älteste Hochschule des Reiches, hat jetzt nur einige Jesuiten als Professoren und kaum Studenten. In einer Sitzung bei Wilhelm von Uffenbach wurde vorgetragen, wie man 1732 empfand. Am Markt fallen neue Bauwerke auf. Die Neckarbrücke, noch nicht die Karl Theodors, wird erwähnt. Das große Faß im Schloßkeller hatte überstanden, es bleibt ein Wunderwerk der Technik. Vom Altan lohnt den Anstieg «eine weite, erhabene, ungemein schöne Aussicht»! Vom Schloß nur dies, «daß es täglich mehr einfällt und ganz verlassen dasteht». Naturgemäß keine Ruinenromantik, kein Gefühl für die «schicksalsgewaltige Burg». Es ist nichts um «die alten Bergschlösser», mit der Enge ihres Raumes, der Kälte im Winter, den Gewittern im Sommer [noch gab es keinen Blitzableiter] und dem steilen Weg zu Tal und zu Berg. Man muß loben, «daß heutzutage Herrschaften gegen ihr Gesinde und Vieh weit sorglicher und mitleidiger sich verhalten als in denen alten Zeiten». Und so preist man Schwetzingen und geometrische Stadtgründungen wie Mannheim. Vergangenheit war nichts Verlockendes. Man war modern.

Wir können uns den Kreis des Geistigen, dem man sich zuwandte, nicht weit genug denken. Noch gab es wirklich das Ideal einer allseitigen Bildung. Wenn Thoranc den Einwohnern Frankfurts vorwirft, sie hätten nichts als ihren Handel, wenn er vom Patriziat sagt «pas de noblesse», hier im Uffenbachschen Kreise war ein Bürgertum, das, von keinem Fürsten gestützt, aus eigener Kraft sich eine Art bürgerlicher Akademie geschaffen hatte, die in nuce alle Bestrebungen enthielt, wie sie sich im 19. und 20. Jahrhundert in eine Reihe naturwissenschaftlicher und geisteswissenschaftlicher Vereinigungen aufsplitterten und schließlich zur Gründung der Frankfurter Universität hindrängten. Dadurch, daß Uffenbachs große Kunst- und Bücherschätze teils versteigert, teils in fremde Städte gekommen sind, ist sein Andenken in seiner Vaterstadt in Vergessenheit geraten, während Namen wie Senckenberg und Städel durch ihre Stiftungen noch heute lebendig sind. Johann Friedrich von Uffenbach ist aber, das muß erkannt werden, die geistig vielseitigste und die bedeutendste Persönlichkeit gewesen, die Frankfurt im 18. Jahrhundert in seinem Bürgertum hervorgebracht hat.

1735, nach dem Abscheiden des älteren Bruders, klagt Uffenbach darüber, daß der Tod die Gesellschaft lichte und daß es in einer doch so volkreichen Stadt wie Frankfurt schwer sei, neue Mitglieder zu finden. Gewiß, die Stadt mit

36000 Einwohnern war volkreich, indes die geistige Oberschicht war naturgemäß schmal. Die letzte Zusammenkunft fand am 3. Juli 1739 statt. Das war das Jahr, in dem Johann Caspar Goethe in Regensburg und Wien war, vor seiner Italienreise.

Aber eben gerade diese seine Italienfahrt hat nun gleichfalls unter dem Einfluß Uffenbachs gestanden, der in den Jahren 1714/15 Italien und 1716 Frankreich bereist hatte. Über beide Reisen hat er ausführlich Tagebuch geschrieben, genau so wie später Johann Caspar seinen «Viaggio in Italia», nur eben nicht in italienischer, sondern in deutscher Sprache. Auch diese Reisebeschreibungen von Johann Friedrich von Uffenbach, vier voluminöse Quartbände mit einer Fülle eingeklebter Stiche und schöner Zeichnungen, liegen in Göttingen. Alle diese Manuskripte harren noch der wissenschaftlichen Auswertung.

Uffenbach hat, wie später Goethes Vater, seine Reise an seine Promotion angeschlossen. Er hatte zwei Jahre in Straßburg studiert und war dort am 22. Juni 1714 Doctor geworden. Nun reiste er durch die Schweiz nach Turin, wo er am 28. Dezember 1714 eintraf. Dann ging die Route durch Norditalien, über Mailand, Parma, Mantua, Verona nach Venedig. Das Tagebuch hält anschaulich das persönliche Leben fest, verzeichnet, was besucht und besichtigt worden ist, und ist reich an kunstkritischen Betrachtungen. Da Uffenbach selbst Baumeister ist, fesselt ihn besonders die italienische Architektur. Das mathematische Denken ist im Vordringen. Daß Straßenzüge und Plätze «regulär» angelegt sind, darauf wird der größte Wert gelegt. Am Markusplatz mit seinen Prokurazien wird getadelt, daß der Campanile nicht in der Mitte steht, sondern am Rande des Platzes. Das streng Geometrische ist Trumpf. Von Venedig fährt Uffenbach wie später Johann Caspar über Padua, Bologna und Ancona nach Loreto. Eine Reihe Stiche zeichnen den Bericht über diesen Wallfahrtort aus, der wie bei Goethes Vater irgendwie im Mittelpunkt des Interesses steht. In

Rom bleibt Uffenbach vom 30. März bis 25. Juni 1715, wovon freilich drei Wochen auf einen Abstecher nach Neapel fallen. In Montefiascone mit dem berühmten «Est Est Est», das auch Johann Caspar sich nicht entgehen ließ, wird ein Stich des Grabsteins eingelegt, eine Zeichnung gefertigt; dann geht es über Florenz, Pisa nach Genua. Wir müssen uns dabei von den Vorstellungen frei machen, die wir heute mit diesen Namen verbinden. Die Zahl der Einwohner war niedrig. Nur der Stadtkern stand, und immer war er wie eine Festung von Wällen und Mauern, Gräben und Vorwerken umgeben. Wie die Städte aussahen, das zeigt deutlich ein Buch, das der Vater Goethe besessen, das «Itinerarium Italiae» von Andreas Schott von 1655. Hier sind die Grundrisse der Städte abgebildet. Über Genf schließt sich nun genau wie bei Goethes Vater an die Italienfahrt eine Frankreichreise an. Uffenbach sieht Lyon, sieht Orleans, sieht Paris. Dann aber führt er aus, was bei Johann Caspar nur Plan geblieben ist. Er lernt Brüssel, Antwerpen, Brügge kennen und kommt 1716 über Aachen und Köln heim nach Frankfurt.

Uns interessieren die Reisebegleiter Uffenbachs. Man erfährt durch ihre Namen etwas von der sozialen Schichtung. Die Gesellschaft hat sich im Überschwang des Reiseglücks in Amsterdam zum Scherz auf öffentlicher Straße wiegen lassen. So haben wir nicht nur die Namen, sondern auch die Gewichte. «Hatt gewogen Herr von Uffenbach der Mittler [d. i. Johann Friedrich] 122 Pf., Jungfer Lehnemann 119 Pf., Frau Lindheimern 125 Pf., Frau von Uffenbach auff dem Hirschgraben 129 Pf., Frau von Uffenbach Escherheimer Gaß 162 Pf., Herr von Uffenbach der ältere [d. i. Zacharias Conrad] 133 Pf., Herr von Uffenbach der Jünger 101 Pf., jüngster Lindheimer 85 Pf., Mons. Schneider 87 Pf., Herr von Glauburg 128 Pf., Herrn von Uffenbachs Diener Ernst 132 Pf., der Frau Lindheimern Magd Christina 129 Pf. Summa 1446 Pf.» Wahrscheinlich hat diese Statistik nicht ihresgleichen. Es ist kulturgeschichtlich interessant, wie niedrig die Gewichte sind. — Wann? Sommer 1718.

Vielleicht ist das doch der Unterschied zwischen Uffenbach und Johann Caspar. Am Anfang des 18. Jahrhunderts waren die Niederlande noch unbedingt Sehenswürdigkeit und Reiseziel. In der Mitte des Jahrhunderts war Italien das wichtigste geworden, aber Johann Caspar reist immerhin noch nach Paris. Wolfgang fährt nur noch südwärts über die Alpen. So verschiebt sich das Schwergewicht. Holland Frankreich, Italien — es ist, von Frankfurt aus gesehen, die Abfolge: Barock, Rokoko, Klassizismus.

Ob Johann Caspar, als er 1740 nach Italien ging, die italienischen Reisetagebücher Uffenbachs gekannt hat, steht dahin, daß er sich aber von dem um gut zwei Jahrzehnte älteren Mitbürger hat vor der Reise beraten lassen, ist als sicher anzunehmen. Und zweifellos haben die zwei Freunde, als Goethe dann in Frankfurt seßhaft und Kaiserlicher Rat geworden war, ihre Erinnerungen ausgetauscht. Es war beiden ein lieber Gesprächsstoff; und wie die gedruckten Reiseberichte des älteren Uffenbach, so wurden die geschriebenen des jüngeren Anreiz und Lockung für den Kaiserlichen Rat, nun auch seinerseits sein italienisches Reisetagebuch auszuarbeiten. Wie sehr hier der eine dem anderen folgte, sieht man auch daran, daß Johann Caspar aus Rom die gleichen Veduten der Ewigen Stadt mitbrachte, nämlich die Stiche von Wouters, Specchi und Falda, wie sie auch Uffenbach drei Jahrzehnte vorher für sich erworben hatte. Es sind dieselben Ansichten, die den Besucher des Hauses am Großen Hirschgraben noch heute erfreuen. Piranesi war, als Johann Caspar in Rom war, erst zwanzig Jahre alt.

Als nächsten im Kreis jener Frankfurter Bürger, die dem Vater nahe standen, nennt Goethe den Baron von Häckel. Drei Dinge rühmt «Dichtung und Wahrheit» an ihm: seine Gemäldesammlung, seine Wohltätigkeit, seine offene Tafel. Daß an dieser auch der Kaiserliche Rat oft teilgenommen hat, können wir mit Fug und Recht annehmen. Der Baron muß ein bestrickender Gesellschafter gewesen sein und von gewinnendem Humor. Erst hatte er unter Anton Ulrich von Braunschweig gedient, dann unter Karl XII. von Schweden, schließlich unter den Habsburgern. Als kaiserlicher Obristwachtmeister setzte er sich in Frankfurt zur Ruhe. Durch seine Ehe sehr vermögend, machte er sein schönes Haus «Zu den zwei Bären» in der Töngesgasse zu einer Sehenswürdigkeit der Stadt. Der Auktionskatalog seiner Gemäldesammlung, im Städelschen Kunstinstitut erhalten, verzeichnet 522 Bilder. Cranach, Holbein d. J., Rubens, Rembrandt, van Dyck, Claude Lorrain, Watteau, die holländischen Kleinmeister, die großen Venetianer, alles war vertreten, wenn auch dahingestellt bleiben mag, was davon Originale waren und was nicht. Den älteren Schütz, den Führer der Frankfurter Malerschule, den Johann Friedrich Uffenbach entdeckt hatte, hat er zur Geltung gebracht; von ihm besaß er allein vierzig Bilder. Gerade die Förderung der heimischen Künstler war ihm ebenso Herzenssache wie dem Rat Goethe. Als der Baron 1764 starb, war der fünfzehnjährige Wolfgang — das erzählt «Dichtung und Wahrheit» — auf der Auktion. Diese fand am Samstag, den 25. August, statt, also ein halbes Jahr nach der Königskrönung und nach der Gretchenaffäre und wenige Tage vor Wolfgangs fünfzehntem Geburtstag. Dieser bot für den Vater und bot für sich selbst. Noch 1811, als er «Dichtung und Wahrheit» schrieb, besaß er in Weimar in seiner eigenen Sammlung ehemals von Häckelsche Kunstgegenstände, die er 1764 ersteigert hatte. In Leipzig hat Gellert die Nächstenliebe und Wohltätigkeit von Häckels in einem dichterischen Nachruf gerühmt. Man sieht, er war eine Persönlichkeit über die Frankfurter Grenzen hinaus. Aber auch hier war er originell: als der Herzog Anton Ulrich von Meiningen, der ernestinischer Streitigkeiten halber in Frankfurt wohnte, für eine verarmte Gräfin ihn um Unterstützung anging und mehrere pastorale Beglaubigungen vorlegte, daß sie zum Abendmahl gegangen, empfahl er der Dame zu arbeiten, statt zu betteln; was aber das Abendmahl anlange, um dessentwegen gäbe er nichts, obwohl er persönlich zum Tisch des Herrn ginge; dem Arzt der Gräfin jedoch sandte er hundert Taler. Solche Haltung mag Goethe wohl etwa gemeint haben, wenn er dieser Frankfurter Oberschicht die liberalere Lebensweise einer freien Welt zuspricht: geistige Souveränität.

Weiter erwähnt Goethe dann in diesem Zusammenhang als einen «vortrefflichen Mann» den Rechtsgelehrten Johann Philipp Orth. Dieser war wie alle die hier genannten Männer noch im 17. Jahrhundert geboren — sie waren also ein bis zwei Jahrzehnte älter als der Kaiserliche Rat —, aber er lebte bis 1783 und hat auf Johann Caspar wie auf Wolfgang, bis dieser nach Weimar ging, persönlich Einfluß gehabt, als Mensch und als Gelehrter. Orth gründete ein Waisenhaus, und in seinen «Anmerkungen über die erneuerte Reformation der Stadt Frankfurt» schuf er das bürgerliche Gesetzbuch der Stadt. Auch er lebte wie der Baron von Häckel in der Töngesgasse — so genannt nach dem früheren Antoniterkloster — als stiller Gelehrter aber mit einer großen Bücherei, und Vater und Sohn Goethe, der letztere vor allem, als er Anwalt war, werden dort aus- und eingegangen sein.

Im Großen Hirschgraben, gegenüber dem Goethehaus, lag das Haus der Brüder Ochsenstein. Es war ein gotischer Bau, ebenso hoch wie das Dichterhaus und, wie die zwei Türen bewiesen, wohl ebenso wie dieses aus zwei ursprünglich kleineren gotischen Häusern entstanden. Es ist 1944 gleichzeitig mit Goethes Vaterhaus in Asche gesunken. Hier hatte sich jene Szene abgespielt, von der die ersten Seiten von «Dichtung und Wahrheit» erzählen: Wolfgang, vielleicht dreijährig, wirft unter dem ermunternden Beifall der Brüder Ochsenstein das Küchengeschirr auf die Straße. Den älteren jener drei Brüder, der 1756 starb, rechnet Goethe auch unter jene Frankfurter, die dem Vater im Denken verwandt waren. Er erregte Aufsehen dadurch, daß er bestimmt hatte, still und in der Frühe ohne Begleitung und ohne Gefolge nur von Handwerksleuten zu Grabe getragen zu werden, im Gegensatz zu den pompösen Leichenzügen der Zeit, ein «Symptom jener Gesinnungen von Demut und Gleichstellung, die sich in der zweiten Hälfte des Jahrhunderts von oben herein auf so manche Weise gezeigt haben.»

Die literarisch bekannteste Persönlichkeit dieser ganzen Gruppe, nicht mehr dem Barock verhaftet, ist aber Johann Michael von Loen gewesen. Ursprünglich Holländer, dann im Dreißigjährigen Krieg in Frankfurt heimisch geworden, dankten die von Loens ihren Wohlstand dem Handel mit englischen Tuchen. Johann Michael war 1694 geboren, 1712 ging er nach Halle als Student der Rechte und kam dort durch Thomasius in die Kreise der Aufklärung. Die Kavalierstour führte ihn 1717 nach Wien, 1718 nach Dresden und Berlin, 1719 nach Paris, 1720 nach Holland. Über seine Reisen schrieb er. Er war der geborene Essayist. Aber er dichtete auch amüsant im Stil der Zeit. 1729 heiratete er Katharine Sibylle Lindheimer, die Schwester der Frau Stadtschultheiß Textor. Er kaufte sich das ehemals Meriansche Landhaus am Main, und hier war es, wo im August 1748 für Johann Caspar Goethe und Catharina Elisabeth Textor die Hochzeit ausgerichtet wurde. Dieses Haus am Main, mit einer erlesenen Bücherei, mit der Kupferstichsammlung der Merians, war ein gesellschaftlicher Mittelpunkt für alle geistigen Kreise der Stadt. Auch von Loen hatte, und eben hier, sein Collegium, sein literarisches Kränzchen. In Mörfelden aber, drüben über dem Fluß, besaß er ein Landgut; und als dort die Frau Stadtschultheiß Textor, also Wolfgangs Großmutter, in den Teich fällt, von der Pächterin trockene Kleider leihen muß und auf diese Weise sich eine Flohplage zuzieht, da besingt von Loen diese verunglückte Landpartie in charmanten Versen.

Im Mittelpunkt seiner reichen Schriftstellerei stehen sittliche und christliche Fragen. Er müht sich, darin von Leibniz und Thomasius her bestimmt, ernst und verantwortungsvoll um die Vereinigung der Konfessionen, um einen Rückgriff auf die erste, auf die ursprüngliche Kirche. Seine Schrift «Die einzig wahre Religion», 1750, erregte ihm Widerspruch bei den Fakultäten in Marburg und Halle und Fehden mit den Geistlichen der Stadt; und so verläßt er 1753 Frankfurt und tritt, seinen Grundsätzen ungetreu und nicht zu seinem Glück, in den Dienst eines Fürsten, Friedrichs des Großen. Wolfgang hat seinen Großoheim also nur literarisch gekannt; auf den Vater, den Kaiserlichen Rat aber wird der Einfluß groß gewesen sein.

Das also sind die Persönlichkeiten, von denen Goethe im Zweiten Buch von «Dichtung und Wahrheit» sagt: «Solche Männer scheint mein Vater sich überhaupt zum Muster genommen zu haben», und das in einem Gemeinwesen, in dem es keine Universität gab und in dem, auch wieder nach Goethe, das Geld und immer wieder nur das Geld geschätzt wurde. Für alle diese Männer aber galt, was Thomasius in Halle — und sie hatten zumeist an dieser neuen und modernen preußischen Universität bei Thomasius gehört — seinen Studenten vorzuhalten nicht müde geworden ist: «Um alles in der Welt nur nicht in den Fesseln eines Amtes leben, sondern frei leben, wenn man frei leben kann!» — Das muß man sich vor Augen halten, wenn man den Vater Goethe verstehen und richtig beurteilen will! —

Und der Sohn in Weimar, dachte er anders als der Vater? — Am 13. Januar 1779, am ersten Tage, da er die Geschäfte der Kriegskommission übernommen hatte, nach der ersten Session schrieb er in sein Tagebuch: «Der Druck der Geschäfte ist sehr schön der Seele. Wenn sie entladen ist, spielt sie freier und genießt des Lebens. Elender ist nichts als der behagliche Mensch ohne Arbeit, das Schönste der Gaben wird ihm ekel.» — Arbeit ja, — aber ein Amt? — Am 15. Mai 1780 heißt es: «Ich gewinne täglich mehr in Blick und Geschick zum tätigen Leben. Doch ist mirs wie einem Vogel, der sich in Zwirn verwickelt hat. Ich fühle, daß ich Flügel habe und sie sind nicht zu brauchen.» Der Druck der

Geschäfte ist es denn wesentlich gewesen, der die Flucht nach Italien veranlaßt hat. Und kategorisch zieht 1807 die Erklärung an Riemer den Schlußstrich: «Nur nichts als Profession getrieben! Das ist mir zuwider. Ich will alles, was ich kann, spielend treiben, was mir eben kommt und solange die Lust daran währt. So hab ich in meiner Jugend gespielt unbewußt, so will ichs bewußt fortsetzen durch mein übriges Leben. Nützlich — Nutzen, das ist eure Sache. Ich mögt mich benutzen; aber ich kann mich nicht auf den Kauf oder Nachfrage einrichten. Zu einem Instrument gebe ich mich nicht her; und jede Profession ist ein Instrument oder, wollt ihr es vornehmer ausgedrückt, ein Organ.» — Man sieht, Vater und Sohn empfanden in dieser Frage gleich. —

DAS HAUS ZU DEN DREI LEYERN

Das Ausgabebuch des Kaiserlichen Rats, das für die späteren Jahrzehnte erhalten ist, erwähnt alle vierzehn Tage: «convivia amicorum». Goethes Vater lebte gesellig. Wir wissen aber nicht, wer die «amici» waren, die da alle zwei Wochen zu einem heiteren Symposion im Hirschgraben zusammenkamen. Von drei Freunden des Rates Goethe aber haben wir eine deutliche Vorstellung, vom Rat Schneider, von Johann Philipp Strecker und von Johann Friedrich von Uffenbach. An seinen Freunden kann man einen Mann erkennen. —

Am 1. April 1754 starb Cornelia Goethe, die Großmutter Wolfgangs. Im Frühling und Sommer 1755 führte der Vater, jetzt Herr des Grundeigentums und Vermögens, jenen Hausumbau durch, von dem das Erste Buch der Biographie so anschaulich erzählt. Und hier wollen wir nun jenen Brief von Johann Friedrich Uffenbach einschalten, von dem wir gesprochen haben. Die Anrede lautet: «Wohlgebohrner HochgeEhrtester Herr!» Dann folgt als Antwort auf eine Bitte um Rat das Folgende:

«Nachdeme die mir übergebene Überschläge derer Handwerksleuten, welche hiebey wieder zurückkommen, lange und reiflich übersehen und zum theil berechnet, so habe am Ende gefunden, daß solche billig und gar wenig übersetzet seyen, so viel man nehmlich aus einer kurtzen Anzeige abnehmen kan.

Die Zimmerleute haben immer einen Schlupfwinkel in dem Ankauf des Holzes, deßen Preiß nach allerley Vorfallenheiten verändern. Und wenn man die ersten beyde Posten vornimmt, so pfleget sonst die Rechnung so gemacht zu werden, daß ihnen v. 100 Schu Eichenwand-Holz an Fuhr und Arbeitslohn 3 Xr. gebühret, das in gegenwartiger Summa 58 fl. 40 Xr. beträgt, hier aber 66 fl. angerechnet ist. Ferner 6ter Böden, davon einer in circa 18 fl. kostet und für deßen Fuhr und Arbeitslohn man 13 fl. rechnet, das zusammen 31 fl. und dieses 19 mahl 589 fl. beträgt. Das übrige in diesem Überschlag leydet als billig angesetzt wenig Abzug.

In des Steinhauers Überschlag habe gar keinen Wiederspruch und alles der Billigkeit nach angesetzet gefunden, wenigstens, wie alhier der Werth zu seyn pfleget.

Der Maurer ist schlupfriger, und hat die Angaben so verblühmt und ohne Bestimmung des Maßes gesetzet, daß ohnmöglich darüber geurtheilet werden kan. In denen letztern Posten könte zwar der Riß einige Erläuterung geben, allein der Abzugsbetrag scheinet kaum der Rechnungsmühe werth. Folglich muß mit dießem secundum aequum et bonum gehandelt werden.

In dießem wenigen bestehen meine Anmerckungen, die ich zwar erweitern könte und solte, wenn mir nur die Zeit vergönnet wäre. Ich verharre übrigens mit allem Hochachten und möglicher Dienstgeflißenheit

Eurer Wohlgebohrnen
ergebenster Diener
J. Fr. von Uffenbach.»

Ffurt. d. 17 Apr.
1755.

Und so wurde denn nach diesem Gutachten der Umbau durchgeführt. Nachdem aber das Haus in allem fertig war und vollendet stand, da vollzog Johann Caspar einen Akt der Selbstcharakteristik, der eindringlicher spricht als vieles, was über ihn gesagt und geschrieben worden ist. Er wählte sich ein Wappen und fügte es unter das der Gattin, der Textors, im Bandstreifen von links unten nach rechts oben: drei Leiern. Man hat gemäß dem Beruf seines Großvaters, des Hufschmieds Goethe in Artern, gemeint, Johann Caspar habe drei Hufeisen in seinem Sinne umgestaltet. Das ist Phantasie. Das Wappen der Goethes ist das Lamm mit der Osterfahne gewesen. Der Kaiserliche Rat aber, wenn er jetzt sich dieses Wappen der drei Leiern zulegte, hat damit deutlich und unmißverständlich ausgesprochen, in welchem Zeichen dieses sein Haus stehen, wie er sein Leben führen und wie er es gedeutet wissen wollte, nämlich als ein Leben, das den Künsten und der Wissenschaft geweiht sei. Karl-Heinz Hahn, der Leiter des Goethe- und Schiller-Archivs in Weimar, hat einmal sehr richtig formuliert: «Nur wenn man sich vor Augen hält, wie lebendig die Verbindung mit allem Schöngeistigen in den führenden Schichten des deutschen Volkes gerade während der fünfziger und sechziger Jahre des 18. Jahrhunderts war, versteht man wohl, wie wenige Jahrzehnte später eine solche Aufgeschlossenheit für die deutsche Dichtung vorhanden sein konnte.»

Mit dem Hausbau aber setzt nun eben «Dichtung und Wahrheit», setzen Goethes Erinnerungen ein. Unsere Biographie des Kaiserlichen Rates kann sich füglich von nun an kürzer fassen. Nur das soll skizziert werden, in welcher Weise der Rat tatsächlich ein gelehrter und kunstfreudiger Sammler geworden ist.

Wir haben von der Auktion am 6. Mai 1771 gesprochen. Hüsgen, Wolfgangs Schulkamerad, den er einst in der Klasse mit erhobenem Zeigefinger verpetzt hatte: «Der Hüsgen frißt Wecken», erwähnt in seinem Führer durch das künstlerische Frankfurt von 1780, der Vater Goethe besäße auch «unterschiedene schöne in Holz geschnittene Figuren von niederländischen und deutschen Meistern». Das ist immer übersehen worden. Welcher Art sie waren, das enthüllt uns, da «Dichtung und Wahrheit» über die Plastikensammlung des Vaters ganz schweigt, in schönster Weise eben jener Katalog der Auktion Johann Friedrich von Uffenbach. Hier hat der Kaiserliche Rat über fünfzig Figuren gekauft; ob er schon vorher Plastiken besessen hat, wissen wir nicht. Aus Holz waren dabei ein Herkules, auf seine Keule gestützt, eine Nymphe mit einem Delphin, auf dem zwei Putten reiten, ein Genius, der einen anderen auf dem Rücken trägt, eine Venus neben einem Cupido, ein Bauer mit einem Zuber voll Trauben, eine Modellfigur mit herausgearbeiteten Muskeln und ein heiliger Sebastian, an den Baum gebunden.

Viel umfangreicher war die Sammlung von Figuren in Gips oder «Pfeifenerde», d.i. weißer Ton. Auch hier sind die antiken, die mythologischen Darstellungen führend. Herkules mit dem Bucentaurus oder Herkules, ein Kind auf dem Arm, ein sitzender Mars, Apollo mit der Leier, und wieder ein Herkules und wieder ein Apollo, der Raub der Proserpina, ein Nymphenraub, nackte Männer mit einem Stier ringend, eine Hirschhatz, ein Cupido, Nymphen und immer wieder Nymphen, kämpfende Männer, eine sitzende Ceres, diese in rotem Ton, Reiterstatuen, eine davon Ludwig XIV. darstellend, ein Genius auf dem Bauche liegend und aus einer Urne trinkend, dieser aus Alabaster, schließlich zwei kleine Löwen und zwei Sphinxe. Es bleibt dahingestellt, wieviel dieser Kleinplastiken Nachahmungen antiker Figuren sind — Uffenbach war ja länger in Rom —, wieviel Renaissance- oder Barockkunst. Sicher ist nur als antik bezeichnet «der berühmte römische Rumpf in Erde», d.h. in rotem Ton; das ist der Torso aus dem Belvedere im Vatikan. Apollonios von Athen hatte ihn im 3. Jahrhundert v.Chr. geschaffen, Winckelmann 1759 über ihn geschrieben, das Vollendetste aus seiner Feder. Vermutlich hatte Uffenbach als junger Doktor 1715 in Rom die verkleinerte Nachbildung in Ton gekauft. Nun kam sie in den Hirschgraben, Wolfgang bei seiner Heimkehr zu erfreuen, der später eben diesen Torso, groß und in Gips, zum Mittelpunkt seines Büstenzimmers im Haus am Frauenplan machen sollte, neben der Juno Ludovisi als höchste Repräsentanz antiker Kunst.

Der Dichter in Weimar hatte eine ähnliche, aber umfangreichere Sammlung solcher Kleinplastiken. Das meiste davon wird auch er in Rom, jedenfalls nach der Italienreise erworben haben. Auch hier zeigt sich, wie der Sohn fortsetzt, was er beim Vater gesehen. Nur sind seine Figürchen aus Bronze und nicht aus Gips oder Ton. Er hatte sie nach Christianens Tod im Majolika- und großen Sammlungszimmer, die dem Frauenplan zuliegen und die er sein Museum nannte, magaziniert.

Wo aber hatte der Vater alle seine Köstlichkeiten aufgestellt? Wahrscheinlich in Schränken auf den Vorsälen im ersten und zweiten Stockwerk, wo wohl auch die Steinsammlung stand und der Gewehrschrank, dessen Inhalt der Versteigerungskatalog von 1794 überliefert mit 9 Paar Pistolen, 13 «teutschen Büchsen», 10 Gewehren, 3 Säbeln, zwei Degen und Indianerpfeilen und Pulverhörnern. In einem Brief vom 12. September 1788 mahnt Frau Aja den Schauspieler Unzelmann, doch die zwei Gewehre zurückzugeben. Vielleicht kann man aus den Theaterzetteln feststellen, in welchem Stück sie hatten mitspielen dürfen. Als letzte Erwerbung aus der Auktion Uffenbach ist aufzuführen: «eine Laute von dem besten Meister». Johann Caspars Lautenspiel erwähnt schon das Gedicht des «treuen Knechts aus Franken» zum Doktorschmaus in Gießen. Lauten hat der Rat Goethe immer gekauft, freilich, wie der Sohn sagt, um sie länger zu stimmen als zu spielen.

Am 6. Mai 1771 war die Auktion gewesen. Mitte August besuchte Wolfgang auf der Rückkehr von Straßburg den

Mannheimer Antikensaal, den er schon von früher her kannte. Sehr ausführlich spricht das Elfte Buch von dem Eindruck, den der junge Goethe von der griechisch-römischen Kunst hier empfing. Man sieht, in dieser Liebe und in diesem Verstehen waren sich Vater und Sohn einig. Es war das ein Band, das beide bei manchem Trennenden immer wieder aneinander schloß.

Nun aber zu dem Wichtigsten unter den Sammlungen des Kaiserlichen Rates, zu den Gemälden! — Wer wird ihn beraten haben? Wahrscheinlich wieder Johann Friedrich von Uffenbach, mit dem ihn später, seit 1748, über die Lindheimers und Textors auch Verwandtschaft verband — Uffenbachs Schwester hatte einen Lindheimer geheiratet —, Uffenbach, der ihm beim Hausumbau geholfen und der Wolfgangs Puppentheater gebaut hatte und aus dessen Nachlaß eben die Plastiken stammten.

Johann Friedrich von Uffenbach hat um 1750 für die Kunst in Frankfurt das bedeutet, was etwa um 1800 Johann Friedrich Städel, der Gründer unserer Galerie, der Stadt sein sollte. Als die Frankfurter Maler sich aus dem Zunftzwang der Weißbinder und Anstreicher lösen und eine Kunstakademie gründen wollten, boten sie Uffenbach das Präsidium an. Aber vielleicht war es auch gar keine einzelne Persönlichkeit, die den Rat Goethe zum Sammler machte, sondern einfach die Atmosphäre der Stadt. 1747 gab es hier zehn private Gemäldesammlungen, 1776 waren es vierundzwanzig — dabei die Goethesche nicht mitgezählt — und 1780 spricht man von achtzig Personen, die größere oder kleinere Kabinette hatten, und das bei 36000 Einwohnern! Dazu trat die Bedeutung der Stadt als Kunstmarkt, kamen die Messen, auf denen die Maler, z.B. Tischbein aus Kassel, Seekatz aus Darmstadt ihre Bilder auszustellen pflegten. Frankfurt war Umschlagplatz zwischen den Niederlanden und Italien. August der Starke kaufte hier für Dresden, Johann Wilhelm von der Pfalz für Düsseldorf, der Landgraf Wilhelm von Hessen für Kassel, die Schönborns für Pommersfelden. Man sieht, die Frankfurter Luft war kunstgeschwängert.

Welches mag das erste Bild gewesen sein, das der Rat kaufte? Das älteste Bild im Goethehaus ist zweifellos die große Wandtapete im Speisezimmer des Erdgeschosses. Sie mißt 2 m mal 1,78 m und stellt eine Hirschjagd dar. Wie man 1852 auf dem Dachboden des Hauses in einem vergessenen Holzkasten die Kaufakten entdeckte, so fand sich diese Malerei noch 1930 in sechs rußgeschwärzten Fetzen oben unter dem höchsten Dachgiebel auf einem Holzaustritt der Kamintreppe, unangetastet nach fast zweihundert Jahren. Das Bild, gereinigt und zusammengesetzt, ist der letzte Rest jener alten Tapeten, von denen der Dichter im Ersten Buch erzählt, wie sie, voreinst der stolze Schmuck des Hauses, beim Umbau 1755 achtlos abgerissen wurden; ja der Vater habe eine solche Wachstuchtapete dem Knaben über sein Kinderbett gespannt, als es infolge des Umbaus hereinregnete. Es ist möglich, daß Johann Caspar, als er sich 1741 bei der Mutter im Hirschgraben niederließ, diese Wandtapeten nach Frankfurter Sitte anbringen ließ. Wahrscheinlicher ist es, daß er sie vorfand. Das Haus war von 1670 bis 1692 im Besitz eines Arztes gewesen, war von 1705 bis 1727 Eigentum des Schöffen Fleckhammer von Aystetten, beides also wohlhabende Leute, denen solche Prunktapeten schon zuzusprechen sind. Dem Stil nach ist das eine wie das andere möglich.

Anfangs hat auch Johann Caspar Holländer gesammelt. Nach Hüsgens Führer durch das künstlerische Frankfurt von 1780 war ein bemerkenswertes Stück seiner Galerie «das Innere einer großen gotischen Kirche von einem niederländischen Meister». 1760 bezahlte er auch einmal dem Maler Hirt 12 fl. 22 Kr. für die Restaurierung eines Peter Snijder («Schneyeriana pictura reficienda»). Snijder hatte von 1681 bis 1752 in Antwerpen gelebt. Indes beide Bilder waren alter Besitz aus Johann Caspars allererster Zeit. Dann hat er seinen eigenen Weg gefunden. Er kaufte nur moderne Kunst und nur heimische Kunst. Beides war durchaus ungewöhnlich. Die Frankfurter sammelten vor allem und zuerst Holländer, später auch Italiener, noch später auch Deutsche, aber kaum Franzosen. Johann Caspars eigenwillige Haltung erregte Aufsehen. Jedoch wenn man ihm entgegenhielt, seinen modernen Bildern fehle ja das schöne Galeriebraun, so antwortete er, indem er sich humorvoll des Berufs seines Vaters als Wirtes «Zum Weidenhof» erinnerte, wie junge Weine auch einmal alte Weine würden, so würden auch seine Gemälde mit den Jahren einmal wie alte Gemälde aussehen.

Wir haben drei Quellen, um die Sammlung im Großen Hirschgraben, die man auf 120 Bilder schätzen kann, zu rekonstruieren. Da ist zuerst einmal das Ausgabebuch des Vaters von 1753 bis 1779. Es enthält, wenn auch vielleicht nicht vollständig, die Käufe, die unmittelbar bei den Malern selbst vollzogen wurden. Es fehlen aber die Erwerbungen aus den Auktionen, für die wir überhaupt keine Unterlagen im einzelnen haben; wir wissen nur, daß bei der Häckelschen Versteigerung vom Oktober 1764 für 278 fl. gekauft ward. Weiter sind da als Unterlage für unsere Vorstellung von der Gemäldesammlung im Hirschgraben die Angaben in der Schrift von Heinrich Sebastian Hüsgen, «Nachrichten von Frankfurter Künstlern und Kunstsachen» [1780], wo die Galerie des Vaters unter den fünfzehn sehenswerten Kabinetten der Stadt als Nummer zwölf aufgeführt ist und ihre wesentlichen Maler genannt werden. Schließlich und vor allem haben wir die Erinnerungen Goethes, wie er sie 1811 in den ersten Büchern von «Dichtung und Wahrheit» zu Papier gebracht hat.

Alle diese Berichte stimmen überein. Es waren alles Bilder der Frankfurter Malerschule, die ja in der deutschen Kunstgeschichte durchaus ihren Platz hat, Nachfahren der Holländer, aber bürgerlicher, kleiner auch im Format, vielleicht auch gemüthafter und mit einer ausgesprochenen Vorliebe für das Leben des einfachen Volkes. Höfische Repräsentation oder Frivolität des Rokoko hatten hier keinen Platz, und biblische Motive finden sich nur bei Trautmann, der Katholik aus der Pfalz war. Wer heute in das Goethehaus tritt, findet sie alle vereint wieder: Christian Georg Schütz mit dem Goldton seiner Rheinlandschaften, Trautmann mit seiner Neigung zu Feuersbrünsten und Mondscheinlandschaften, die bürgerlichen Interieurs und Blumenstücke Junckers, die Kinderszenen und kleinen Leute von Seekatz, dazu Landschaften von Hirt und Kircheninterieurs von Stöcklein. Nur die «Ovid'schen Vorstellungen» des Kassler Tischbein vom Jahre 1756 sind nach Weimar gekommen und hängen dort im Haus am Frauenplan. Von Johann Ludwig Ernst Morgenstern, dem Ahnherrn eines ganzen Geschlechts von Malern, wurden aber nicht nur Bilder gekauft. Er war auch, nur um elf Jahre älter als Wolfgang, dessen und Cornelias Zeichenlehrer und als solcher des Vaters eigentlicher «Hauskünstler», wie es im Achten Buch von ihm heißt. «Nun begreife ich recht gut, wie Goethe Goethe ward», schrieb Sprickmann an Boie im Juni 1778, nachdem er das Haus mit seinen Sammlungen gesehen hatte.

Die Wendung zur Gegenwartskunst hat aber noch einen besonderen Segen über das Haus am Hirschgraben gebracht: den persönlichen Umgang mit den Künstlern der Stadt. Als Freunde gingen sie ein und aus. Johann Peter Melchior, der Meister der Höchster Porzellanmanufaktur, war ein häufig und gern gesehener Gast. Er schuf die Reliefs von Vater, Mutter und Sohn. Cornelia war damals schon aus dem Hause. 1777 gab der Rat dem Offenbacher Maler Oswald May den Auftrag, das Porträt der Rätin zu schaffen; sich selbst ließ er nicht malen. Wie heiter und herzlich die Beziehungen zu den Künstlern waren, das zeigt der einzige erhaltene Brief an Seekatz, der zur Messe immer im Goethehaus wohnte, am Schluß mit der «höflichsten Salutation an die liebe Ehegattin und Umfassung des niedlichen Seekätzgens». Das «niedliche Seekätzgen» ist auch in «Dichtung und Wahrheit» eingegangen, wo am Ende des Dritten Buches erzählt wird, wie Vater und Mutter Seekatz und Kind aus Darmstadt in den Großen Hirschgraben herüber geholt werden, um Differenzen mit dem Grafen Thoranc durch persönliche Aussprache zu klären.

— Der Graf Thoranc. — Durch ihn wurde nun das Haus «Zu den drei Leyern» für einige Jahre zu einer wirklichen Malerakademie. Der Graf gab den Frankfurter Künstlern, deren Werke er in dem Kabinett des Kaiserlichen Rates kennengelernt hatte, den Auftrag, gegen vierhundert Bilder zu malen, die in seine Heimat Grasse in der Provence gehen sollten. Das Giebelzimmer Wolfgangs wurde, weil hier das beste Licht war, die Werkstatt. Es war der größte Mäzenatenauftrag, den Frankfurt je gesehen hatte. Das Haus des Kaiserlichen Rates war zum künstlerischen Mittelpunkt der Stadt, zum Zentrum der Frankfurter Malerschule geworden. Das ist, was die Malerei anlangt, von kunstgeschichtlicher Bedeutung.

Der Hausherr freilich hatte keine reine Freude daran, und das lag an der Politik. Versailles imponierte den reichsstädtischen Bürgern nicht, und für Preußen sprachen konfessionelle Gründe. Vor allem, Frankfurt fühlte sich als Grenzland. Die Raubkriege Ludwigs XIV., das Elend der aus der Pfalz Vertriebenen war überall noch in lebendiger Erinnerung. Von Frankfurt aus waren die Schiffe den Main und Rhein hinabgefahren, die den Heimatlosen drüben über dem Ozean zu neuen Lebensmöglichkeiten verhelfen sollten. Die Ruinen Heidelbergs kannte jeder. Noch im Sommer 1774, auf der gemeinsamen Fahrt nach Bad Ems, hat Goethe, so erzählt Lavater, von der Höhe des «Wandersmann» vor Wiesbaden auf Oppenheim am Rhein gezeigt und die traurige Geschichte vom Untergang der Stadt erzählt, als sei sie gestern geschehen: «Man sagte es den Einwohnern vorher, auf den und den bestimmten Tag werde man die Stadt an allen vier Ecken anstecken; sie können ausziehen und mit sich nehmen was sie wollen. Sie sandten an den kommandierenden General erst alle Greise, dann alle Witwen und Waisen — dann alle kleinen Kinder, Schwangere, Säugende. Alle auf den Knien baten mit Tränen um Gottes willen um Schonung. Der General weinte mit ihnen, aber er muß es tun. Sie zogen also mit ihrer Habe aufs Feld und sahn die Flammen, in denen die Stadt aufging! O Gerichtstag! Gerichtstag!» So hat Lavater in seinem Tagebuch Goethes Erzählung festgehalten.

Die Oberschicht in Frankfurt empfand indes anders. Auch hier war man zwar nicht eben frankreichfreundlich, aber man sah auf Wien. Man fühlte sich als Reichs- und Krönungsstadt und dem Kaiser verbunden. Wie es im einzelnen geschah, ist ungeklärt. Bestechung war nicht im Spiele, aber der Bürgermeister, gestützt von einem Teil der Schöffen, hat den französischen Truppen das Stadttor in Sachsenhausen zu einem Durchzug durch die Stadt geöffnet, der dann eine Besitzergreifung ward. So war Friedrich der Große in Schlesien eingefallen, und für den Stadtschultheiß Textor waren die schlesischen Kriege nur die «dermalige preußische Empörung» —, so nahmen die Franzosen jetzt die Reichsstadt. Aber die Frankfurter hatten nun die Last der Einquartierung, und das gab böses Blut. Im Goethehaus liegt noch die Verordnung des Herzogs von Broglie vom 4. Februar 1759: Eine Stube und ein Bett für einen Leutnant oder ein Bett für zwei Soldaten. Schwierig ward es bei dritthalben Soldaten, doch auch dafür gab es eine Lösung. Auf alle Fälle: fremde Leute in der Küche, fremde Pferde im Stall, und das vier Jahre lang; die Bürgerschaft war empört.

Thoranc war, was der Rat Goethe wohl nie erfuhr, schon vor der Überrumpelung vom 2. Januar 1759 mehrere Tage in Frankfurt gewesen, um alle militärischen Anlagen zu rekognoszieren, damit man gerüstet sei, wenn es zu Kämpfen käme. Die Stadt verfügte unter einem Obrist Grafen von Pappenheim über etwa 800 Mann eigenes Militär, die Franzosen und Kaiserlichen über die Regimenter Nassau-Zweibrücken und Graf von Bentheim. Das Goethehaus bewahrt aus Thorancs eigener Feder ein Manuskript «Projet de s'emparer de la ville de Francfort». Es enthält die französischen Marschdispositionen im einzelnen und den Bericht über den Ablauf der Aktion. Thoranc verhinderte dann auch, daß an der Hauptwache die Kanonen losgingen. Der Major Textor nämlich, der Bruder der Frau Rat, galoppierte, als er die Überrumpelung erkannte, zur Hauptwache, um von dort her die die Zeil heraufmarschierenden Franzosen zusammenschießen zu lassen. Aber Thorancs Pferd war schneller. Er beschwichtigte das Wachkommando. Der Prinz Soubise empfing den Magistrat im Römer.

Thoranc hatte also schon im Dezember 1758 Gelegenheit gehabt, sich sein künftiges Quartier auszusuchen. Das neue Haus am Hirschgraben hatte ihm in die Augen gestochen. Als ihn dann am Abend des 2. Januar Goethes Vater bei Kerzenlicht durch die Zimmer führte, damit abgeklärt werde, welche Räume der Familie verblieben, da war es das Kabinett der Gemälde, das den Grafen am meisten beeindruckte. Aber auch die Kunst konnte Quartierherren und Quartiergast nicht zusammenführen. Nur einmal seien sie gemeinsam im Giebelzimmer gewesen, als es sich um eine besonders geglückte Arbeit von Seekatz handelte; sonst besuchte der Vater die Maler nur, wenn der Graf bei Tafel saß. Auf der anderen Seite, so liebenswürdig, so verbindlich das Betragen des Grafen war, hat doch für ihn diese bürgerliche Familie Goethe nur ganz am Rande seiner Existenz gestanden. Weder in seinen Briefen, und wir haben deren viele an Mitglieder des Frankfurter Patriziats und den Landadel, noch in seinem «Journal pour moi», das ebenso wie jene Briefe sich jetzt im Hirschgraben befindet, wo es ja einst geführt worden war, ist der Name Goethe auch nur genannt. Als am 13. Januar 1759, zehn Tage nach Thorancs Einzug, sieben Jahre alt der kleine Hermann Jacob an einer grassierenden Dysenterie starb, veranlaßte der Graf beim Rat ein Verbot für Schweinefleisch, dem die Franzosen die

Schuld an der Epidemie gaben. Noch im selben Jahr starb die zweijährige Johanna Maria, im Februar 1761 starb der kleine Georg Adolf, eben sieben Monate alt. Das Leid der Familie — die hohe Politik des fremden Militärs — das alles vollzog sich nicht nur äußerlich in getrennten Stockwerken.

Es soll hier nicht wiederholt werden, was im Dritten Buch nachgelesen werden kann, der Zusammenstoß des Vaters mit dem Grafen am Karfreitagabend 1759 nach der Schlacht bei Bergen. Der Zornesausbruch Thorancs war begreiflich. Die Stadt als Basis des Feldzugs gegen Preußen mußte von den Franzosen auf alle Fälle gehalten werden. Thoranc hatte den Auftrag, für einen ungünstigen Ausgang den Rückzug zu sichern. Die Befehle kamen erst am Morgen. Über den Main sollte er schnell eine Schiffsbrücke schlagen. Keine Seile, weder Bohlen noch Bretter! Und woher die Kähne? Er sollte den Stadtwall mit Kanonen bestücken. Wo die Schlüssel zum Zeughaus Frankfurts, wo die Pferde, wo Geschirre? Schon morgens strömten Verwundete durchs Tor. Er sollte sorgen ohne Lazarette. So waren es zwei hoch erregte Männer, die abends auf dem Vorplatz aufeinanderstießen, der eine als Patriot enttäuscht und verbittert, der andere erst gereizt und angespannt, dann vom Sieg erhoben. Man hat in der Szene, die Goethe schildert, eine novellistische Erfindung sehen wollen. Sie ist nur allzu glaubhaft. — Daß die Frankfurter Atmosphäre aber geladen war, zeigt ein Bericht Senckenbergs, der von einem Dritten gehört haben will, wie etwa um die Jahreswende 1759/60 der Rat Goethe und sein Schwiegervater Textor zusammengestoßen seien. Der Rat Goethe habe bei einem Kindbettschmaus der Frau Pfarrer Starck, die eine Schwester der Frau Rat war, seinem Schwiegervater als Bürgermeister Vorwürfe über die Einquartierung gemacht und die verflucht, die die Franzosen in die Stadt gelassen und dafür Geld genommen hätten. Textor habe gegen seinen Schwiegersohn das Messer geworfen, dieser den Degen gezogen. Eine Theaterszene und in dieser Form sicher Stadtklatsch.

Wolfgang, der seinen Großvater ja kannte, schildert ihn als beherrschten Mann. «Er sprach wenig, zeigte keine Spur von Heftigkeit; ich erinnere mich nicht, ihn zornig gesehen zu haben.» Aber auch «Dichtung und Wahrheit» gibt zu, daß der Siebenjährige Krieg zum Zerwürfnis geführt hatte. Der Großvater hatte über Franz dem Ersten den Krönungshimmel getragen und von Maria Theresia eine gewichtige goldene Kette mit ihrem Bildnis erhalten, der Vater war von Karl VII. zum Kaiserlichen Rat ernannt und so auch jetzt noch gegen Österreich. Es gab unangenehme Szenen, und vor allem fiel das sonntägliche Mittagessen bei den Großeltern weg; der Verkehr hatte unter den Familien schon aufgehört, ehe die Franzosen die Stadt genommen hatten.

Bis zum Juni 1761 mußte der Kaiserliche Rat den fremden Gast ertragen, dann wechselte dieser in ein Haus in der neuen Rothofstraße über. Im Dezember 1762 verließen die Franzosen die Stadt. Thoranc aber hielt die Verbindungen mit Frankfurt noch Jahrzehnte lang aufrecht. Uns wichtig sind aus diesen Briefen sechs Schreiben eben jenes Gevatters Dolmetsch Johann Heinrich Diené, der durch sein vermittelndes Dazwischentreten den Vater Goethe vor dem Arrest auf der Wache gerettet hatte. Diené vermittelte Aufträge an die Maler Seekatz, Schütz und Nothnagel; und hier gibt es nun doch auch Grüße an Monsieur et Madame Goethe; ja einmal schreibt Diené, daß er ganz «au fait» sei über des Grafen Wünsche «par la lecture et par la traduction que le jeune Goethe a fait de vos lettres en sorte, que je puis a present faire l'interpret à Nothnagel et à Seekatz». Wolfgang hatte vermutlich die künstlerischen Fachausdrücke verdeutscht.

Mit dem Abzug der Franzosen ist nun auch die zweite kriegerische Störung, die in Johann Caspars Leben einbrechen sollte, vorüber. Zur Zeit der Schlacht bei Dettingen war er etwa dreißig Jahre alt gewesen. Jetzt ist er ein Fünfzigjähriger. Damals war er Zuschauer, jetzt ist er schmerzlich betroffen. Um so mehr wird der Vater sich gefreut haben, daß er vom Sommer 1761 an frei von fremdem Zwang wieder seinen Liebhabereien als Sammler von Bildern und Büchern nachgehen konnte. Das Goethehaus bewahrt von Thoranc zwei Rechnungen seines Frankfurter Buchhändlers. Eine ist datiert vom 7. April 1761, für 145 Reichsthaler die Lieferungen aus dem letzten Vierteljahr. Nichts kann charakteristischer sein. Unter neunzehn Buchtiteln gehören mindestens fünf der Philosophie zu, Boethius, Seneca, Marc Aurel, Locke und Philosophie Indiens. Immer wieder ist man überrascht, wie sehr «Dichtung und Wahrheit» bestätigt wird. Die anderen Bücher sind historische oder juristische Werke. Schöne Literatur? Nur ein Roman, und das ist Rousseaus «Julie ou la nouvelle Héloise», das Neuste vom Neuen, eben jetzt auf der Ostermesse 1761 — Ostern war am 22. März gewesen — in Paris erschienen.

Hätten sich der Graf und der Rat besser verstanden, so hätte sich Thoranc von seinem Quartierherren den Rousseau leihen können und den Marc Aurel, den Seneca, den Grotius und den Pufendorf auch. Denn der Vater hatte eine ganz hervorragende, eine erstaunliche Bibliothek. Mehr noch als die Bilder waren die Bücher seine Welt. Gemälde wollen nur angeschaut, Bücher wollen gelesen sein. Goethes Vater las seine Bücher. Er war ein Gelehrter. Er hat einen Kosmos aus ihnen rings um sich aufgebaut. Wie genau er wirklich las, was er erwarb, ja wie auch die ganze Familie an dieser Lektüre hat teilnehmen müssen, das haben wir schon an Bowers Geschichte der Päpste gesehen.

Im Ersten Buch von «Dichtung und Wahrheit» erzählt Goethe von dem vollendeten Hausumbau und fährt fort: «Das erste, was man in Ordnung brachte, war die Büchersammlung des Vaters, von welcher die besten, in Franz- oder Halbfranzband gebundenen Bücher die Wände seines Arbeits- und Studierzimmers schmücken sollten. Er besaß die schönen holländischen Ausgaben der lateinischen

Schriftsteller, welche er der äußern Übereinstimmung wegen sämtlich in Quart anzuschaffen suchte; sodann vieles, was sich auf die römischen Antiquitäten und die elegantere Jurisprudenz bezieht. Die vorzüglichsten italienischen Dichter fehlten nicht, und für den Tasso bezeigte er eine große Vorliebe. Die andere Hälfte dieser Büchersammlung, in saubern Pergamentbänden mit sehr schön geschriebenen Titeln, ward in einem besondern Mansardzimmer aufgestellt. Das Nachschaffen der neuen Bücher sowie das Binden und Einreihen derselben betrieb er mit großer Gelassenheit und Ordnung.» Soviel von den Erinnerungen des Sohnes. Wir haben über diese Bibliothek des Kaiserlichen Rates eine Monographie von Franz Götting, die 1953 in den «Nassauischen Annalen» erschienen ist; und diese Darstellung stützt sich ihrerseits wiederum auf den Katalog, den der Hausschreiber Liebholdt für die Versteigerung am 18. August 1794 angefertigt hat. Im ganzen umfaßte die Bibliothek 1691 Nummern. Etwa 400 Bände entnahmen Goethe und sein Schwager Schlosser vor der Versteigerung, so daß rund 1300 bibliographische Einheiten unter den Hammer kamen. Da der Kaiserliche Rat weder ein Exlibris besaß, noch seine Bände mit seinem Namen kennzeichnete, ist nur, was in Weimar ist, noch greifbar vorhanden. Über diese Weimarer Bestände aus Johann Caspars Bibliothek hat Hellmuth Freiherr von Maltzahn im «Jahrbuch des Freien Deutschen Hochstifts» 1927 gehandelt. Außerdem aber ist das Hochstift schon von den Zeiten seines Gründers Otto Volger her bestrebt, nach dem Katalog von 1794 die ganze geistige Welt dieser Bücher wieder aufzubauen, wenn auch nicht in denselben Exemplaren, so doch nach Titel, Erscheinungsort und -jahr genau in denselben Ausgaben.

Es ist nun nicht möglich, in dem hier gesteckten Rahmen ein wirkliches Bild von der Reichweite dieser Büchersammlung zu geben. Daß die antiken Schriftsteller und daß die Jurisprudenz führten, ist selbstverständlich. Aber auch die Abteilungen Geschichte und Geographie waren weit ausgebaut, und wenn Johann Wolfgang Goethe später einmal gesagt hat, das Zeitalter der Weltliteratur sei angebrochen – nun, schon in der Bibliothek seines Vaters standen in italienischer Sprache die Werke von Ariost, Boccaccio, Dante, Goldoni, Guarini, Machiavelli, Metastasio, Tasso und anderen mehr. Von französischen Autoren seien nur Corneille, Fénelon, Grécourt, La Fayette, Lafontaine, Molière, Montesquieu, Racine, Rousseau und Voltaire genannt. Daß die Engländer vertreten waren von Shakespeare bis Richardson und Sterne ist selbstverständlich.

Was uns aber besonders angelegen sein dürfte, das ist die Frage nach der Theologie, denn hier lag doch wohl für den Kaiserlichen Rat ein Schwerpunkt der ganzen Sammlung. Gegen zehn Bibeln waren im Hause, in deutscher, in lateinischer, in englischer, in französischer, in italienischer Sprache, dann das Alte Testament, das Neue Testament, griechisch, lateinisch, französisch; die Psalmen, die Evangelien, die Episteln. Noch in Weimar hat Goethe die Vulgata des Vaters in der Ausgabe von 1613 in seinem Arbeitszimmer gehabt; der Band steht noch heute dort. Dazu kamen apologetische und dogmatische Werke und Schriften zur Kirchengeschichte. Arnolds «Unpartheyische Kirchen- und Ketzer-Historie» ist schon erwähnt; unter den Erbauungsschriften sei die «Nachfolge Christi» von Thomas a Kempis genannt, die dreimal vorhanden war, in deutscher, lateinischer und italienischer Sprache, das letztere Exemplar, Padua 1723, vermutlich vom Vater während seiner italienischen Reise vielleicht doch aus einem inneren Bedürfnis heraus gekauft. Wolfgang kannte dieses mittelalterliche und doch auch wieder zeitlose Andachtsbuch sehr wohl. Er zitiert daraus in seinem Tagebuch von 1770/71, den «Ephemerides», und zwar lateinisch: «Occasiones hominem fragilem non faciunt, sed qualis sit ostendunt.» Widerwärtigkeiten und Nöte machen den Menschen nicht klein; sie bringen nur ans Licht, was er ist. Buch 1, Kap. 16. Höchst merkwürdig, wie Goethe aus dem ganzen Buch nur und gerade diesen Satz herausgreift. Eine Nachfolge Christi unter dem Zeichen des Sturmes und Dranges! Das Wort kehrt vier Jahre später im Vierten Akt des Clavigo wieder: «Wir sind nicht klein, wenn Umstände uns zu schaffen machen, nur wenn sie uns überwältigen.» Im Urfaust heißt es, Vers 195, kurz und bündig: «Mein Herr Magister, hab er Kraft!»

Die Philosophie beginnt mit einer Auswahl aus Plato, griechisch und lateinisch. Dann folgen Auszüge aus Aristoteles. Für das Mittelalter stehen die Opera von Albertus Magnus, für die Neuzeit Baco of Verulam, Spinoza, Leibniz. Von deutscher Literatur war natürlich alles da, was im 18. Jahrhundert Geltung hatte, im besonderen auch die Stürmer und Dränger wie der Maler Müller, Lenz und Heinrich Leopold Wagner. —

Eine jede Bibliothek dieser Art, ist sie nicht ein Gespräch mit dem Weltgeist? Wenigstens wie der Versuch eines solchen Gespräches? Sie befragt alle Ordnungen des Seins, sie enthält alle versuchten Antworten. Sie ist ein faustisches Unterfangen, freilich noch ein zuversichtliches, noch nicht zerschmettert durch die Erkenntnis:

Und sehe, daß wir nichts wissen können!
Das will mir schier das Herz verbrennen.

Aber diese Bibliothek ist nicht nur ein Werk des Vaters, sie ist ein Spiegel der Gemeinschaft in und mit der Familie. Denn da ist der Einfluß der Frau Rat und Wolfgangs und der Susanna Katharina Klettenberg, beider vertrauten Freundin. Da gibt es Schriften für und wider die Herrnhuter, da sind deren «Tägliche Loosungen», ist das Ebersdorfer Gesangbuch, begegnen uns die Namen Spener und Spangenberg und Zinzendorf. «Meine Mutter ist öffentlich deklariert für die Gesellschaft; mein Vater weiß es und ist damit zufrieden. Meine Schwester ist mit in den Erbauungsstunden gewesen; ich werde wohl auch hinkommen. Das Ebersdorfer Gesangbuch ist bei dieser Gemeine in großem Ansehen», — so am 8. September 1768. Und dann am 17.

Januar 1769: «Ehegestern war sogar Versammlung in unserm Hause, wie Sie sich vorstellen können, unter einem ansehnlichen Praetexte; es war alles in floribus ordentlich eingerichtet wie eine Gesellschaft. Wein und Würste und Milchbrot auf einem Seitentische, die Frauenzimmer an einem Tische mit Ebersdorfer Gesangbüchern. Einer am Flügel sitzend, der die Melodien spielte, zwei mit Flöten, die akkompagnierten, und wir übrigen sangen.» Man sieht, der Vater war weder starr noch intolerant; er nahm die Erweckten, obwohl die lutherische Kirche sich ablehnend verhielt, bei sich auf.

Und nun kam auch der Chor der Zauberer, hielt auch die Magie ihren Einzug ins Haus — vermutlich durch Wolfgang. Sie stand unter hoher Protektion, nämlich jenes alchimistischen Doctor Metz, der hinter dem Römer wohnte und durch dessen geheimnisvolles weißes Pulver Wolfgang gesund geworden war. Alle Bücher aus dem 16. und 17. Jahrhundert über Dämonen und Beschwörungen, über Gespenster und Lemuren, neuere über angebliche Geheimnisse aus der Kabbala, Schriften von und über Swedenborg, ja selbst der noch von Mörike geliebte «Schwabenvater» Oetinger, sie bildeten eine dunkel geheimnisvolle Gruppe, die freilich im alten Frankfurt zurückgelassen wurde, als Wolfgang nach Weimar ging. Mit seinem Geiste war er ja schon ganz wo anders, bei Philine vielleicht oder bei Mignon, oder bei und mit jener Heroine und Artemispriesterin, — «das Land der Griechen mit der Seele suchend».

Welcher Reichtum des Geistes, der sich hier zusammendrängte, auf neue Antworten sann! Der Vater war für moderne Malerei, der Sohn für moderne Literatur. Vermutlich gab es um 1755 in Frankfurt keine andere Bibliothek, die so beides in sich vereinte, das Älteste und revolutionierend Neue. Was ihr die Sonderstellung gab, war ihre Spannungsweite, älteste Tradition und radikalste Moderne. Es war wirklich ein Haus «Zu den drei Leyern». Aber eben darin war diese Bücherei auch ein Spiegelbild der gefährlichen

Sprengkräfte, die da im Goetheschen Hause nebeneinander zu existieren hatten wie in der alten Fabel der eiserne und der irdene Topf auf gemeinsamer Reise. —

Indes waren auch noch andre Schwierigkeiten im Haus, die in «Dichtung und Wahrheit» nicht zum Ausdruck kommen. Als Mündel des Vaters lebte ein Geisteskranker, wenn auch nicht im Kreis der Familie, doch mit dieser unter ein und demselben Dach. Es war Johann David Balthasar Clauer, geboren 1732, also siebzehn Jahre älter als Wolfgang, gestorben 1796. Zwei von den dreizehn Briefen, die sich von Caspar Goethe erhalten haben, gelten seinem Schicksal. Elisabeth Mentzel, der wir so sorgfältige Untersuchungen über Goethes Knabenjahre, über seine Lehrer und seine Erziehung verdanken, hat auf Grund der Vormundschaftsakten im «Jahrbuch des Freien Deutschen Hochstifts» 1914/15 dargestellt, wie Clauer in das Goethesche Haus kam und welche Rolle er dort gespielt hat.

Der Vater Clauer war der Stadtarchivar Dr. jur. Clauer gewesen, der ein Haus in der Bocksgasse besaß; die Mutter Eva Maria war eine geborene Bethmann, Tochter des Churmainzischen Münzmeisters, der zuletzt 1687 Münzmeister des Deutschen Ordens auf der alten Reichsburg Friedberg in der Wetterau wurde. Die Familie war vermögend, aber der Vater starb bald und dann auch die Mutter, und diese setzte für ihren schon als Knaben kränklichen Sohn 1750 den Rat Goethe als Vormund ein, mit der Bestimmung, in allen wichtigen Dingen den Stadtschultheißen Textor um Rat zu fragen. Es bestand eine weitläufige Verwandtschaft zwischen den Textors und den Bethmanns, die noch der Frau Rat in ihrem Alter zugute kam. Senckenberg hat auch wissen wollen, daß der Stadtschultheiß den jungen Clauer zum Gatten seiner jüngsten Tochter Anna Maria ausersehen hatte, die später den Pfarrer Starck heiratete. Kurz, die Vormundschaft beruhte auf Verwandtschaft und auf Neigung.

Die Briefe des Kaiserlichen Rates an den Dr. Burggrave, den Textorschen Hausarzt, über die «betrübte Verfassung» des jungen Clauer zeigen an, daß die Krankheit im Alter von dreiundzwanzig Jahren ausbrach. Es gelang Clauer noch im Januar 1755 in Göttingen «privative» zu promovieren, dann ging er nach Frankfurt ohne die Kraft, sich für einen Beruf zu entscheiden, und erhielt eine Wohnung im Haus seines Vormunds. Vermutlich wurden ihm Zimmer im dritten Stock eingeräumt, wo auch Wolfgang sein Giebelzimmer hatte. Das Leid des Wahnsinns, dem Rationalismus zum Trotz von Shakespeare und von der Antike her das große Thema der Genieperiode in Dichtung und Malerei, es wohnte dem werdenden Poeten Tür an Tür. Clauers Diener, der eine Livree trug, wird im unteren Dachboden einen Raum gehabt haben, wo sich im alten Haus mehrere holzverschlagene Kammern befanden. Im Frühjahr 1769 — es war die gleiche Zeit, da Wolfgang, krank aus Leipzig zurückgekehrt, den Eltern Sorge und Kummer bereitete — steigerte sich Clauers Trübsinn zu Tobsuchtanfällen. Es wurden von nun an zwei Grenadiere ins Haus genommen, die sich Tag und Nacht abwechselten und auch im Haus verköstigt wurden. Wir wissen den Lohn, wir kennen die Namen. Ruhige Zeiten wechselten mit Ausbrüchen des Paroxysmus. Noch 1783 wurde für die wachthabenden Grenadiere eine Gurtenbettlade angeschafft. In diesem Jahre, nach dem Tod ihres Gatten, setzte Frau Aja durch, daß dem Kranken ein anderes Heim verschafft wurde. Fünfundzwanzig Jahre hatte er im Goetheschen Haus gewohnt.

Von all diesen Dingen läßt uns Goethe nur wissen, Clauer sei «durch Anstrengung und Dünkel blödsinnig geworden», habe aber dem Vater und ihm selbst als Schreiber gute Dienste geleistet. Der Knabe diktierte dem Kranken die Predigten, wie er sie sonntags in der Kirche gehört, und legte dem Vater zu Mittag stolz schon die Texte vor, er diktierte ihm sein französisches Drama, das er unter dem Einfluß des französischen Theaters um 1760 niedergeschrieben, und diktierte auch sein Josephsepos und seine frühen «Vermischten Gedichte». Das Nachschreiben habe den

Kranken beruhigt, indem es ihn an seine Universitätsjahre erinnert habe. Die heftigen Szenen, das Bedrückende der ganzen Situation, davon schweigt «Dichtung und Wahrheit». Dabei sind die Vormundschaftsberichte an die Behörde, die Abrechnungen wie die Krankheitsberichte in den Jahren 1763, 1764, 1765 von Wolfgang selber geschrieben. Von 1767 bis zu ihrer Eheschließung 1773 schrieb sie Cornelia ohne jede Korrektur in ihrer gleichmäßig schönen und klaren Hand, beide Kinder natürlich nach des Vaters Diktat.

Die Vormundschaft war in jeder Beziehung eine Bürde, menschlich wie finanziell, denn es war nicht leicht, das Vermögen des Kranken, über 43 000 Gulden, immer gut anzulegen und zu verwalten; es gab auch Prozesse. Der Kranke aber war dem Vater dankbar. Er fühlte sich in seiner ruhigen und gütigen Hand geborgen. In zweimaliger Eingabe setzte er bei der Behörde durch, gegen den Einspruch seiner Vettern, der Bankherrn Johann Philipp und Simon Moritz Bethmann, daß außer dem Kostgeld dem Kaiserlichen Rat als Geschenk «die noch lange nicht des Vormunds Liebe und Treue vergeltende jährliche Ergötzlichkeit» von 100 Reichsthalern auszuzahlen sei. Auch dieses Zeugnis gehört in das Charakterbild des Kaiserlichen Rates. — —

Sag ich's euch, geliebte Bäume,
Die ich ahndevoll gepflanzt,
Als die wunderbarsten Träume
Morgenrötlich mich umtanzt.
Ach, ihr wißt es wie ich liebe
Die so schön mich wieder liebt,
Die den reinsten meiner Triebe
Mir noch reiner wiedergibt. — —

Bringet Schatten, traget Früchte,
Neue Freude jeden Tag.

Nur daß ich sie dichte, dichte,
Dicht bei ihr genießen mag! —

Das sind Verse von 1780. — Man begreift die Beseligung des Dichters über die Freiheit seines Daseins im stillen Gartenhaus an der Ilm. Weimar war — für das erste Jahrzehnt — ein beglückender Szenenwechsel.

DER SOHN

Dichtung und Wahrheit» ist ein Buch des Friedens und des Ausgleichs. Man kann Seite für Seite nachfühlen, wie der Dichter beruhigen, ja begütigen will. Feindschaften, wie etwa der böse Bruch mit Lavater, werden mit einer schönen, gerechten Würdigung des großen Geistlichen abgetan. Am deutlichsten tritt das am Ende des Siebzehnten Buches hervor, wo Goethe den «beruhigten Zustand des deutschen Vaterlandes» preist, obwohl doch politische wie soziale Gegensätze heimlich-unheimlich drohend überall spürbar waren. Und so hat der Dichter auch versucht, die Explosionen zu verschweigen, die zwischen Vater und Sohn zweifellos und nicht selten stattgefunden haben müssen. Ganz ist es ihm nicht gelungen. Man spürt ein Ressentiment. Und schon die Tatsache, daß er vom Vater immer wieder spricht, während er von der Mutter fast ganz schweigt, beweist, daß hier ein Trauma vorlag, das ihn veranlaßte, immer wieder sich gegen den Vater zu rechtfertigen, zu behaupten, obwohl dieser nun doch schon dreißig Jahre tot war. Ja, es gab Konflikte, um so mehr, je erwachsener Wolfgang wurde: die Wahl der Universität Leipzig, während der Sohn doch in Göttingen studieren wollte, die Entscheidung für die Jurisprudenz statt für die Altertumswissenschaft, das mangelnde Verstehen seitens des Vaters, als der Sohn krank und pflege- und liebebedürftig aus Leipzig nach Hause kam, die Kritik Wolfgangs am elterlichen Haus und dessen Einrichtung unter dem Einfluß des Louis Seize-Geschmacks in

Leipzig, das Fehlen einer gedruckten Doktordissertation, «in Frankfurt Ehre damit einzulegen», die Frage, ob Frankfurter Advokatur oder Fürstendienst in Weimar, das alles waren Störungen des Einvernehmens und das um so mehr, als die Charaktere von Vater und Sohn in vielem grundverschieden waren. Dazu kam der Gegensatz der Generationen. Er ist ein biologisches Gesetz, dem sich schwer ein Mensch entziehen kann. Die Zeitalter, Barock hier, Sturm und Drang dort, kann es größere Gegensätze geben? Was schrieb Georg Melchior Kraus im März 1775: «Im eifrigsten Gespräche kann ihm einfallen aufzustehen, fortzulaufen und nicht wieder zu erscheinen. Er ist ganz sein, richtet sich nach keiner Menschen Gebräuche.» Und der Prinz von Meiningen aus derselben Zeit: «Er hat seine eigenen Ideen und Meinungen über alle Sachen; über die Menschen, die er kennt, hat er seine eigene Sprache, seine eigenen Wörter.» Nun, der Vater war auch «ganz sein». Im Sechsten Buch zeichnet Goethe die Situation: «Ein zwar liebevoller und wohlgesinnter, aber ernster Vater, der, weil er innerlich ein sehr zartes Gemüt hegte, äußerlich mit unglaublicher Konsequenz eine eherne Strenge vorbildete, damit er zu dem Zwecke gelangen möchte, seinen Kindern die beste Erziehung zu geben, sein wohlgegründetes Haus zu erbauen, zu ordnen und zu erhalten; dagegen eine Mutter fast noch Kind, welche mit und in ihren beiden Ältesten zum Bewußtsein heranwuchs; diese drei, wie sie die Welt mit gesundem Blicke gewahr wurden, lebensfähig und nach gegenwärtigem Genuß verlangend. Ein solcher in der Familie schwebender Widerstreit vermehrte sich mit den Jahren. Der Vater verfolgte seine Absicht unerschüttert und ununterbrochen; Mutter und Kinder konnten ihre Gefühle, ihre Anforderungen, ihre Wünsche nicht aufgeben.»

Die kritischsten Jahre waren 1765 und 1768 bis 1770. Wolfgang wollte in Göttingen studieren. «Aber mein Vater blieb unbeweglich. Was auch einige Hausfreunde, die meiner Meinung waren» — vermutlich war Uffenbach unter diesen Hausfreunden, der ja ganz nach Göttingen inklinierte — «auf ihn zu wirken suchten: er bestand darauf, daß ich nach Leipzig gehen müsse. Die Hartnäckigkeit bestärkte mich in meiner Impietät, daß ich mir gar kein Gewissen daraus machte, ihm stundenlang zuzuhören, wenn er mir den Kursus der Studien und des Lebens, wie ich ihn auf Akademien und in der Welt zu durchlaufen hätte, vorerzählte und wiederholte.» «Impietät» sagte Goethe, weil er zunächst noch innerlich fest entschlossen war, gerade das Gegenteil von dem zu tun, was der Vater ihm vortrug. Das alles war 1765. Und fünf Jahre später: «Mit dem Vater konnte sich kein angenehmes Verhältnis anknüpfen; ich konnte ihm nicht ganz verzeihen, daß er bei den Rezidiven meiner Krankheit und bei dem langsamen Genesen mehr Ungeduld als billig sehen lassen, ja daß er anstatt durch Nachsicht mich trösten sich oft auf eine grausame Weise über das was in keines Menschen Hand lag geäußert, als ob es nur vom Willen abhinge. Aber auch er ward auf mancherlei Weise durch mich verletzt und beleidigt.»

Bei alledem müssen wir uns hüten, die pädagogische Situation von 1760 aus dem Gesichtswinkel von heute zu betrachten. Der Kaiserliche Rat konnte sich als Vater nur so verhalten, wie es die Gesellschaft und seine Zeit von ihm verlangten. Das Recht des Kindes, davon sprach damals niemand, wohl aber von der christlichen Verantwortung der Erziehung. Der Vater war nach der Lehre der Kirche der Stellvertreter Gottes in der Familie. Von Luther haben wir das Wort: «Ich wiel lieber einen todten son denn einen vngetzogenen haben.» Ein harter Klang. Der kleine Johannes hatte drei Tage lang mit demütiger Bittschrift den Vater um Versöhnung gebeten. Die Mutter, Melanchthon, Cruciger, Justus Jonas — alles Luthers nächste Umgebung — verwenden sich für das Kind. Der Reformator verweist auf Paulus. Er und sein Haus müßten Vorbild sein. Er hatte das Ansehen der papalen, der höchsten väterlichen Autorität der

Christenheit weithin gestürzt. Aufruhr, Blut und Greuel waren die Folgen gewesen. Es galt, eine neue Autorität zu schaffen. Das war schwer genug. Noch sieben Monate vor seinem Tode verließ der Reformator Wittenberg, weil, wie er klagte, Bürger und Studenten nur ein sündiges, gottloses Leben führten. «Ich mag solchen Säuen nicht ein Hirt sein.» Mit Mühen gelang es den Professoren, dem Bürgermeister, ihn in seine Stadt heimzuholen. Aus solchen Sorgen heraus muß man die Härte des Vaters verstehen. Sie ward Beispiel und Vorbild für die Erziehung in der lutherischen Kirche. Im puritanischen England war es nicht anders. In dem Moderoman der Zeit, der gerade im Goethehaus, besonders von Cornelia, geliebt wurde, in Richardsons «Clarissa Harlowe» von 1748 sagt der Vater: «I will be obeyed. I have no child, I will have no child, but an obedient one.» Wer die sozialen Verhältnisse um diese Zeit kennt, der weiß, wie hart oft die ältere Generation der jüngeren gegenüber trat. In der Familie Senckenberg nahm man den Sohn — eben den späteren Reichshofrat — aus dem Elternhaus, um ihn vor der Roheit der Mutter zu schützen. In der Familie von Reineck flüchtete die Tochter vor der Roheit des Vaters. Gewiß, das waren Skandalfälle und wurden in der Stadt auch als solche betrachtet, aber sie wären doch kaum möglich gewesen, wenn nicht überhaupt die Stellung der Eltern viel autoritativer gewesen wäre als heute. Und so auch im Hause am Großen Hirschgraben.

Was Vater, Mutter!
Ich stand, als ich zum erstenmal bemerkte,
Die Füße stehn.
Und reichte, da ich
Diese Hände reichen fühlte.
Und fand die achtend meiner Tritte,
Die du nennst Vater und Mutter.

Es spielte sich sicher manch Prometheusdrama im Kleinen ab, bürgerlich, aber nicht minder leidenschaftlich.

Hast du nicht alles selbst vollendet,
Heilig glühend Herz?

Andererseits wäre es ganz falsch, nun diese Gewitterstörungen als Dauerzustände anzusehen. «Ah si vous l'aviez vu dans sa maison paternelle, si vous aviez vu, que ce grand homme est vis à vis de son Père et de sa Mère le plus honnête et le plus aimable des fils, vous auriez eu, ah vous auriez eu bien de la peine, um ihn nicht durchs Medium der Liebe zu sehen!» So Zimmermann an Charlotte von Stein. Das Medium der Liebe war im Grunde doch das Gesetz, das Vater und Sohn verband. Die Noblesse, mit der er seinem Wolfgang 1200 Gulden, beinahe die Hälfte seines Jahreseinkommens, als Studentenwechsel nach Leipzig und nach Straßburg schickte — unter den Kommilitonen galt Wolfgang als «très riche» —, die großzügige Gastfreundschaft, mit der er die zahlreichen Freunde des Sohnes als Gäste in sein Haus aufnahm, das alles spricht seine eigene Sprache.

Zudem gab es vieles, rein von der Lebensführung des Alltags her, was Vater und Sohn verband. Da waren die Gärten draußen vor dem Wall mit Hunderten von Obstbäumen, und da war vor allem der Weinberg vor dem Friedberger Tor mit den Weinstöcken und den Spargelreihen. «Es verging in der guten Jahrszeit fast kein Tag, daß nicht mein Vater sich hinaus begab, da wir ihn denn meist begleiten durften und so von den ersten Erzeugnissen des Frühlings bis zu den letzten des Herbstes Genuß und Freude hatten. Wir lernten nun auch mit den Gartengeschäften umgehen, die, weil sie sich jährlich wiederholten, uns endlich ganz bekannt und geläufig wurden. Nach mancherlei Früchten des Sommers und Herbstes war aber doch zuletzt die Weinlese das Lustigste und am meisten Erwünschte; ja es ist keine Frage, daß wie der Wein selbst den Orten und Gegenden, wo er wächst und getrunken wird, einen freiern Charakter gibt, so auch diese Tage der Weinlese, indem sie den Sommer schließen und zugleich den Winter eröffnen, eine unglaubliche Heiterkeit verbreiten. Lust und Jubel erstreckt sich über eine ganze Gegend. Des Tages hört man von allen Ecken und Enden Jauchzen und Schießen, und des Nachts verkünden bald da bald dort Raketen und Leuchtkugeln, daß man noch überall wach und munter diese Feier gern so lange als möglich ausdehnen möchte. Die nachherigen Bemühungen beim Keltern und während der Gärung im Keller gaben uns auch zu Hause eine heitere Beschäftigung, und so kamen wir gewöhnlich in den Winter hinein ohne es recht gewahr zu werden.»

Aus diesem «Herbst», von dem die Briefe der Frau Rat öfters sprechen, ist dann «vinum hortense» geworden, der Gartenwein, der neben dem Bodenheimer in Fässern im Keller lag und den der Vater besonders gern trank, weil er leicht — «genieße leichten Rebenmost»! — und weil es eben sein eigener Wein war. Viele Frankfurter hatten ihren Gartenwein; denn noch war die Stadt von Weingärten umgeben und «Bier und Aepfelwein war vor den gemeinen Mann».

Indes der Vater Goethe war auch ein Blumenliebhaber und -züchter. Als in Darmstadt eine berühmte Aloe zu sehen war, fuhr die ganze Familie, Unkosten 15 Gulden, nach Darmstadt. Wie systematisch der Rat auch hier vorging, darüber gibt uns seine Bibliothek Auskunft. Er besaß unter anderem das berühmte «Systema Naturae» von Carl Linné, Stockholm 1748, mit dem sich Wolfgang schon in der Jugend beschäftigte. Es besaß die Bücher von Bennemann: «Gedanken über das Reich der Blumen, Dresden 1740» und «Die Tulpe zum Ruhm ihres Schöpfers und zum Vergnügen edler Gemüter beschrieben, 1741». Die erste Tulpe in Europa hatte aus türkischem Samen im Frühling 1559 in einem Augsburger Garten geblüht; nun war sie auf Gemälden, auf Majoliken und Porzellan schlechthin die Blume des Barockzeitalters geworden. Aber Johann Caspar besaß auch, gleichfalls von Bennemann: «Die Rose zum Ruhm ihres Schöpfers und zum Vergnügen edler Gemüter beschrieben, 1742.» Er besaß die «Blumen-Arzney-Küchen und Baum Garten-Lust, Stuttgart 1728», besaß die «Bewährten Garten Geheimnisse, Nürnberg 1734» und schließlich auch Jacob Herveys «Erbauliche Betrachtungen über die Herrlichkeit der Schöpfung in Gärten und Feldern. Aus dem Englischen in 3 Bänden Hamburg 1755».

Wer Goethes Werk kennt, der weiß, welch große Rolle der Schöpfungsgedanke in seiner Dichtung, aber auch in seinem naturwissenschaftlichen Schrifttum spielt. Er hat ihn mit seinem Vater geteilt. Und wer um Goethes Wirken in Weimar weiß, wer sein Bemühen um den Garten hinter dem Haus am Frauenplan und um den Garten vor der Stadt, um den Park an der Ilm und den Park von Belvedere kennt, wem die Fülle seiner botanischen Studien und Schriften gegenwärtig ist, dem wird sich nicht verschließen, wie sehr sich in Weimar ausgewirkt hat, wozu im Elternhaus durch den Vater der Grund gelegt wurde.

Was aber vor allem immer mehr Frieden ins Haus brachte, war, daß jetzt, nach bestandenem Straßburger Examen, Vater und Sohn sich in der juristischen Zusammenarbeit fanden. Gewiß, eine gedruckte Dissertation lag nicht vor, aber Wolfgang hatte den Straßburger Licentiatus juris erworben, und das galt in Frankfurt dem Doktortitel gleich. Sozial gehörte Wolfgang damit zum ersten der sieben Stände. Nun durfte er alle «Sorten von Seiden-Zeug, es seyen geblühmte, gestreiffte oder glatte» tragen, «wie auch Westen von Drap d'Or und Drap d'Argent und guldene Uhren», freilich ohne Juwelen. Für die Verlobung waren ihm als Brautschatz «500 Gulden werth in Jubelen» gestattet, aber nicht mehr, «bey Straff fünfzig Reichsthaler». So nach der Kleiderordnung vom 10. September 1731. Man muß sich diese Kleiderordnungen einmal durchlesen, um zu empfinden, wie gestaffelt und abgegrenzt die Stände nebeneinander geordnet waren und wie gedrückt und im Grunde gedemütigt die meisten Bürger lebten. Freiheit der Persönlichkeit gab es im alten Frankfurt nicht.

Dem Vater war durch seine Ernennung zum Kaiserlichen Rat zwar keine öffentliche juristische Tätigkeit, keine Advokatur erlaubt, aber er hatte längst Mittel und Wege gefunden, unter der Hand als Gutachter tätig zu sein; er war, wie es im Siebzehnten Buch heißt, «als gründlicher, ja eleganter Jurist manchem Vertrauten als Rechtsfreund zur Hand, indem die ausgefertigten Schriften von einem ordinierten Advokaten unterzeichnet wurden.» Besonders günstig wirkte sich dabei aus, daß nach Abzug des Grafen Thoranc der Kanzleidirektor Moritz mit den Seinen, «sehr werte Freunde meiner Eltern», den ersten Stock bezogen hatte. Er «besorgte die Rechtsangelegenheiten mehrerer kleiner Fürsten, Grafen und Herren». Dasselbe tat sein Bruder, der Legationsrat Moritz. Auch dort, wo «Dichtung und Wahrheit» die Abneigung des Vaters gegen die Höfe und den Hofdienst betont, wird doch die Verbindung mit den Geschäftsträgern der umliegenden Fürsten und Herren zugegeben. Das Hochstift hat gelegentlich solche juristischen Gutachten des Vaters, etwa für die Grafen von Ysenburg, aus dem Autographenhandel erwerben können.

Weiter kam man bei Konkursen und Kaiserlichen Kommissionen mehrmals in Berührung. Goethes Vater und vor allem der Legationsrat hielten als Juristen viel aufeinander. «Beide standen gemeiniglich auf der Seite der Kreditoren, mußten aber zu ihrem Verdruß gewöhnlich erfahren, daß die Mehrheit der bei solcher Gelegenheit Abgeordneten für die Seite der Debitoren gewonnen zu werden pflegt.» Konkurssachen also, Gläubiger und Schuldner! Und der Kaiserliche Rat ist strikt für die Geldgeber! Merkwürdig, daß auch hier Wolfgang, der Sohn, aufnehmen sollte, was den Vater als juristisches Problem bewegt hatte. Und höchst charakteristisch, wie er es tat. Er hob es ins Geistige, ins Menschliche. In Weimar, als Mitglied des Geheimen Conseils, diktierte er am 16. August 1781 seinem Schreiber ein «Votum über die Konkurs-Konstitution vom 25. Mai 1780». Es war die Zeit, da sich auch im Herzogtum Weimar der Handel ausweitete. Dazu brauchten die Kaufleute aber Kredit. Geld erhielten sie jedoch nur gegen Sicherheit, und als Sicherheit galt allein Grundbesitz. Dessen Wert stellte ein Taxator fest; da dieser aber persönlich haftete, bemaß er ihn zu niedrig. Gegen dieses alles wandte sich Goethe. Daß Grundbesitz, die Erde, daß die «tote Scholle» allein Sicherheit für geliehenes Geld wäre, das sei grundfalsch. Der Mensch, sein Fleiß, seine Rührigkeit, seine Anstelligkeit, seine Ordnung, das sei vorzüglich zu betrachten. Es ginge nicht an, den Tätigen und den Untätigen mit gleichem Maße zu messen. «Der Credit ist etwas Geistiges», formulierte er; und so brachte er einen veralteten Gesetzentwurf zu Fall.

Einen besonderen Aufschwung erhielt die geheime Kanzlei des Vaters, als im Herbst 1771 der Sohn seine eigene Advokatur im Haus «Zu den drei Leyern» eröffnete. Von etwa dreißig Prozessen, in denen er tätig war, sind die Akten erhalten. Vater und Sohn berieten gemeinsam die Fälle. «Wir besprachen uns darüber, und mit großer Leichtigkeit machte ich alsdann die nötigen Aufsätze. Wir hatten einen trefflichen Kopisten zur Hand, auf den man sich verlassen konnte, und so war mir dieses Geschäft eine um so angenehmere Unterhaltung, als es mich dem Vater näher brachte, der mit meinem Benehmen in diesem Punkte völlig zufrieden, allem übrigen was ich trieb, gerne nachsah, in der sehnlichen Erwartung, daß ich nun bald schriftstellerischen Ruhm einernten würde.» Ja, als Wolfgang im Sommer 1774 mit Lavater zur Lahn und zum Rhein reist, übernimmt der Vater die Kanzlei inzwischen allein.

Für Goethe, den «Wanderer», den «Seefahrer», waren die Verhältnisse in der Vaterstadt zu eng. Ihm grauste bei dem Gedanken, daß er hier leben sollte. «Das Unverhältnis des engen und langsam bewegten bürgerlichen Kreises zu der Weite und Geschwindigkeit meines Wesens hätte mich rasend gemacht», heißt es in einem Brief vom 11. August 1781. Vom Vater aber betont er immer wieder, daß er in seiner

Lebenssphäre zufrieden war. «Meinem Vater war sein eigner Lebensgang ziemlich nach Wunsch gelungen», heißt es im Ersten Buch von «Dichtung und Wahrheit». «Persönlich war mein Vater in ziemlicher Behaglichkeit» sagt das Achte Buch. «Der Vater, in seinen verjährten Liebhabereien und Beschäftigungen ein zufriedenes Leben führend, war behaglich, wie einer, der trotz allen Hindernissen und Verspätungen, seine Pläne durchsetzt», wiederholt das Zwölfte. An diese Zeugnisse müssen wir uns halten.

Das Jahr 1775 brachte die Wirren der Lililiebe. Wir wissen, daß die Eltern sich Susanna Magdalena Münch als Schwiegertochter gewünscht hatten. Der Rat Goethe war nicht intolerant, aber die Reformierten hatten doch in Frankfurt eine schwierige Stellung, obwohl ihre führenden Familien die ersten Kaufleute der Stadt waren. Es konnte vorkommen, daß bei Trauungen Spottlieder gesungen wurden. Innerhalb der Stadt besaßen sie bis 1787 keine Kirche. Sie mußten in das hessische Bockenheim zum Gottesdienst fahren. Daher gibt es heute noch in Frankfurt in den Häusern dieses Bekenntnisses das Wort vom «reformierten Rindfleisch», das man um neun Uhr aufsetzte, wenn die Kutschen zum Bockenheimer Tor hinausrollten und das um zwölf Uhr gar war, wenn die Familien vom Gottesdienst zurückkamen. Als im Jahre 1747 erörtert wurde, ob man den Bau einer reformierten Kirche innerhalb der Stadt erlauben solle, sprach sich der Rat Goethe dagegen aus, war aber für einen Bau außerhalb der Wälle unter dem Schutz der Kanonen der Reichsstadt. Und was Lili als Schwiegertochter betraf, so war der Lebenszuschnitt des Bankhauses dem Vater zu aufwendig. Das Problem löste sich dadurch, daß Wolfgang selbst sich zu einer Ehe nicht entschließen konnte, die ihn, wie die Dinge zunächst aussahen, an die Enge eines Lebens in Frankfurt binden mußte. Der Brief an Gustgen Stolberg vom 14. bis 19. September, ein Tagebuch der Zerrissenheit, offenbart das Auf und Ab der Stimmungen, in denen der Dichter damals lebte. Aber gerade aus den letzten Wochen zeigt ein Brief an Lavater noch einmal mit einem Bild der Familie aus der Intimität des Alltags, wie traulich man im Grunde zu einander stand: «Zimmermann ist fort, und ich bin bis zehn im Bette liegen blieben, um einen Katarrh auszubrüten, mehr aber um die Empfindung häuslicher Innigkeit wieder in mir zu beleben, die das gottlose Geschwärme der Tage her ganz zerflittert hatte. Vater und Mutter sind vors Bett gekommen; es ward vertraulicher diskutiert, ich hab meinen Tee getrunken und so ists besser. Ich hab wieder ein Wohngefühl in meinen vier Wänden. Wie lange es währt.»

Am 30. Oktober verließ Goethe Elternhaus und Vaterstadt. Die Dichtung, die ihn in den letzten Monaten beschäftigt hatte, war der «Egmont». Nichts hat so sehr den Beifall des Vaters gefunden wie dieses Drama. Vermutlich war es das religiöse Thema, das seine besondere Teilnahme erregte, die Auseinandersetzung zwischen Katholizismus und reformiertem Bekenntnis. Tag und Nacht habe er den Sohn angespornt. Jede Szene wurde vorgelesen, und nichts wünschte der Vater so, als das Stück fertig und gedruckt zu sehen. Er hoffte, «der gute Ruf seines Sohnes sollte dadurch vermehrt werden.» Denn das war nach den mancherlei Schwierigkeiten der versöhnende Abschluß. Der Vater wußte um das Außerordentliche in der Erscheinung seines Sohnes. Er glaubte an ihn. Er freute sich des Ruhmes, der durch Wolfgang auf das Haus «Zu den drei Leyern» fiel. Es ist rührend zu sehen, wie er Ende des Jahres 1776 sich das Gedicht «Seefahrt» abschreibt, das ihm der Sohn als Trost und zur Bekräftigung der Hoffnung aus Weimar geschickt hatte:

Doch er stehet männlich an dem Steuer:
Mit dem Schiffe spielen Wind und Wellen,
Wind und Wellen nicht mit seinem Herzen.
Herrschend blickt er auf die grimme Tiefe
Und vertrauet, scheiternd oder landend,
Seinen Göttern.

Es ist das einzige Gedicht, das wir in der Handschrift von Johann Caspar Goethe besitzen.

«Dichtung und Wahrheit» schließt mit einem Zitat aus dem «Egmont». Am 7. November morgens um fünf Uhr fuhr Goethes Wagen durch das Erfurter Tor in die Stadt Weimar ein. Aus dem ersten Weimarer Jahr ist keine Korrespondenz mit dem Elternhaus erhalten; daß es sie selbstverständlich gegeben hat, beweist der Brief vom 6. November an die Mutter, Tante Fahlmer und den Kornhändler Johann Caspar Bölling, der ein Freund der Eltern war. «Schreibt mir mehr, denn ich kann nicht schreiben.» Im nächsten Jahr, am 8. Juni 1777, starb Cornelia in Emmendingen, für den Bruder, die Mutter, aber vor allem auch für den Vater, der sehr an seiner Tochter gehangen hatte, ein schwerer Schlag. «Mein Mann», schreibt die Frau Rat an Lavater, «war den gantzen Winter kranck, das harte Zuschlagen einer Stubenthüre erschröckte ihn, und dem Mann muste ich der Todes Bote seyn von seiner Tochter, die er über alles liebte.»

Im Herbst, am 1. November, schickt Goethe an Charlotte von Stein, «Trauben aus meiner Heimat, wie sie dies Jahr worden sind». Die hatten also die Eltern gesandt, aus dem Weingarten vor dem Friedberger Tor. Die Begleitbriefe sind nicht erhalten. Am 8. November schreibt er an Charlotte: «Die Bäume sind angekommen, 30 an der Zahl, gute Kirschbäume, auch wenige Obstbäume guter Sorten. Wie und wann sollen sie nach Kochberg?» Auch hier handelt es sich vermutlich um eine erbetene Zusendung seitens des Vaters in Frankfurt.

Indessen dieser Vater war jetzt ein kranker Mann. Das Alter ist dunkel. Die Kräfte schwinden. Immerhin, der Vater führte sein Ausgabenbuch eigenhändig noch zwei Jahre bis zum 10. September 1779. Dann bricht es jäh ab. Gleich mit dem nächsten Tag beginnt Frau Rat ihrerseits ein Kassenbuch zu führen. Die Briefe über die Katastrophe fehlen wie so viele andere auch, aber der Sohn war über die Krankheit des Vaters unterrichtet. Unter dem 9. August, also einen Monat vor dem Schlaganfall, in dem Schreiben, mit dem er der Mutter seinen und des Herzogs Besuch ankündigt, heißt es: «Das Unmögliche erwart' ich nicht. Gott hat nicht gewollt, daß der Vater die so sehnlich gewünschten Früchte, die nun reif sind, genießen solle; er hat ihm den Appetit verdorben und so seis. Ich will gerne von der Seite nichts fordern, als was ihm der Humor des Augenblicks für ein Betragen eingibt.» Anderthalb Wochen, nachdem die Krankheit dem Vater die Feder aus der Hand genommen hatte, am 19. September, trafen der Herzog und der Dichter bei den Eltern ein. Die Mutter schreibt darüber ihren wohl berühmtesten Brief, den vom 24. September, an die Herzogin Anna Amalia in Weimar. Erst spricht sie von sich, dann von ihrem Gatten: «Endlich der Auftrit mit dem Vater, das läßt sich nun gar nicht beschreiben — mir war Angst er stürbe auf der stelle, noch an dem heutigen Tag, daß Ihro Durchlaucht schon eine zimmliche Weile von uns weg Sind, ist er noch nicht recht bey sich, und Frau Aja gehts nicht ein Haar beßer — Ihro Durchlaucht können Sich leicht vorstellen, wie vergnügt und seelig wir diese 5 tage über geweßen sind.» Goethe selbst schreibt an Charlotte gleich am Tag nach der Ankunft: «Meinen Vater hab ich verändert angetroffen; er ist stiller und sein Gedächtnis nimmt ab.»

Der Rat hat dann noch zwei und ein halbes Jahr gelebt, mit immer abnehmender Anteilnahme an dem, was um ihn vorging. Die wohl letzte Unterschrift unter einer Urkunde von Ostern 1780 ist zittrig, und man merkt, daß die Hand beim Schreiben nicht vorwärtsrückte. Noch ein Kassaeintrag im Hausbuch für ¼ Pfd. Melberschen Tee ist vom 28. Juni 1780. Im Oktober 1780, gerade während des Besuchs der Herzogin Anna Amalia, traf den Kranken ein neuer schwerer Schlaganfall. Nach diesem konnte er nicht mehr selbst essen und nur noch schwer sprechen. Im Juni 1781 schreibt die Frau Rat, der Vater, wenn auch am Geiste sehr schwach, habe noch seine Freude an der Reparatur des unteren Stocks; auch die Wohnstube weise er allen Leuten, «dabey sagt Er: die Frau Aja hats gemacht, gelt das ist hübsch?» Zwei Monate darauf heißt es, die Geisteskräfte seien ganz dahin, Gedächtnis, Besinnlichkeit, alles sei weg. Das Leben, das der Rat führe, sei ein wahres Pflanzenleben. Am 25. Mai 1782 hatte Johann Caspar ausgelitten. Die Bestattung fand auf dem Peterskirchhof statt, innerhalb der Grabstätte der Familie Walther, wo auch seine Mutter Cornelia lag.

Wir kennen die Namen der Leidtragenden, die im Februar 1730 dem Weidenhofwirt Friedrich Georg Goethe auf seiner letzten Fahrt in sieben Kutschen gefolgt waren. Es waren Leinwandhändler, Kleiderhändler, Schneidermeister, Fettkrämer, Bender, mehrere Bierbrauer, Handwerksmeister und zwei Pastoren. Von dem Blatt, auf dem für den Leichenbitter die Namen derjenigen aufgeschrieben worden sind, denen der Tod des Kaiserlichen Rates anzusagen war, ist die Hälfte erhalten. Da lesen wir unter anderem: Dr. jur. Johann Christian Lucius, jüngerer Bürgermeister von 1779 und Hauptmann — ein Lucius hatte seinerzeit die Bewillkommnungsrede für Karl VII. und die Kaiserin Amalie gehalten —, der Kanzleidirektor Moritz in der Anckergasse, der Gymnasialdirektor Albrecht, jetzt nicht mehr im Amt und deshalb nicht mehr im Barfüßerkloster, sondern in der Schnurgasse wohnend — es ist derselbe, bei dem Wolfgang etwa zwanzig Jahre früher hebräisch gelernt hatte. Ferner lesen wir den Namen der Madame Bernus im Saalhof am Main. Der Bankier Bernus war vielleicht der reichste Mann der Stadt gewesen; sein «Saalhof», ein großes Barockpalais von 1715 und noch mit der alten romanischen Kapelle der Kaiserpfalz, ist schon erwähnt worden, als von dem Erbauer und dessen Gemälden die Rede war; er birgt heute das Historische Museum. Mit der Frau Rat teilte Emilie Bernus die Loge 9 im Theater; ihr Porträt von Anton Wilhelm Tischbein — Juwelen, Pracht und Seide — hängt im Goethemuseum. Dann die Madame

Fingerlin, gleichfalls eine Bankiersgattin, ein Herr von Loen, nicht der Schriftsteller, aber wie dieser ein Verwandter durch die Textors, wohnhaft in der Mainzergasse, weiter Madame Melber auf dem Hühnermarkt, die Tochter des Stadtschultheißen und Wolfgangs «lustige Tante», dann Madame Manskopf — die Firma groß in Manufakturwaren — in der Saalgasse, weiter der Kaufmann Streng in der Borngasse, ein Verwandter durch die Großmutter Cornelia, auch der Dr. Hoffmann in der Schnurgasse und der Kornhändler Bölling in der Buchgasse. Bölling war der Tarockfreund des Kaiserlichen Rates gewesen und später ein treuer Helfer der Mutter Goethe; sein Bild, Pastell, hängt neben dem berühmten Guckfenster im Arbeitszimmer des Vaters. Keineswegs aber zu vergessen, sondern als einer der ältesten Freunde mit Ehren unter den Leidtragenden zu nennen, «der treue Knecht aus Franken», der Rat Schneider im Rebstock. Die anderen Namen sind weggeschnitten. Aber was wir hier haben genügt. Man sieht, wie sehr sich das Ansehen der Familie gehoben hatte.

Man hat das Leiden des Kaiserlichen Rats mit einer Jugenderkrankung zusammengebracht. Hier begegnen wir noch einmal dem Namen Johann Christian Senckenberg. Ein merkwürdiger Mann, ein merkwürdiges Schicksal. Als Knabe hatte er das Unglück, den Vater, der ihn züchtigen wollte, auf einem Auge blind zu machen mit einem Stab, den ihm zur Gegenwehr die Mutter gereicht. Als Erwachsener war er ein bedeutender Arzt, ein angesehener Gelehrter. Seine großherzigen und segensreichen Stiftungen zugunsten seiner Vaterstadt tragen noch heute seinen Namen durch die Zeit. Er war ein Christ außerhalb der Kirche, ohne Gottesdienst, ein Separatist von persönlicher Frömmigkeit, zugleich aber ein unerbittlicher Moralist, hellhörig für jede sittliche Schwäche, von der er irgendwie erfuhr, die er aufschrieb — wie ein Engel des Gerichts. Jeder Mitbürger kommt in seinen Tagebüchern vor; auch Goethes Großmutter, die Frau Textor, auch Goethes Mutter, die

Frau Rat, werden hier «gezeichnet». Es ist Jüngster Tag. Niemand wünscht diese Tagebücher zu drucken. Niemand wünscht sie gedruckt zu sehen.

Johann Christian Senckenberg erzählt unter dem 25. März 1746: Rat Goethe sei im vergangenen Jahr in Aachen zur Kur gewesen, wo ihm ein Franzose gesagt hätte, er habe sich seine Krankheit auch nicht in der Kirche geholt. Indes auch ohne Krankheiten, wie Senckenberg sie im Sinn hat, treten Schlaganfälle auf, und nicht jede solche Krankheit hat Schlaganfälle zur Folge. Es läßt sich nicht feststellen, was an Senckenbergs Angabe wahr ist oder nicht. Er schöpfte oft genug, nach seinem eigenen Wort, aus der «Chronica Scandalosa». Möglicherweise ist Johann Caspar 1745 in Aachen gewesen. Es hätte auch kaum der Natur und noch weniger den Sitten der Zeit entsprochen, wenn er sich bis zu seinem achtunddreißigsten Lebensjahr gänzlich von Frauen ferngehalten hätte. Im Grunde ist das alles nicht eben von Belang; die Dinge werden nur erwähnt, um dem Vorwurf des Verschweigens zu begegnen.

Einundsiebzig Jahre ist Goethes Vater geworden. Er lebte als ein angesehener Mann in seiner Vaterstadt, und auch wenn Deutschlands größter Dichter nicht sein Sohn gewesen wäre, würde doch zum mindesten die Frankfurter Kunstgeschichte um ihn wissen. Als Sammler und Mäzen der Frankfurter Malerschule hätte hier sein Name auch heute noch Geltung.

Der Kaiserliche Rat hatte, soviel wir wissen, nur einen Feind. Das war Johann Heinrich Merck aus Darmstadt. Da dessen Äußerungen über Goethes Vater bislang weithin das Urteil über diesen geprägt haben, muß davon zum Schluß noch kurz gehandelt werden. Merck war ein kluger, vielseitig gebildeter und kenntnisreicher Mann, hatte in Gießen und Erlangen studiert, sich aber auch in Dresden an der Maler- und Zeichenakademie unter Hagedorn ausgebildet. Er war Beamter, Kriegszahlmeister, zuletzt Kriegsrat. Mit Goethe war er um Weihnachten 1771 bekannt geworden und ist diesem während seiner Frankfurter Zeit ein anregender und hilfreicher Freund gewesen, ritt damals häufig auf seinem Fuchs von Darmstadt nach Frankfurt, war gern gesehener Gast im Hirschgraben, besonders zu Messezeiten, und unterstützte den jungen Dichter auch finanziell, indem er kleine Schriften, etwa «Von deutscher Baukunst» und den «Brief des Pastors», vor allem aber den «Götz» auf seine Kosten bei Wittich in Darmstadt erscheinen ließ, Drucke, für die sich der Kaiserliche Rat versagte, weil er damals noch einen Frankfurter Juristen und keinen Skribenten zum Sohn haben wollte. Denn, sagt das Zehnte Buch von «Dichtung und Wahrheit», ein Poet «erschien in der Welt auf die traurigste Weise subordiniert als Spaßmacher und Schmarutzer, so daß er sowohl auf dem Theater als auf der Lebensbühne eine Figur vorstellte, der man nach Belieben mitspielen konnte». Auch im ersten Weimarer Jahr half Merck noch mit Geld aus. Wenn der Herzog ihm seinen Sohn aus dem Vaterhaus und der Vaterstadt entführe, noch dazu, um ihn in einen Hofdienst zu locken, dann sollte er auch dafür zahlen, wie es sich gehöre. Das war des Rats reichsbürgerliche Meinung.

Indes Merck war eine mit sich selbst und der Welt zerfallene Natur. «Wie Mephistopheles, er mag hintreten wohin er will, wohl schwerlich Segen mitbringt», so verdarb Merck dem Dichter durch Spott unschuldige Freuden und glückliche Stunden. Nicht einmal, viermal vergleicht ihn Goethe in «Dichtung und Wahrheit» mit Mephisto. Aber auch die Frau Rat schreibt: «den Mephistopheles kann er nun freilich niemals ganz zu Haus lassen». Das war im September 1779, also Jahrzehnte vor dem Erscheinen von «Dichtung und Wahrheit». Man sieht, die Bezeichnung für den Darmstädter Freund war in der Familie gang und gäbe. Das soll nicht überbetont werden. Man hat mit Recht auf dem Denkstein für Merck in Darmstadt 1958 aus einem seiner Briefe das Wort angebracht: «Wir sind doch nur insofern etwas, als wir was für andere sind.» Indes eine Haltung im Sinne des «Ich bin der Geist, der stets verneint» als gesellschaftliche Form des täglichen Umgangs, dergleichen war es wohl, woran man dachte, wenn man Merck den Mephisto-Namen zulegte. Worin diese mephistophelische Art bestand, das zeigt Mercks Brief an Anna Amalia vom 27. Oktober 1779: «Meine einzige Resource ist hier die treue Frau Aja, mit der ich zuweilen, wenn mir's wehe ist, einen Humpen alten Weines ausleere, indeß daß der Herr Rath seinen Frankfurter trinkt. Dieser alte Mensch ist ganz incorrigible, und die Filzerei ist so arg, daß wenn der Herzog vier Wochen [in Wahrheit vier Tage, vom 19. bis 22. September] in seinem Hause logiert, er der Frau nicht Einen Thaler Wochengeld mehr gibt. Dieser Mensch ist Goethes Vater und Frau Aja Eheliebster. Neulich hat er sich sehr gefreut, daß er's nicht war, der das Geld für des Herzogs Malereien auszulegen hatte; ich glaube, er hätte dafür nicht schlafen können. Warum nun Gott solche Menschen läßt, das mag ich nicht verantworten.»

Diesen Brief schrieb Merck als Gast des Kaiserlichen Rats, der gelähmt ihm gegenüber saß und schon wußte, warum er den leichtesten Wein trank. Daß der Vater in seiner Krankheit die Dinge nicht mehr alle übersah, wird jeder verstehen. Geizig ist dieser Mann, solange er gesund und recht bei Sinnen war, nie gewesen. Und was die Ausgaben «für des Herzogs Malereien» anlangt, so war man auch am Hof der Ansicht, daß Merck bei den Einkäufen von Gemälden für den Herzog nicht immer richtig handle, und es kam vor, daß Merck die Preise reduzieren mußte. Die Bilder waren zum Weitertransport nach Weimar im Großen Hirschgraben abgestellt gewesen. Daher kannte sie der Vater. Es waren Stilleben von de Heem.

Der Dichter selbst hat sich von dem Jugendfreund mit den Jahren mehr und mehr gelöst. Er hatte wohl durchschaut, daß Merck vom Hofadel in Weimar, den von Kalb und von Seckendorf, benutzt wurde, um den bürgerlichen Frankfurter Doctor zu entfernen. Merck ließ sich, natürlich gutgläubig, bereden, der Mutter im Hirschgraben ernste Sorgen um die Gesundheit des Sohnes in dem Weimarer Klima zu machen. Auch hat Merck selbst, in seiner Art sich zu geben, Anstoß in Weimar erregt. Mag die Giannini, Oberhofmeisterin der Herzogin Luise, recht haben oder nicht, wenn sie behauptet, Merck habe die Frau von Stein eine Kanaille genannt, auf alle Fälle, Charlotte und Merck waren Gegenpole und Goethe stand jetzt bei Charlotte. Die Aufführung der «Iphigenie» in Ettersburg zu Ehren Mercks blieb ohne Eindruck auf diesen. Für die Seelenklänge eines erträumten Griechenlands der Humanität, für die Worte ihrer Priesterin blieb er taub. Auch später der «Torquato Tasso» fand keinen Beifall. Da war viel zu viel Hofluft. «Kerls» wie der «Götz», das war und blieb Mercks Welt. Zu allem kam: Merck stellte sich in der für Goethe so wichtigen Frage des Zwischenkieferknochens auf die Gegenseite. Er lehnte Goethes Entdeckung, wenn auch ohne den Dichter zu nennen, öffentlich ab. Zur Zeit der Italienischen Reise war, wie Bräuning-Oktavio nachgewiesen hat [Jahrbuch d. Goethe-Ges. 1952/53] der Bruch zwischen den einstigen Freunden vollzogen. Indes als Merck 1788 mit der von ihm gegründeten Baumwollspinnerei fallierte, trat Goethe für den Jugendfreund ein, indem er Carl August zu einer großzügigen Hilfe veranlaßte.

Je älter und welterfahrener Goethe wurde, um so mehr wuchs sein Verständnis für die Natur des Vaters. Der Vater war ein Sammler von Kunstwerken gewesen. Der Sohn teilte mit ihm die gleiche Neigung. Das zwölfte Kapitel in «Wilhelm Meisters Wanderjahren» gilt einem Sammler, schildert seinen Hausrat und erzählt von einem ehrwürdigen Kruzifixus aus Elfenbein in seinem Besitz. Arme und das Kreuz waren in früheren Zeiten abhanden gekommen. Durch glückliche Fügung wurde erst das Kreuz, wurden später auch die Arme dem Eigentümer zugeführt. «Und so enthalte ich mich nicht, die Schicksale der christlichen Religion hieran zu erkennen, die, oft genug zergliedert und zerstreut, sich doch endlich immer wieder am Kreuze zusammenfinden muß.» Das Sammeln erhält im Symbol eine religiöse Weihe. Das Bewußtsein um die Geschichtlichkeit allen Lebens, das ja dem Sammeln zugrunde liegt, wird unter einen frommen Aspekt gestellt. Dem Kapitel ist im Aufbau des Romans eine bedeutungsvolle Stelle zugewiesen. Es bildet den Übergang zur «Pädagogischen Provinz» mit seiner Religion der vierfachen Ehrfurcht, der Ehrfurcht vor dem was über uns ist, der Ehrfurcht vor dem was unter uns und neben uns ist, vor dem was in uns ist. —

Manches Herrliche der Welt
Ist in Krieg und Streit zerronnen;
Wer beschützet und erhält,
Hat das schönste Los gewonnen.

Das sind späte Verse aus dem Jahre 1827, aber sie sind Goethe aus dem Herzen gesprochen. Man wird danach verstehen, daß es im Grunde ein unterdrückter Aufschrei ist, wenn es in den «Tag- und Jahresheften» zum Jahre 1795 heißt: «In dem Laufe dieser Jahre hatte meine Mutter die in manchen Fächern wohlausgerüstete Bibliothek, eine Gemäldesammlung, das Beste damaliger Künstler enthaltend, und was sonst nicht alles verkauft, und ich sah, indem sie dabei nur eine Bürde los zu sein froh war, die ernste Umgebung meines Vaters zerstückt und verschleudert.»

Der Maler Georg Melchior Kraus, der als Frankfurter Kind ja Bescheid wußte, hat erklärt, der Dichter habe Gang und Haltung der Hände vom Vater übernommen. Er hatte aber noch anderes ererbt, was sich im Alter immer deutlicher ausprägte: die peinliche Ordnungsliebe und in gewissem Sinne auch die Pedanterie. Der kuriale Altersstil in den Briefen der späten Jahrzehnte läßt nicht vermuten, daß sie im Zeitalter der Romantik geschrieben worden sind. Sie erinnern an das Barock. Goethe wußte sehr wohl, daß Pedanterie eine Schwäche sein konnte, aber mehr noch sah er in ihr eine Tugend. «Alle bedeutenden Menschen, die in ihrer Lebensweise eine gewisse Regelmäßigkeit und feste Grundsätze besitzen, die viel nachgedacht haben und mit den Angelegenheiten des Lebens kein Spiel treiben, können sehr leicht in den Augen oberflächlicher Beobachter als Pedanten erscheinen», zeichnet sich Soret am 3. Februar 1830 als Worte aus Goethes Munde auf. «Gott segne die Pedanten, da sie so viel Nützliches beschicken». Dies Wort fiel 1823 gegenüber der Tochter des Professors Hoepfner, deren Vater der Dichter aus der Wertherzeit her kannte; und dann betonte er, es schicke sich durchaus für ihn, die Partei der Pedanten zu übernehmen, da er selber einer sei. Über seinen Hausmaler Schmeller fällt das Wort: «Die Pedanten haben eigentlich immer recht»; und deshalb ließ er seit 1824 sich von diesem Künstler und von keinem anderen eben seiner Werktreue halber alle Personen zeichnen, die ihn besuchten oder die ihm nahe standen. Über 130 Blätter mit Porträts liegen heute noch im Weimarer Goethehaus, die so entstanden sind. An all diese Urteile des Dichters muß man sich erinnern, wenn man die Tatsache richtig werten will, daß Goethe in «Dichtung und Wahrheit» von der «Hartnäckigkeit» und ausdauernden Willensfestigkeit des Vaters spricht.

Gleich am Anfang von «Dichtung und Wahrheit» steht, leitmotivhaft, der Satz: «Mein Vater war lehrhafter Natur und wollte gern dasjenige, was er wußte und vermochte, auf andere übertragen.» Nun, für Goethe gilt dasselbe. Er war hierin der echte Sohn seines Vaters und hat das auch gewußt und oft genug ausgesprochen. Der Unterschied ist nur der: was der Vater weitergeben wollte, waren Kenntnisse, war Wissen, was der Sohn zu übertragen suchte, war Weisheit.

Warum sucht ich den Weg so sehnsuchtsvoll,
Wenn ich ihn nicht den Brüdern zeigen soll?

So heißt es in der «Zueignung» — Zueignung nämlich an den Leser —, die der Dichter gleichsam als beschriftetes

Portal vor seine «Sämtlichen Werke» gesetzt hat. Der Vater war eine «lehrhafte», der Sohn eine «pädagogische Natur». Es ist dieselbe Anlage, aber auf einer höheren Ebene. Es handelt sich nicht um Vermittlung von Fertigkeiten und Tatsachen, sondern um das Weisen eines Weges, um Führung, Seelenführung.

Soll ich umsonst die Augen offen haben? — —
Für andre wächst in mir das edle Gut,
Ich kann und will das Pfund nicht mehr vergraben!

Brüder nennt Goethe die, die er anspricht, und es geht ihm um Trost:

Es schweigt das Wehen banger Erdgefühle.

Es geht ihm um Lebenshilfe.

So kommt denn, Freunde, wenn auf euren Wegen
Des Lebens Bürde schwer und schwerer drückt.

Wie schließen «Wilhelm Meisters Wanderjahre»? «Wirst du doch immer aufs neue hervorgebracht, herrlich Ebenbild Gottes! und wirst sogleich wieder beschädigt, verletzt von innen oder von außen.» Und so wird Wilhelm Meister Wundarzt, nach soviel Fahrt durch die Welt. Die Kunstform des Romans, vordem schon gelockert, löst sich nun ganz auf. An ihre Stelle treten Lehren, Maximen, Reflexionen und in 11 Terzinen der Ansatz zu einem Preis Schillers, der den Meistergrad vertritt. In seinem Zeichen endet eine Dichtung, die unter dem Namen William Shakespeares begonnen hat.

Nicht die Genugtuung über und Freude am eignen Wissen ist die treibende Kraft, sondern über Zeiten und Geschlechter hinweg die Verantwortung für den Bruder Mensch:

Und dann auch soll, wenn Enkel um uns trauern,
Zu ihrer Lust noch unsre Liebe dauern.

Das ist die schönste Frucht, die durch glückliche Fügung letzten Endes aus der Saat im Haus «Zu den drei Leyern» reifen durfte.

Wer Goethes Leben und Dichten kennt, wird diese ererbte, veredelte, pädagogische Anlage überall im Kleinen wie im Großen finden. Da wird 1783 der junge Fritz von Stein ins Haus genommen und genießt Goethes Erziehung. Dem Schweizer Hirtenknaben Peter im Baumgarten war einige Jahre vorher dasselbe zuteil geworden. Der unglückliche Johann Friedrich Krafft — nach dem Pseudonym Krafft vermutlich ein Treibgut der Sturm und Drang-Bewegung — wird von dem Dichter jahrelang unterstützt: «Dem, der sich mit den Wellen herumarbeitet, ist's wohl der schlimmste Herzensstoß, wenn der Willige am Ufer nicht Kräfte genug hat, alle zu retten, die der Sturm gegen seine Küste treibt», heißt es in Goethes erstem Brief an Krafft von 1778. Das Bild von der Seefahrt ist zu dem von der Seenot geworden, und Krafft, dieser unglückliche Schiffbrüchige, war nicht der einzige, der des Dichters Hilfe brauchte. Goethe war ein verschwiegener Wohltäter. Bekannt ist uns noch Plessing, von dem «Die Harzreise im Winter» spricht. Auch Karl Philipp Moritz erhoffte alles von Weimar. Die «Iphigenie» ist im Sinne der «Zueignung» ein pädagogisches Drama wie «Wilhelm Meister» ein pädagogischer Roman. Von sehr vielem anderen zu schweigen. Es ist kein Zufall, daß eine Sammlung aus den Werken des Dichters unter dem Titel «Trost bei Goethe» erscheinen konnte.

Das alles ist nicht das Verdienst des Vaters. Diese Wendung vollzog sich bei Goethe erst in Weimar. Die Begegnung mit Charlotte von Stein verdrängte den furiengetriebenen Orest als innere Mitte eines werdenden Griechendramas und setzte an seine Stelle Iphigenie, die Helfende, die Heilende, die Priesterin. Immer entschiedener vollzog sich bei Goethe die Wendung vom Ich zum Du, zum Mitmenschen. Die Weimarer Jahre haben die Blüte, die vollen Früchte gezeitigt, aber die Frömmigkeit des Frankfurter

Vaterhauses und seine Geistigkeit waren der Keimboden, aus dem sich das alles entwickeln konnte.

Erziehung, Verantwortung, ja das war auch dem Vater Aufgabe des Lebens gewesen. Der Rahmen war enger und die Stufe niedriger. Und doch hat der Sohn das Gefühl gehabt, daß die Ansätze zum Werden seiner Persönlichkeit irgendwie, bewußt oder unbewußt, aus dem Vorbild dieses Vaters heraus geprägt worden sind. Eine der letzten Aussagen, die wir von ihm über den Vater haben, steht am Ende des Sechsten Buches der «Zahmen Xenien» in einem Gedicht etwa vom Februar 1827. Hier überdenkt Goethe, was er im einzelnen seinen Vorfahren, den Ahnen zu danken habe, dem Urahnherrn, der Urahnfrau, dann der Mutter und eben auch dem Vater.

Und was hat er dem Vater zu danken? — «Des Lebens ernstes Führen.» — Kann man über einen Mann — da nach dem Außerordentlichen hier nicht zu fragen ist — Rühmenswerteres sagen als eben dies?

DIE SCHWESTER CORNELIA

Das Haus am Großen Hirschgraben war die Welt. Cornelia war fünf Jahre alt, als der Vater zwei kleinere gotische Häuser aus der Zeit um 1600 zu einem neuen, großen, aber wiederum gotischen Haus umbaute; das war 1755. An die alten Gebäude wird das Kind kaum viel Erinnerungen gehabt haben, aber das neue machte es sich zu eigen. Es hatte Geheimnisse genug, die Fülle enger und geräumiger Zimmer, Stockwerk über Stockwerk hervorragend, die großen gewölbten Kellerräume, die noch aus dem Altbau stammten, mit den Weinfässern vom Großvater her, weiter die Speckseiten, Schinken und Würste, die an langer Querstange von der Decke hingen, im Erdgeschoß die Speisekammer neben der Küche, hier wie dort lockende Gerüche, oben aber, unter dem Steildach, der doppelte Boden, voller Gerümpel und Gerät mit den Mägdekammern.

Die Kinder waren zu dritt. Der Bruder Wolfgang war ein Jahr älter, Hermann Jacob zwei Jahre jünger. Immer wieder hatte Cornelia die Freude, sich mit ihren beiden Brüdern über eine Wiege beugen zu dürfen. 1754 kam als Schwesterchen die Catharina Elisabeth an, 1757 die Johanna Maria, 1760 der Georg Adolf. Aber die Geschwister wurden nicht alt. Nach zwei Jahren oder nach einem Jahr wurden sie in kleinen Särgen aus dem Hause getragen. Nur Hermann Jacob erreichte das Alter von sieben Jahren. Und so haben wir uns für das erste Jahrzehnt Cornelias von 1750 bis 1759 eine Spielgemeinschaft von drei Geschwistern im Haus «Zu den drei Leyern» vorzustellen. «Meine Kinder», erzählt die Frau Rat der jungen Bettina Brentano, «machten mit ihren Schulkameraden auf Tischen und Stühlen die tollsten halsbrechenden Gefährlichkeiten; sie bauten Türme und spielten Festungsbelagerung und stürzten über Hals über Kopf mit samt einem unterminierten Turm herunter; und ich kann Gott danken, wenn die Knochen ganz waren und wollte gern die wackeligen Glieder der Möbel wieder in Leim bringen.» Und vielleicht kam es wirklich vor, daß man, ungesehen vom Vater — denn Kinder lieben gerade ihre heimlichen Spiele —, «Katholische Kirche» spielte.

Da lebten wir Kinder Lutheraner
Von etwas Predigt und Gesang,
Waren aber dem Kling und Klang
Der Katholiken nur zugetaner:
Denn alles war doch gar zu schön,
Bunter und lustiger anzusehn. – –

Zum Chorrock, der uns wohl gefiel,
Gaben die Schwestern ihre Schürzen;
Handtücher, mit Wirkwerk schön verziert,
Wurden zur Stola travestiert;
Die Mütze mußte den Bischof zieren,
Von Goldpapier mit vielen Tieren.

So zogen wir nun im Ornat
Durch Haus und Garten, früh und spat,
Und wiederholten ohne Schonen
Die sämtlichen heiligen Funktionen;
Doch fehlte noch das beste Stück.
Wir wußten wohl, ein prächtig Läuten
Habe hier am meisten zu bedeuten;
Und nun begünstigt uns das Glück:
Denn auf dem Boden hing ein Strick.
Wir sind entzückt, und wie wir diesen
Zum Glockenstrang sogleich erkiesen,
Ruht er nicht einen Augenblick:

Denn wechselnd eilten wir Geschwister,
Einer ward um den andern Küster,
Ein jedes drängte sich hinzu.
Das ging nun allerliebst vonstatten,
Und weil wir keine Glocken hatten,
So sangen wir Bum Baum dazu.

Diese Verse schrieb Goethe am 23. Februar 1813; eine gelegentliche Erzählung von Riemer, von 1803 bis 1812 als Lehrer Augusts im Hause, scheint dem Dichter Erinnerungen aus der eigenen Kindheit geweckt zu haben, die mit Riemers Bericht verschmolzen sein mochten. Das «Goldpapier mit vielen Tieren» erwarben die Kinder, so erzählt das Erste Buch, in den Läden am Dom, Vorsatzpapier Augsburger Herkunft, das Entzücken heutiger Sammler.

Im Januar 1759 starb, sieben Jahre alt, der kleine Hermann Jacob, und nun waren Cornelia und Wolfgang allein. Goethe sagt, ein eigentliches Verhältnis, so wie es ihn mit Cornelia verband, hätte er zu dem jüngeren Bruder nie gehabt. Als dieser starb, das weiß Bettina zu berichten, habe Wolfgang keine Träne vergossen und sich über die Trauer der Eltern fast geärgert. Wie aber die Mutter nach acht Tagen den Trotzigen gefragt, ob er denn den Bruder nicht lieb gehabt habe, sei Wolfgang in seine Kammer geeilt und habe unter dem Bett eine Menge Papier hervorgeholt, mit Lektionen und Geschichten beschrieben; das alles habe er gemacht, um den Bruder zu lehren. So wird er auch damals schon der Schwester gegenüber einen kindlichen Lehrer gespielt haben, an dem die Kleine mit aller liebenden Gläubigkeit hing.

Fünf Jahre, bis Wolfgang zur Universität geht, sind nun Schwester und Bruder zusammen. Sie haben den Ärger mit der Seidenraupenzucht des Vaters; und es ist ein Nachklang davon, wenn Wolfgang 1765 nach Hause schreibt, man könne Leipzig wohl eine Maulbeerstadt nennen, da ringsherum solche Bäume und Hecken gepflanzt seien und trotz Beschädigung durch die Preußen wieder sproßten und gut gediehen. Auch auf den Frankfurter Wällen versuchte man damals die Seidenraupenzucht. Cornelia teilte mit dem Bruder das Paradies des großväterlichen Hauses, bis die fritzisch-habsburgische Spannung einen Riß in die Familie brachte. Sie erlebte mit Wolfgang die Erregungen des Puppenspieles und hat auf dem Schemel davor oder mit den Drähten hinter dem Schlußprospekt, hörend oder deklamierend, das Glück der Verzauberung durch die Welt der Bühne erfahren. Als mit der Besatzung, im Januar 1759, fremdes Militär in das Elternhaus eindrang und französisches Theater im nahen Junghof Pariser Stücke spielte, da wurde das Französische, in dem Cornelia seit 1757 unterrichtet war, fast zur zweiten Umgangssprache. In einem Schema zu «Dichtung und Wahrheit» heißt es: «Bediente, Kammerdiener, Köche, zu denen wir Kinder uns hielten, verstanden kein Wort deutsch, und wir mußten ihnen ihre Sprache ablernen; dafür uns denn mancher gute Bissen zuteil ward.» So hat Cornelia ihr erstes Französisch gelernt, in der Küche des Goethehauses. Warum sollte es nicht auch ein Küchenfranzösisch geben, da man doch von einem Küchenlatein spricht!

Schließlich spielte man selber Theater, beim Schöffen von Olenschlager, der dem Vater befreundet war und auf dem nahen Roßmarkt sein Haus hatte. Der Stern an der deutschen Bühne war damals, zwischen Gottsched und Lessing, Johann Elias Schlegel. Der war in Meißen geboren, war in Schulpforta Mitschüler Klopstocks und mit Gellert und Gottsched bekannt. Als Privatsekretär des Sächsischen Gesandten lebte er in Kopenhagen, und so geriet er an die dänische Geschichte. Also gaben die Kinder im Hause von Olenschlager das Spiel vom König «Kanut». Es war ein glücklicher Griff. Das Stück hat durchaus seine Bedeutung. Moralischer Nihilismus steht gegen Humanität, ein im Grund zeitloses Thema. Wolfgang spielte den weisen und gütigen König, der junge Sohn des Hauses dessen Feldherrn, den aufrührerischen, ehrgeizigen, ruchlosen Ulfo, Cornelia die Esthrite, des Königs Schwester und Ulfos Gattin.

Wer hatte das Drama vorgeschlagen? Goethe sagt es in «Dichtung und Wahrheit»: der Schöff Olenschlager, der nicht nur literarisch, sondern auch staatspolitisch interessiert war. Er hatte die «Wahl- und Krönungsdiarien» von 1742 und 1745 herausgegeben und hat dem jungen Wolfgang die Einzelheiten der Goldenen Bulle erklärt. Als Goethe 1831, ein Jahr vor seinem Tode, die Verleihung der Reichsämter durch den Kaiser und Fausts Belehnung mit der Küste gestaltete, da erinnerte er sich der Gespräche, die er in der Jugend mit dem Schöff von Olenschlager gehabt und griff für seine Darstellung auf die Goldene Bulle zurück. Vielleicht ist es gar kein Zufall, daß der Vierte Akt des Zweiten Teiles, der nun entsteht, in einem Rückgriff über siebzig Jahre, in der Form einer Alexandrinertragödie über die Bühne geht, eben in jener Verssprache, die Wolfgang einst handhabte, als er den König Kanut sprach. Und so hat auch Cornelia ihre Esthrite rezitiert:

Ach! Ulfo kannst du mich so grausam hintergehn?
Hast du mich hergeführt, hier deinen Tod zu sehn?
Bedenke, was du schon für deinen Trutz gelitten.
Mein Bruder ist erzürnt, und du willst ihn nicht bitten.

Die letzten Worte, nach Ulfos Tod, lagen beim König, also bei Wolfgang:

Wie dauert mich sein Blut.
Warum entstellte doch die Untreu seinen Mut! –
Doch ach! Die Ruhmbegier, der edelste der Triebe,
Ist nichts als Raserei, zähmt sie nicht Menschenliebe.

Man spielte in Reifrock und Perücke, also in der Tracht der Gesellschaft. Das historische Kostüm kam erst in den siebziger Jahren auf. Auch den «Britannicus» von Racine ließ Olenschlager aufführen, der französischen Sprache wegen.

Es war eben nicht nur der Vater Goethe, der die Pflege fremder Idiome in den Mittelpunkt der Erziehung rückte. Cornelia gab hier die Agrippine, Wolfgang den Nero, der junge Olenschlager den Britannicus. Es war keine kleine Leistung für die Kinder.

Aber auch im eigenen Elternhaus war die Atmosphäre literarisch. Der Vater war ein Gelehrter, besaß eine außergewöhnliche Bibliothek in vielen Sprachen. Verantwortungsbewußt wie er war, legte er auf die Erziehung der Kinder den größten Wert. Es war die Zeit, wo die englische Literatur, der englische Einfluß die Vormachtstellung von Paris in Deutschland zu brechen begann. Alle Welt wollte jetzt auch Englisch lernen, und so kam ein Wanderlehrer auf seine Kosten, der versprach, in einem vierwöchigen Einführungskurs jeden mit dem fremden Idiom vertraut zu machen. Der Vater griff zu, lernte selbst zusammen mit den beiden Kindern; von 1762 an – Cornelia ist jetzt zwölf Jahre – ist regelmäßiger englischer Sprachunterricht aus dem Haushaltbuch nachzuweisen. Das Italienische lehrte der Vater die Tochter selbst. Es war ihm wohl die liebste aller fremden Sprachen, barg es doch die Erinnerung an die Italienreise von 1740 in sich. Noch 1775, als Lenz Cornelia in Emmendingen besuchte, schenkte sie ihm Petrarcas Gedichte und schrieb ihm, bezeichnend für sie wie für Lenz, die Verse aus dem 24. Sonett ins Stammbuch:

Si vedrem chiaro poi, come sovente
Per le cose dubbiose altri s'avanza
E come spesso indarno si sospira.

Zum Sprachunterricht kam die musikalische Ausbildung. Beide Eltern sangen und spielten Instrumente, waren musikalisch, und Cornelia scheint es in hohem Grade gewesen zu sein. Der Besuch der Konzerte wird in ihren Briefen getreulich erwähnt. Am 25. August 1763 hört sie, selbst dreizehnjährig, den siebenjährigen Mozart. Den Tod des französischen Komponisten Schobert, der in der Mitte des

Jahrhunderts in Frankreich und England eine große Rolle spielte, beklagt sie in einem Brief vom Oktober 1767; immer wieder müsse sie seine Kompositionen spielen, kaum, daß ihr andere Musik noch gefallen könne. Später, als der Bruder unter Herders Anregung im Elsaß dem Volkslied nachgeht, macht sie sich dessen Melodien zu eigen, schreibt sie für Herder ab und singt sie zur Zither oder zur Laute in Frankfurt, in Karlsruhe, in Emmendingen. Merck lobt ihr Klavierspiel. Es werden kleine Hauskonzerte im Goethehaus gegeben, und Cornelias musikalische Ausbildung dauert bis zum November 1773, das heißt bis zur Eheschließung, an. Trotzdem, so sehr die Musik ihren eigenen Neigungen entgegenkam, Cornelia hat unter dem Zwang des Unterrichts, der ihr wenig Freiheit ließ, gelitten. Die Spannungen zwischen Vater und Tochter haben vor allem hier ihren Grund; und da beide in ihrem Temperament sehr einander glichen, Cornelia so gar nichts vom Frohsinn der Mutter besaß, sondern wie der Vater schwer lebte, lag hier ein Druck auf der Seele des sich entwickelnden Mädchens, an dem sie zu tragen hatte.

Indes sie stand damit kaum allein. Die Beschreibung Frankfurts von 1747 gibt an: «Die Music-Liebhaberey ist, seitdem der berühmte Telemann hier gewesen, in große Aufnahme gekommen. Es sind wenig angesehene Familien, da nicht die Jugend auf einem oder dem anderen Instrument oder im Singen unterwiesen wird.» Telemann, der große Vorgänger und Rivale Bachs, war von 1712 bis 1721 als Kapellmeister an der Barfüßer- und an der Katharinenkirche in Frankfurt gewesen und hatte 1713 im Verein mit fünfzehn führenden Persönlichkeiten des Bürgertums das Freitagskonzert im Hause Braunfels gegründet. Er machte die Kantaten und Oratorienmusik in der Stadt heimisch und beherrschte diese auch gesellschaftlich. Dann holten ihn die Hamburger als Kapellmeister an ihre fünf Hauptkirchen. Der Senat fuhr ihm in sechsundzwanzig Kutschen bis in die Vierlande entgegen. Frankfurt hatte seinen großen Komponisten verloren, aber die Musikpflege und Musikleidenschaft erhielt sich, zum Kummer der Kinder. Die frohe Jugendzeit war dahin. Sie mußten nun üben.

Die Pädagogik des Barock war hart. Ein Blatt nach des Dichters Diktat von Riemers Hand, das ursprünglich in das Zweite Buch von «Dichtung und Wahrheit» eingefügt werden sollte, dann aber beiseite gelegt wurde, enthält allgemeine Betrachtungen Goethes über das Problem der Erziehung: «In dem Verhältnis der Kinder zu den Eltern entwickelt sich der sittliche Charakter der ersten eigentlich gar nicht. Der Abstand ist zu groß. Dankbarkeit, Neigung, Liebe, Ehrfurcht halten die jüngern und bedürftigen Wesen zurück, sich nach ihrer Weise zu äußern. Jeder tätige Widerstand ist ein Verbrechen. Entbehrungen und Strafen lehren das Kind schnell auf sich zurückgehen und, da seine Wünsche sehr nahe liegen, wird es sehr bald klug und verstellt. Damals wenigstens war es so; und mich dünkt, in den neuern Zeiten, da man den Kindern mehr Spielraum ließ, da man sie mit den Eltern auf gleichen Fuß setzte, da ein gemeinschaftliches ‚Du' [im 18. Jahrhundert galt das ‚Sie'] das Obere und Untere verband, ist es nicht anders geworden: es gibt wohl grobe Kinder, aber keine aufrichtigen.» So Goethe 1811. Spricht hier Goethe der Sohn oder spricht hier Goethe der Vater? Auf alle Fälle, welch tiefer pädagogischer Pessimismus nach einem Jahrhundert der Aufklärung!

Gegenüber dem väterlichen Übergewicht hatten sich aber nun eben die Geschwister nur um so enger zusammengeschlossen und kultivierten ihre heimlichen Freuden. Zu denen gehörte die neueste deutsche Dichtung, vor allem Klopstock. Goethe erzählt, wie der Vater wohl die Werke von Canitz, Gellert, Hagedorn und Haller in schön gebundenen Ausgaben besaß, indes Klopstocks Hexametern, weil sie nicht reimten, eine ausgesprochene Abneigung entgegenbrachte. Die Kinder aber lernten sie auswendig, und ihre unvermittelte Deklamation einer besonders pathetischen Stelle führte zu einem kleinen tragikomischen Zwischenfall, wie auf der letzten Seite des Zweiten Buches zu lesen ist. Später hat der Vater seine Ansicht über Klopstock geändert; er erwarb den «Messias» in einer der frühsten Ausgaben der ersten drei Gesänge, der von 1751, empfing den Dichter im Oktober 1774 und März 1775 in seinem Hause und besuchte am 18. November 1777, wohl zusammen mit Frau Rat, eine öffentliche Vorlesung des Siebten Gesanges im «Roten Haus» auf der Zeil, wofür das Haushaltungsbuch die Ausgabe von 2 Gulden 24 Kreuzer angibt. Klopstock ist der erste deutsche Dichter gewesen, der in öffentlichen Abenden vorgetragen wurde.

Als um die Jahreswende 1765/1766 Cornelia konfirmiert und damit gesellschaftsfähig wurde, war der Bruder schon seit drei Monaten als Student in Leipzig. Cornelia war allein im Elternhaus zurückgeblieben, das junge Mädchen allein unter Erwachsenen. Plötzlich fehlt ihr die tägliche Aussprache, das vertraute Echo. Sie flüchtet in die Korrespondenz. Leider hat Goethe diese ihre Briefe, wie die des Vaters und der Mutter 1797, als er sich zu einer dritten Italienreise rüstete, verbrannt. So kennen wir ihre Briefe nur aus den Antworten. Im ersten Vierteljahr hat Wolfgang der Schwester fünfmal geschrieben, im Jahr 1766 drei Briefe, vier 1767, im letzten Jahr, 1768, nicht einen einzigen mehr. Naturgemäß hatte er anfangs mehr zu erzählen, da Leipzig, die Universität eine neue Welt waren; und was dann später an inneren Erlebnissen hinzukam, der Umgang mit den Leipziger Mädchen, die Liebe zu Käthchen Schönkopf, eignete sich nicht in allem für Briefe ins Elternhaus. Indes das war vielleicht nicht der einzige Grund, daß die Briefe karger wurden. Es war eben keineswegs eine vertraute Aussprache. Der Vater schob sich pädagogisch in Cornelias Antworten ein. Goethe erzählt im Achten Buch: «Mein Vater hatte nach meiner Abreise seine ganze didaktische Liebhaberei der Schwester zugewendet, und ihr bei einem völlig geschlossenen, durch den Frieden gesicherten und selbst von Mietleuten geräumten Hause fast alle Mittel abgeschnitten, sich auswärts einigermaßen umzutun und zu erholen. Das Französische, Italienische, Englische mußte sie abwechselnd treiben und bearbeiten, wobei er sie einen großen Teil des Tags sich an dem Klaviere zu üben nötigte. Das Schreiben durfte auch nicht versäumt werden, und ich hatte wohl schon früher gemerkt, daß er ihre Korrespondenz mit mir dirigiert und seine Lehren durch ihre Feder mir hatte zukommen lassen. Meine Schwester war und blieb ein indefinibles Wesen, das sonderbarste Gemisch von Strenge und Weichheit, von Eigensinn und Nachgiebigkeit, welche Eigenschaften bald vereint, bald durch Willen und Neigung vereinzelt wirkten. So hatte sie auf eine Weise, die mir fürchterlich erschien, ihre Härte gegen den Vater gewendet, dem sie nicht verzieh, daß er ihr diese drei Jahre lang so manche unschuldige Freude verhindert oder vergällt und von dessen guten und trefflichen Eigenschaften sie auch ganz und gar keine anerkennen wollte. Sie tat alles was er befahl und anordnete, aber auf die unlieblichste Weise von der Welt. Sie tat es in hergebrachter Ordnung, aber auch nichts drüber und nichts drunter. Aus Liebe oder Gefälligkeit bequemte sie sich zu nichts, so daß dies eins der ersten Dinge war, über die sich die Mutter in einem geheimen Gespräch mit mir beklagte.» Aber wir wissen, daß damals auch andere Frankfurter Väter ihren Töchtern nur wenig Freiheit gewährten, nur daß sie geistig vielleicht nicht so viel von ihnen verlangten, wie es bei Cornelia der Fall war. Verführungen auch in den obersten Klassen waren nicht selten, und allein im Patriziat sind in fünf Familien Töchter entführt worden, bei den von Barckhaus z. B. und den von Uffenbach. Von dem Fall, der am meisten Aufsehen erregte, dem des Fräulein von Reineck, Maria Salome und vier Jahre jünger als Wolfgang, erzählt Goethe selbst in «Dichtung und Wahrheit». Vor dem Zorn des empörten Vaters rettete sie sich nach Pappenheim, das im Reich für alle irgendwie Verfolgten Freistatt war. Die

Väter fragten nach «Standesgebühr und Herkommen» und dem Vermögen. Die Mädchen aber fragten ihr Herz.

Der Briefwechsel zwischen Wolfgang und Cornelia war von beiden Seiten ein pedantisch-pädagogischer Briefwechsel. Auch Wolfgang gab sich als Erzieher. Statt zu erzählen, belehrte auch er. Goethe ist immer eine bewußt pädagogische Natur gewesen Seine. großen Werke erhalten von dieser Seite her ihre führende und heilende Kraft.

«Wilhelm Meisters Lehr- und Wanderjahre», die Spruchpoesie des «Divan», die «Zahmen Xenien» leben von diesem didaktischen Zug. Ja, Fausts letzte Aufgabe ist, daß er die «Knaben Mitternachtsgeborne» lehren muß:

> Doch dieser hat gelernt:
> Er wird uns lehren,

und «Die eine Büßerin, sonst Gretchen genannt», bittet die «Mater gloriosa»: «Vergönne mir, ihn zu belehren.» Das Lehren wird ein heiliges Amt.

Und so lehrt denn auch der junge Wolfgang Goethe, bei der Bayerischen Nation an der Leipziger Universität seit dem 19. Oktober 1765 immatrikuliert. Nicht nur der Schwester, auch Käthchen Schönkopf gegenüber spielt er noch von Frankfurt her den Schulmeister: «wenn Sie diese Kleinigkeiten vermeiden wollen, so werden Sie inskünftige die besten Briefe schreiben»! Und nun hält er ihr neunzehn Fehler in der Rechtschreibung vor und setzt gegen Käthchens falsche Schreibungen – das einzige, was von diesem so liebenswürdigen sächsischen Mädchen auf uns gekommen ist – die richtigen. Cornelia aber hält er vor, was er eben im Colleg gelernt hat, mit Selbstgefühl, aber auch mit Selbstironie.

Im ersten Brief fingiert er einen Dialog. «Was würdest du sagen, Schwestergen, wenn du mich in meiner jetzigen Stube sehen solltest? Du würdest astonishd ausrufen: So ordentlich! so ordentlich Bruder! — da! — thue die Augen auf, und sieh! — Hier steht mein Bett! da meine Bücher! Dort ein Tisch aufgeputzt wie deine Toilette nimmer mehr seyn kann.» Im zweiten Brief rühmt er die Tafelfreuden am Mittagstisch bei Professor Ludwig, die Leipziger Lerchen, Fasanen, Rebhühner, Forellen. «Je ne goute pas la biere de Mersebourg. Amere comme la mort au pots.» Der Brief ist französisch, wie im ersten Englisches aufklingt. Im dritten, von Anfang Dezember, nachdem er am 21. Oktober angefangen hat, Vorlesungen zu hören, beginnt er nun den Präceptor zu spielen. «Sey stoltz darauf, Schwester, daß ich dir ein Stück der Zeit schencke, die ich so nohtwendig brauche. Neige dich für diese Ehre, die ich dir anthue, tief, noch tiefer, ich sehe gern, wenn du artig bist, noch ein wenig! Genug! Gehorsamer Diener. Lachst du etwann, Närrgen, daß ich in einem so hohen Tone spreche? Lache nur.» Das also war die Art und Weise, wie die Geschwister miteinander scherzten. «Aber mercke dirs, du sollst keine Romanen mehr lesen, als die ich erlaube.» Dann kommen Notizen aus dem Collegheft. Goethe hörte in Verbindung mit der Philosophie ein collegium mathematicum. «Was willst du von mir lernen? Willst du etwan wissen, daß die fallenden Cörper in ungleichen Zahlen geschwinder werden. Oder daß die Quadratwurzel von 16, 4 ist? Was machtest du mit denen Sachen? Nein ich will dich was bessers lehren.» Und nun kommt das Echo aus den Vorlesungen Gellerts: «Schreibe wie du sprichst», das war immer wieder Gellerts Lehre, um die Verschrobenheit des gezierten und pedantischen Stils durch einen lebendigen zu ersetzen. «Schreib deine Briefe auf ein gebrochenes Blat und ich will dir die Antwort und die Critick darneben schreiben. Aber lasse dir vom Vater nicht helfen. Das ist nichts. Ich will sehen, wie du schreibst. Jetzo werde ich den Anfang machen. Mercke diß: schreibe nur wie du reden würdest, und so wirst du einen guten Brief schreiben.» Es folgt, genau so wie später bei Käthchen Schönkopf, Wort für Wort eine ‚Critick über deinen Brief'. «‚Abzwecken' ist kein Briefwort. Sagst du es im gemeinen Leben? ‚Indem' ist nicht gut. ‚Subsistiren' ist nicht deutsch. ‚Herbst' setze lieber Weinlese. ‚Alschon' ist curial.» Am andern Tage, es ist Cornelias Geburtstag, setzt er in Versen ein, vers irreguliers, plaudernd über Frankfurter Stadtangelegenheiten, dann in fünffüßigen Jamben über seinen «Belsazar».

Fast ist der letzte Aufzug auch so weit
Als wie die andern sind. Doch wiß du das:
In Versen, wie hier die, verfertigt ich
Die fünfte Handlung. Dieses, Schwester, ist
Das Versmaß, das der Britte braucht, wenn er
Auf dem Coturn im Trauerspiele geht. —

Dann folgt, noch in Alexandrinern, der Erste Auftritt aus dem Ersten Akt dieses Stückes, der uns eben nur durch diesen Brief erhalten ist. «Es ist heute dein Geburtstag, ich sollte dir poetisch glückwünschen. Aber ich habe keine Zeit mehr, auch keinen Platz mehr. Werde klüger, so wie du älter wirst. Leb wohl.»

Indes noch geht das Schreiben nicht ab. Goethe setzt zum drittenmal ein, mehrere Tage später, denn Wolfgang beantwortet jetzt einen Brief Cornelias vom 6. des Monats, dem Datum also, an dem er dieses sein eigenes Schreiben begonnen hatte. Er fragt nach dem Frankfurter Konzert, dem Frankfurter Theater, erzählt von dem Leipziger. «Ich gehe manchmahl in die Comödie. Ich wünschte, daß ich dich mitnehmen könte.» Und dann, sein Lieblingsthema, Cornelias Lektüre. «Du bist über die Kinderjahre», die Schwester war eben fünfzehn Jahre alt geworden, «du mußt also nicht nur zum Vergnügen, sondern zur Besserung deines Verstandes und deines Willens lesen»! Derselbe Goethe, der später in «Dichtung und Wahrheit» sich über den Vater beklagte: «Hatten wir in langen Winterabenden im Familienkreise ein Buch angefangen vorzulesen, so mußten wir es auch durchbringen», schreibt der Schwester: «Nimm ein Stück nach dem andern», es handelt sich um

Addisons «Zuschauer», «in der Reihe, ließ es aufmercksam durch, und wenn es dir auch nicht gefällt, ließ es doch. Du mußt dir Gewalt antuhn». Betrachtungen soll sie über das Gelesene anstellen, schriftlich, der Bruder will darüber urteilen. Und wieder folgt eine Liste von Büchern, die gelesen werden sollen, Tasso, Cicero, und von solchen, die, wie der Decamerone, von Wolfgang verboten werden. Aus Molière will er Cornelia Auszüge machen. «Du siehst ich studiere doppelt, für mich und für dich.» Ja, mehr als das. «Laß das Liebe Mädgen, die Runckel, von dem was du ließt auch genießen. Es ist mit für sie, daß ich arbeite. Nimm die Stücke des Zuschauers, ließ sie ihr vor, frag ihre Gedancken und schreibe mir es. Auch das was sie sonsten denckt, alle ihre Gesinnungen, ich will für sie sorgen. Ich habe euch gar zu lieb. Siehe ich schreibe bey Nacht für euch. Aber ich höre keine Hippine [Horn des Nachtwächters]. Es ist schon 12. Noch was. Ich will auser dem Briefwechsel mit dir noch einen mit euch beyden anfangen und euch so viel ich kann zu nutzen suchen. Du hast Zeit dazu. Ihr sollt mich auch lieb haben und alle Tage wünschen: o wär er doch bald bey uns.» So aus der Studentenbude bei der Wirtin Straube im Haus «Zur Feuerkugel» in Auerbachs Hof.

Wie liebenswürdig, wie heiter, wie herzlich, bei aller knabenhaften Selbstüberhebung sind doch diese Briefe! Gewiß posiert Wolfgang, aber man fühlt, im Grunde lächelt er über den eigenen Ernst. So wie er hier schreibt, hat er mit der Schwester gesprochen, so lange sie im Elternhaus beisammen waren, die Gedanken tauschend über Menschen, Stadtneuigkeiten, Literatur und Theater, ohne Grenzen gegenüber den Nationen, spielend, so gut sie es eben vermochten, die Sprachen wechselnd, weil alles Neuland war, das sie erobern wollten. Es ist kein Wunder, daß dem Mädchen dieser Bruder jetzt fehlte.

Tatsächlich setzt sich die gute Cornelia nun hin, liest mit der kleinen Lisette Runckel die Œuvres mêlées der Madame Gomez [Paris 1724] und berichtet darüber dem Bruder nach Leipzig. Lisette war damals dreizehn Jahre alt. Ihr Vater war der Stallmeister der Freien Reichsstadt. Auf den großen, schönen Kupferstichen, die in Olenschlagers Krönungsdiarien den Einzug des Kaisers oder eines Kurfürsten wiedergeben, reitet er, während alle Glocken läuten und hundert Geschütze von den Wällen Salut schießen, mit Paukenschlägern und Trompetern in der Spitze des endlos langen Zuges von Reitern und von Kutschen und von Fußvolk. Wolfgang hatte bei ihm auch Reitstunde. Der Marstall und auch die Dienstwohnung Runckels lagen dort, wo heute die Börse steht. Es war damals schon so, genau wie heute. «Zum ersten und letzten war immer vom ‚Schließen' die Rede, und es konnte einem doch niemand sagen, worin denn eigentlich der ‚Schluß' bestehe, worauf doch alles ankommen solle: denn man fuhr ohne Steigbügel auf dem Pferde hin und her. Übrigens schien der Unterricht nur auf Prellerei und Beschämung der Scholaren angelegt. Vergaß man die Kinnkette ein- oder auszuhängen, ließ man die Gerte fallen oder wohl gar den Hut, jedes Versäumnis, jedes Unglück mußte mit Geld gebüßt werden, und man ward noch obenein ausgelacht.» Wolfgang, weil er kein Frühstück ausgab, erhielt immer die schlechtesten Pferde. Es bestand auch eine dienstliche Verstimmung zwischen dem Stadtstallmeister und dem Bürgermeister Textor. Die Ratsherren forderten die städtischen Wagen und Pferde für ihre persönlichen Bedürfnisse, ihre Gesellschaften, ihre Tarockpartien an. Kurz, Goethe, der später viel und gern geritten hat, gedenkt noch im Alter dieses seines Reitlehrers mit Ingrimm. Indes seine junge hübsche Tochter liebte er heiß. «Combien ne pouroit on attendre de son charmant genie, si on le cultivoit avec soin» — so schwärmt er von ihr in einem Brief an Cornelia vom März 1766 — «si on arrangoit ses pensees delicates et ses sentiments nobles par les œuvres les plus excellents de la religion, de la morale, et du bon gout.» Ja, Mädchenschullehrer will er Lisettes wegen werden. «J'ai eu la pensee, de devenir maitre d'une ecole du beau sexe après mon retour en ma patrie.» Als er 1768 wirklich nach Frankfurt heimgekehrt war, widmete Wolfgang dem Mädchen das hübsche Gedicht «Mit einem goldnen Halskettchen».

Dir darf dies Blatt ein Kettchen bringen,
Das, ganz zur Biegsamkeit gewöhnt,
Sich mit viel hundert kleinen Schlingen
Um deinen Hals zu schmiegen sehnt.

Gewähr dem Närrchen die Begierde,
Sie ist voll Unschuld, ist nicht kühn;
Am Tag ist's eine kleine Zierde,
Am Abend wirfst dus wieder hin.

Doch bringt dir einer jene Kette,
Die schwerer drückt und ernster faßt,
Verdenk ich dir es nicht, Lisette,
Wenn du ein klein Bedenken hast.

Lisette bedachte sich, wechselte klug und kühl die Anbeter und wartete bis zu ihrem achtundzwanzigsten Jahr. Cornelia hatte die Freundin besser durchschaut als Wolfgang, kannte ihre Koketterie und war auch eifersüchtig auf ihre Erfolge auf den Darmstädter Hofbällen; indes dem Bruder zulieb pflegte sie die Verbindung.

Am 30. März 1766 beginnt Goethe wieder einen Brief an die Schwester, den er am 11., 14. und 28. Mai fortsetzt und am 31. Mai schließt, über zwei Monate hin, eine englisch-französische Plauderei, und zwar in jenem Französisch, ohne Akzente, eigenwillig in der Grammatik, wie es eben zwischen den Geschwistern gang und gäbe war und in dem sie sich gegenseitig so gut verstanden, als ob es reines Frankfurter Deutsch sei. In diesem Brief tritt uns nun jene Persönlichkeit entgegen, der Cornelias große und wohl einzige Liebe gegolten, der junge Engländer Harry Lupton. Nur hier, in keinem der anderen Briefe, wird sein Name genannt, die Schwester scheint von ihm dem Bruder gegenüber geschwiegen zu haben; allein der Vater hat einen Brief Luptons an Wolfgang in deutscher Sprache beigelegt: «The father as he writes in an appendix to Luptons letter, would see if I write as good english as Lupton german. I know it not, but if he should write better then I, that is no wunder, if I should have been as long a time in England as he was in Germany, I would laugh of ten thousand scoolmastres.»

Wer war Harry Lupton? Goethe, im Sechsten Buch von «Dichtung und Wahrheit», erzählt über die Zeit der Königskrönung und seiner Abreise nach Leipzig, also die Monate vom April 1764 bis September 1765: «Mit einem jungen Engländer, der sich in der Pfeilschen Pension bildete, hatte ich viel Verkehr. Er konnte von seiner Sprache gute Rechenschaft geben, ich übte sie mit ihm und erfuhr dabei manches von seinem Lande und Volke. Er ging lange genug bei uns aus und ein, ohne daß ich eine Neigung zu meiner Schwester an ihm bemerkte, doch mochte er sie im stillen bis zur Leidenschaft genährt haben: denn endlich erklärte sich's unversehens und auf einmal. Sie kannte ihn, sie schätzte ihn, und er verdiente es. Sie war oft bei unsern englischen Unterhaltungen die dritte gewesen, wir hatten aus seinem Munde uns beide die Wunderlichkeiten der englischen Aussprache anzueignen gesucht, und uns dadurch nicht nur das Besondere ihres Tones und Klanges, sondern sogar das Besonderste der persönlichen Eigenheiten unseres Lehrers angewöhnt, so daß es zuletzt seltsam genug klang, wenn wir zusammen wie aus einem Munde zu reden schienen. Seine Bemühung, von uns auf gleiche Weise so viel vom Deutschen zu lernen, wollte nicht gelingen, und ich glaube bemerkt zu haben, daß auch jener kleine Liebeshandel, sowohl schriftlich als mündlich, in englischer Sprache durchgeführt wurde. Beide jungen Personen schickten sich recht gut füreinander: er war groß und wohlgebaut wie sie, nur noch schlanker: sein Gesicht, klein und eng beisammen, hätte wirklich hübsch sein können, wäre es durch die Blattern nicht allzusehr entstellt gewesen; sein Betragen war ruhig, bestimmt, man durfte es wohl manchmal trocken und kalt nennen; aber sein Herz war voll Güte und Liebe, seine Seele voll Edelmut und seine Neigungen so dauernd als entschieden und gelassen.»

Die Pfeilsche Pension lag vom Goetheschen Anwesen nur einige Häuser entfernt im Großen Hirschgraben zu Frankfurt. Ihr Inhaber, Leopold Heinrich Pfeil, geboren 1725, gestorben 1792, war Kammerdiener und Sekretär beim Herrn Rat gewesen, hatte dann aber in die Familie hineingeheiratet, indem er eine Demoiselle Walther heimführte, deren Vater, ein vermögender Bierbrauer, der Bruder von Wolfgangs Großmutter Cornelia Goethe gewesen war. Es war das eben jene Großmutter, nach der Cornelia ihren Namen hatte, die als Gattin von Georg Friedrich Goethe die Wirtin «Zum Weidenhof» gewesen, dann als Witwensitz sich die Häuser am Hirschgraben gekauft hatte und dort mit Sohn und Schwiegertochter, Goethes Eltern, zusammen wohnte. Der Enkel im Ersten Buch von «Dichtung und Wahrheit» schildert sie liebevoll, als immer weiß und reinlich gekleidet, schön, sanft, freundlich, wohlwollend. Sie starb als Greisin von 86 Jahren, im Frühjahr 1754. Das Puppentheater für Wolf war ihr letztes Weihnachtsgeschenk. Pfeils Gattin also war eine Nichte dieser Großmutter und somit eine Cousine von Goethes Vater.

Im Vierten Buch der Autobiographie wird auch die Pfeilsche Pension geschildert. «Die weitverbreiteten Konnexionen von Frankfurt gaben Gelegenheit, daß junge Franzosen und Engländer, um Deutsch zu lernen und sonst sich auszubilden, dieser Anstalt anvertraut wurden. Pfeil, der ein Mann in seinen besten Jahren, von der wundersamsten Energie und Tätigkeit war, stand dem Ganzen sehr lobenswürdig vor, und weil er nie genug beschäftigt sein konnte, so warf er sich bei Gelegenheit, da er seinen Schülern Musikmeister halten mußte, selbst in die Musik, und betrieb das Klavierspielen mit solchem Eifer, daß er, der niemals vorher eine Taste angerührt hatte, sehr bald recht fertig und brav spielte.» Goethe hat noch 1811 sich der Liebesnöte seiner Schwester genau erinnert. Der Kummer, den sie erlitten, war ihm bedeutend genug, davon in «Dichtung und Wahrheit» zu erzählen.

Aber nochmals, wer war dieser Harry Lupton? Wir danken es einem englischen Forscher, John R. Wilkie, wenn sich das Dunkel, das über seiner Persönlichkeit lag, gelichtet hat. Wilkie hat auf zwei Briefe hingewiesen [German Life and Letters, A Quarterly Review, Oxford, October 1955] in den Akten einer englischen Fabrik und Tuchhandlung William Lupton and Company zu Leeds, die im Juni und Juli 1764 von William Lupton an den Sohn gesandt worden sind: «A Monsieur, Mons. Arthur Lupton Chez Mons. Leopold Henry Pfeil A Frankfoort Sur le Mayne.» Wilkie druckt diese Briefe ab. Vermutlich bestanden alte Verbindungen zwischen Friedrich Georg Goethe, der ja, ehe er der Weidenwirt wurde, Schneidermeister gewesen war, mit dieser englischen Textilfirma. Auch der Vater der Großmutter Cornelia Goethe, der Schneidermeister Walther, kann Geschäftsverbindungen zu den Luptons gehabt haben. William Lupton dankt dem Sohn für den Bericht über die Krönungsfeierlichkeiten, rügt aber die Handschrift des Sohnes und ermahnt, fleißig Deutsch und Französisch und Buchhaltung zu lernen. Dann folgen lauter Familiennachrichten. Auch der zweite Brief handelt von Geschäfts- und Familiendingen, erwähnt einen Bericht Pfeils über den Sohn, lobt dessen Fortschritte im Deutschen und Französischen, weist aber auch auf die Wichtigkeit des Italienischen hin. «I begg you 'll make my best Compliments to Mr. Pfeil and his Lady and give him many thanks for his kind letter»! Die Briefe sind wichtig. Wir lernen jetzt Wolfgangs schulmeisterliche Briefe auch aus dem Geist der Pfeilschen Pension interpretieren. Die Aufklärung war eben nicht nur eine eminent pädagogische Epoche, sondern auch der besondere Lebenskreis, in dem Wolfgang und Cornelia am Hirschgraben aufwuchsen, war von Lern- und Wissenseifer geprägt. Und wenn Pfeil Wolfgangs Brief vom 14. März 1766 auf Wunsch des Herrn Rat nach Fehlern durchsehen muß, so nimmt der Vater Lupton sprachliche Kenntnisse seines Sohnes nicht weniger ernst als der Vater Goethe. Die Briefe Wolfgangs aus Leipzig setzen also nur die Gespräche und die Bemühungen fort, wie sie sich in der Pfeilschen Bildungsanstalt unter den Geschwistern und ihren Freunden angebahnt hatten. Auch das Ausgabebuch des Herrn Rat bestätigt dies. Die Kinder hatten ein englisches Kränzchen, «congressus anglicus», denn der Vater führte sein Buch lateinisch. Am 8. Februar 1764 waren die Unkosten für die Bewirtung 48 Kreuzer, am 17. May 1 Gulden 20 Kreuzer, am 14. Juli 51 Kreuzer. Das Kränzchen wechselte ab unter den Familien. Der junge Lupton, dem ja das Englische Muttersprache war, hat als wichtigste Person an diesen Zusammenkünften unstreitig teilgenommen. Das Englische war so sehr Trumpf in diesem Kreise, daß sich die jungen Mädchen gegenseitig «Miß» nannten und nicht, wie es Zeitsitte war, «Mademoiselle».

Goethes englischer Freund war am 20. Januar 1748 geboren; als er nach Frankfurt kam, war er sechzehn Jahre alt, ein Jahr älter als Wolfgang, zwei älter als Cornelia. Vermutlich ist er Anfang 1764 nach Frankfurt gekommen; die Krönung hat er schon miterlebt. Im Oktober 1768 ging er in die Heimat zurück. Er heiratete 1773 Olive Rider, die Tochter eines Tuchfabrikanten in Leeds, und starb im Alter von 59 Jahren im Sommer 1807. Seine Nachkommen leben noch heute in Leeds als angesehene Bürger dieser Stadt.

Von Cornelia haben wir einen Niederschlag ihrer Liebe in ihrem geheimen Tagebuch, geheim auch vor Wolfgang, das sie, in französischer Sprache vom 16. Oktober 1768 an – Wolfgang war sechs Wochen vorher in den ersten Septembertagen krank aus Leipzig zurückgekehrt – bis zum

16. August 1769 führte. Die einzigen, die diese Aufzeichnungen lesen durften – sie erhielten sie abschnittweise zugesandt –, waren die Freundinnen Katharina Fabricius und Charitas Meixner in Worms. Da schreibt sie, schon morgens um 8 Uhr, am Sonntag, den 16. Oktober 1768, indem sie von Sir Charles Grandison schwärmt, dem Romanhelden Richardsons: «dommage, qu'il n'y en a plus dans ce monde cy. Il etoit Anglois ma chere; et si je puis croire, qu'il y a encore quelqu'un qui lui ressemble, il faut qu'il soit de cette nation. Je suis extrement portee pour ces gens là, ils sont si aimables et si serieux en meme tems, qu'il faut absolument etre charmee d'eux.» Um zwei Uhr fährt sie fort: «c'est le cœur qui parle, et non pas l'esprit». Und nun gesteht sie: hier ist ein junger Engländer, den ich sehr bewundere. «Fürchten Sie nichts, mein Kind» – schreibt sie – «es ist nicht Liebe, es ist reine Hochachtung, die ich für ihn empfinde, wegen seiner besonderen Eigenschaften» «Si vous le vissiez seulement, une phisionomie si ouverte, et si douce, qu'oiqu'avec un air spirituel, et vif. Ses manieres sont si obligeantes et si polies, il a un tour d'esprit admirable; enfin c'est le plus charmant jeune homme que j'aie jamais vu. Et, et, ah ma chere il part dans quinze jours». Der Jammer ist groß. Sie möchte in der gleichen Stadt wohnen wie er, ihn täglich zu sprechen. Sie hat keinen anderen Gedanken. Der Himmel weiß es. Aber sie wird ihn verlieren, sie wird ihn niemals wiedersehen. Am Montag, um zwei Uhr nach dem Mittagsmahl, schreibt sie von dem Plan, den sie hat. Am nächsten Sonntag will sie ein Konzert geben. Harry, der gut Violine spiele, solle mitwirken, und ein Freund Wolfgangs, ein Maler, der eben von Paris zurückgekehrt sei – es ist Georg Melchior Kraus – soll dabei eine Miniatur von dem Geliebten zeichnen. Am Freitag ist sie ganz Aufregung: «plus ce jour desiré s'avance, plus mon cœur palpite. Et je le verrai donc! – je lui parlerai – du moins son image! – je danse par toutte la maison.» – Indes der Plan mißlingt. Am Samstag, den 29. Oktober: «Vous

attendrez surement des exclamations douloureuses, si je vous dis que mon aimable Anglois est parti, qu'il est parti sans pouvoir me dire le dernier Adieu, que je n'ai pas son portrait. – Mais ma chere je me comporterai comme il me convient. – Mon cœur est insensible a tout. – Pas une larme, pas un seul soupir». –

Eine Schwierigkeit taucht auf. In den Briefen aus Leeds heißt der junge Engländer Arthur oder, wie der Vater ihn nennt, «Aty». Indes, wenn zwei Söhne in der Familie Lupton in der Pfeilschen Pension gewesen wären, so würde, bei der Betonung alles Familiären, in den Briefen an den einen der andere erwähnt worden sein. Harry war poetischer Kosename. Desgleichen war Zeitsitte. Man überhöhte das Alltägliche, indem man der geliebten Person einen poetischen Namen gab. Dafür ließen sich manche Beispiele anführen, unterschreibt sich doch auch Cornelia als Sophie Goethe.

Die Fahnen dieser Einführung zu den Briefen von Cornelia waren schon gesetzt, als das Freie Deutsche Hochstift ein Geschenk von dreizehn Stammbüchern erhielt. Die Gabe kam aus den Händen von Frau Hilde Wolters-Kratz, durch deren Vermittlung schon die Zaubertüre aus dem Märchen vom Neuen Paris seine Stätte zwischen den beiden Gärtchen hinter dem Goethehaus gefunden hat. Eins der Bücher, gezeichnet «G. E. 1763», in braunem Leder, am Rand mit Zierleisten aus goldgepreßten Blumen, enthält Einträge von 1763 bis 1769. Wer der Besitzer gewesen, wissen wir zunächst nicht; wir lesen nur die Initialen seines Namens. Unter den Versen aber, die eingeschrieben sind, findet sich – und die Entdeckung war doch eine kleine Sensation – ein eigenhändiger Eintrag von Harry Lupton. Es ist das einzige Frankfurter Zeugnis seines Aufenthalts in unserer Stadt, ja überhaupt das Einzige, was wir von ihm persönlich haben. In deutscher Sprache, ja in deutscher Schrift, und noch dazu Verse. Goethes Vermutung, er habe unsere Sprache nicht beherrscht, erweist sich als irrig; dieser Kaufmannssohn aus Leeds war zweifellos ein sehr begabter junger Mann.

Ich folge willig dem Geschicke
  Das über mich verhängt
So denckt zwar nicht ein jeder Britte
  Der sein Genie nur kent.
Ein Thor thut ängstlich sich bekümmern
  Was künftig mögt geschehn
Wie viele Schlösser gehn zu Drümmern
  Weil in der Luft sie stehn.

So oft hochgeehrter Herr Sie diese wenige Zeilen ihres Anblicks würdigen erinnern Sie sich ihres Freunds und Dieners

Arthur Lupton
von Leeds in Engelland.

Links unten dann in lateinischer Schrift: «Symbolum [d.i. Wahlspruch] Constancy and Virtue», darunter wieder in deutschen Buchstaben: «Franckfurt d. 20ten May 1765.»

Auf der linken Seite, dem Eintrag gegenüber, ist ein buntes Bildchen eingeklebt, 15 × 19,5 cm. Es stellt eine Landschaft dar. Exotische Gebäude erheben sich duftig im Hintergrund. Den Mittelgrund bildet ein Tal, sandig, mit zwei Reihen von Zelten. Vorn sieht man in die Senkung hinabreitend zwischen Bäumen auf Schimmeln als Rückenfiguren einen Offizier in roter Uniform und eine Dame in blau, ganz im Vordergrund einen mit Koffern bepackten Esel, dazu einen Diener und einen Reiter in rotem Mantel. Das Blatt, höchst reizvolles, farbenfrohes Rokoko, Aquarell und Gouache, ist wahrscheinlich englischer Herkunft.

Es besteht eine Beziehung zwischen dem Bild und dem Gedicht. «Ich folge willig dem Geschicke, das über mich verhängt». Auch die Reiter folgen irgendeinem Ruf, einem Auftrag, stehen unter einem Befehl. Wahrscheinlich gehören sie zu einer kolonialen Expedition. Ähnlich sieht Harry

Lupton sein Leben. In den nächsten beiden Versen bekennt er sich als Engländer, setzt sich aber gleichzeitig von dem Geniebegriff ab, der in England durch Shaftesbury seit Anfang des Jahrhunderts so an Einfluß gewinnen sollte. Es ist das derselbe Genieglaube, den Wolfgang Goethe nur wenige Jahre später, dank seiner Bekanntschaft mit Herder, in Deutschland zum Sturmzeichen einer neuen Jugend machte. «Wen du nicht verlässest, Genius—» beginnt das Gedicht «Wandrers Sturmlied» vom Frühjahr 1772. Lupton aber stellt sich nicht auf solche innere Stimme, einen Ruf oder eine Berufung. Er ordnet sich ein und ordnet sich unter, skeptisch und durchaus realistisch. Auch das ist englisch. «Wie viele Schlösser gehn zu Trümmern, weil in der Luft sie stehn.» Das Gedicht ist vom Mai 1765. Damals war Lupton etwas über ein Jahr in Frankfurt. Er schied, drei Jahre später, im Oktober 1768. Es ist keineswegs anzunehmen, daß die Verse des Siebzehnjährigen sich auf sein Verhältnis zu Cornelia beziehen, aber sie sprechen klar aus, wie dieser junge Mann zum Dasein stand. Er bekennt sich als Realist einer Konvention.

Aber das ist nun wiederum das Paradoxe. Alle anderen Einträge in dem Stammbuch sind konventionell. Man kann sie vertauschen, auch mit Versen anderer Stammbücher; dieser, Luptons Eintrag, ist individuell. Was schreiben die andern? Von Tugend, Freundschaft, Wein, Mädchen, Lebensgenuß. Lupton schreibt von sich selber, und das hebt ihn aus dem ganzen Kreis heraus. Irgendwie war er eine Persönlichkeit, in seinem Pflichtgefühl, «constancy and virtue». Und das war es, was Cornelia anzog. Dieser Engländer war ihr wie ein Sendbote aus einer anderen, besseren Welt. Das Ideal der Romane Richardsons, hier sah sie es verwirklicht. Sie hatte ganz recht, wenn sie das nach Worms schrieb.

Wie kommt nun aber Harry Lupton zum Eintrag gerade in dieses Stammbuch? Da ist noch ein Blatt, das uns fasziniert:

Leb wohl mein lieber Freund
Dein Dencken soll allzeit bey meinem Dencken bleiben
Biß daß das wiedersehen das Dencken wird vertreiben.

Franckfurt d. 10ten Juni 1764.

His Engelbachum sincero pulsus amore Bernhardus Crespel Carminibus Celebrat. [In aufrichtiger Liebe huldigt mit diesen Versen Bernhard Crespel seinem Engelbach.]

Das ist unser Crespel, der Jugendfreund Wolfgangs, der Freund der Frau Rat und derselbe, dem der Vater Goethe 1777 den Brief nach Regensburg geschrieben hat. Goethe macht ihn in «Dichtung und Wahrheit» im Sechsten und im Fünfzehnten Buch zum Erfinder des Mariagespiels; jedenfalls ist er dessen heiterer und witziger Leiter gewesen. Und sehr nach diesem Mariagespiel sieht nun ein weiterer Eintrag aus:

Sehet die Franckfurter Jungfern an,
Sie arbeiten nicht, Sie nähen und spinnen nicht
und der himmlische Vater ernähret Sie doch.

Franckfurth d. 15ten July
1769.

Dieser Gedancke, Werthester Freund! soll Sie nicht abschröcken, dermaleins ein Franckfurter Frauenzimmer zur Gattin zu wählen, erfreuen Sie mich bald durch eine solche Nachricht.

Unterschrieben hat Georg Friedrich Schuler aus Worms. Die Schwester der Frau Rat, Anna Christina Textor, hatte einen Obristen Schuler geheiratet; vielleicht war Georg Friedrich von diesem ein Verwandter. Auf alle Fälle aber heiratete er 1773 als Wormser Kaufmann Charitas Meixner, eben jene, für die 1769 Cornelia ihr geheimes Tagebuch geschrieben hat. Charitas Meixner war wie Cornelia

1750 geboren und starb wie diese 1777, also nur siebenundzwanzig Jahre alt. Als Nichte des Kanzleidirektors Moritz, der seit 1762 im Goethehaus wohnte, ging sie viel in der Familie ein und aus. Wolfgang adorierte sie; ihr galten seine Grüße aus Leipzig, und wohl diesem Schwarm verdanken wir es, daß wir von beiden, Charitas und Wolfgang, hübsche Ölbilder haben, vermutlich aus dem Jahre 1765. Als Wolfgang von Leipzig zurückgekehrt war, besuchte er 1769 Charitas in Worms. Diese war damals schon Braut.

Das Stammbuch führt uns also dicht an die Goethesche Sphäre heran. Crespel und Lupton waren Ehegatten im Mariagespiel. Vielleicht gilt das auch für manchen anderen, der sich hier eingetragen hat. Da sind gute Frankfurter Namen wie Johann Erhard Bansa und Johann Jakob Hollweg. Da sind weiter Namen, die in Wolfgangs Freundeskreis auftreten. Ein Weyland war Goethes Tischgenosse bei den Schwestern Lauth in Straßburg. Er begleitete den Ritt des Dichters durchs Saartal, führte ihn in Sesenheim bei der Familie Brion ein und ließ sich dann als Arzt in Frankfurt nieder, mied aber hier Goethe, da er ihm sein Verhalten Friederike gegenüber nicht verzieh. Ein Engelbach war gleichfalls Tischgenosse in Straßburg, und ein Engelbach war, wie Crespel uns enthüllt, der Eigentümer des Stammbuches. Gewiß, die Vornamen sind andere, aber es können Brüder, es können Vettern sein.

Das Gymnasium von Zweibrücken in der Pfalz spielt im Stammbuch eine Rolle. Eine Anzahl Namen weisen auf Nürnberg, auf das Vogtland. Vielleicht hat das Buch in der Pfeilschen Pension zirkuliert.

Und noch einmal Harry Lupton. Warum er ohne Abschied ging? – Goethe hat in ähnlicher Lage ähnlich gehandelt. «Daß ich nicht Abschied genommen habe, werden Sie mir doch vergeben haben. In der Nachbarschafft war ich, ich war schon unten an der Türe, ich sah die Laterne brennen, und ging biß an die Treppe, aber ich hatte das

Herz nicht, hinaufzusteigen. Zum letztenmal, wie wäre ich wieder heruntergekommen.» – so an Käthchen Schönkopf aus Frankfurt nach Leipzig am 1. Oktober 1768. Ob das auch Harry Luptons Lage gewesen ist? Inwieweit er überhaupt Cornelias Liebe erwidert hat, wie das Sechste Buch von «Dichtung und Wahrheit» im Anschluß an die Schilderung des Mariagespiels aussagt, das aber in den Herbst 1768, nicht in das Jahr 1764 zu datieren ist, oder ob die Begegnung nur von Cornelias Seite eine Leidenschaft gewesen ist, wir wissen es nicht. Sicher ist das eine: Cornelia hat an der Enttäuschung dieser Liebe lange gelitten, und wenn sie fünf Jahre später, nun dreiundzwanzig Jahre alt, sich zur Ehe entschloß, so war möglicherweise diesmal die Überlegung, «l'esprit», mehr ausschlaggebend als «le cœur».

Cornelia war nicht schön. Sie litt darunter. Es ist erschütternd, in ihrem geheimen Tagebuch zu lesen, wie sie zwanzigmal die Treppe von ihrem Zimmer zum Empfangsraum im Erdgeschoß hinabgeht, der sogenannten Gelben Stube rechts am Eingang, und wie sie zwanzigmal scheu zurückschleicht, weil sie nicht den Mut hat, sich den Besuchern, zwei Studenten aus Wolfgangs Leipziger Zeit, von Angesicht zu Angesicht zu stellen. Sie hatte eine zu hohe Stirn. Statt daß sie nun mit dem reizvollen Spiel natürlicher Locken dem Schaden abhelfen konnte, riß die Mode das Haar gepudert in die Höhe und baute es zu einem Turm auf. Cornelia haßte diese Haartracht «en forme de Pyramide, ou pour mieux dire a la Rhinoceros». Noch 1773 schreibt sie an Kestner, dem sie für Lotte Buff einen Schattenriß oder eine Zeichnung ankündigt: «sagen Sie aber Lottchen, daß sie sich nicht an der Stirne scandalisiren soll». Goethe hat seine Schwester zweimal gezeichnet, im Profil, das eine Mal 1773 auf einem Druckbogen des «Götz von Berlichingen». Da sieht man freilich, wie unvorteilhaft die Mode wirkte. Noch schlimmer ist ein Stich in Lavaters «Physiognomischen Fragmenten». Das Frankfurter Goethemuseum aber bewahrt ein Blatt von Johann Ludwig Ernst Morgenstern, eine weiche Rötelzeichnung. Es ist derselbe Künstler, dessen Ölgemälde der Vater in seiner Galerie sammelte und der den Kindern Zeichenunterricht gab. Morgenstern nimmt Cornelia halb von vorn, läßt sie den Kopf ein wenig senken, so daß sich die Frisur und Stirn verkürzt; die schwarzen Augen sind von den Lidern beschattet; es ist ein schmales, ernstes Mädchengesicht.

Vermutlich sind die fünf Jahre zwischen Wolfgangs Rückkehr aus Leipzig bis zur eigenen Eheschließung Cornelias glückliche Zeit gewesen, wenn auch da der Bruder für zwei Semester in Straßburg oder in Wetzlar war. Sie hatten denselben Freundeskreis; und es gab sich von selbst, daß in die etwas enge und unfreie Mädchenschar der Freundinnen durch die witzigen und beschwingten jungen Literaten, die Wolfgang ins Haus brachte, Leben und Bewegung kam. Jetzt, unter dem Schutz des Bruders, hatte Cornelia auch alle gesellschaftliche Freiheit. Noch in den Herbst 1768 fiel jenes heitere Spiel der Eheschließungen durch Los auf Zeit, von dem das Sechste Buch berichtet. Hier hatte Cornelia noch einmal die Genugtuung, an der Seite des geliebten Harry Stunden des Glücks, freilich eines Glücks des «als ob» zu durchleben. Man machte gemeinsame Ausflüge, wandernd oder zu Wasser, genoß die Gartenfreuden – Cornelia schreibt gelegentlich von dem Garten des Oheim Textor in Sachsenhausen –, und vor allem, man feierte den Herbst, die Weinlese. Nicht der Apfel, die Weintraube war damals noch die Frucht, die ringsum vor den Mauern der Stadt gezogen wurde. Auch die Familie Goethe hatte ihren Weingarten, vor dem Eschenheimer Tor; als «vinum hortense» buchte der Vater die Erträgnisse.

Im Winter gab es regelmäßig die großen Freitagskonzerte, auf die man abonniert war, gab es das Theater und jeden Mittwoch die «grande compagnie», dazu Einladungen zu Freunden und Gesellschaften im eignen Haus. Im Herbst und Frühjahr waren die Messen, immer mit Geldgeschenken seitens des Vaters. Am 17. September 1772 trägt er ein: «Mademoiselle Goethe pour le manteau 22 Gulden.» Cornelia hatte auf der Messe einen entzückenden Mantel gesehen, und gern war der Vater bereit, den Wunsch zu erfüllen. Daß es genau so war, lehrt unter dem selben Tage der Eintrag: «dem Barbier zur Messe 1 fl. 24 Kreuzer». Wir können aus diesem Ausgabebuch fast Jahr für Jahr Cornelias Toilettenfreuden nachrechnen. Am 18. Dezember 1766 bekam sie einen mit Pelz besetzten Rock für 48 Gulden, am 3. Mai 1770 eine Adrienne, d. i. ein Schleppkleid, für 36 Gulden und 36 Kreuzer. Auch über das Umarbeiten, «filiae vestibus comparandis», haben wir die Einträge. Einmal, unter Donnerstag, den 20. Oktober 1768, da sie an einem sehr kalten Herbsttag ausgeht, beschreibt sie selbst, was sie alles trägt: drei Wollröcke, ein Kleid, drei Halstücher, eine Calesche [rheinischen Radmantel], weiter einen kleinen Mantel aus doppeltem Satin und einen Muff. Man sieht, es fehlte ihr an nichts.

Auf Liebesglück hat sie jetzt jedoch verzichtet. «Je me suis aussi proposéé de ne me porter jamais plus a l'exces, soit joje, soit tristesse. J'ai renonce pour jamais a l'amour. Ne riez pas, je parle serieusement, cette passion m'a fait trop souffrir»! So am 13. November 1768. Das Traurige ist, daß es wirklich so um sie stand. Sie war zu schwer enttäuscht, um noch einmal glauben zu können. Ihr ganzer Lebensinhalt wird um so ausschließlicher der Bruder. «J'irai dans ce moment voir mon frere, qui travaille a une nouvelle Comedie; il me lit toujours ses pieces, et vous pouvez croire que je l'entends avec un plaisir infini. Il me dessine aussi quelquefois de jolies tetes dont je vous en enverrai une.» Das Lustspiel, das waren «Die Mitschuldigen».

Trotzdem bleibt es merkwürdig, daß in dem Tagebuch, das Cornelia nun fast ein Jahr lang führt, von diesem Bruder, seiner Krankheit, seinem Schaffen sehr wenig die Rede ist. Die Eltern werden überhaupt nicht erwähnt. Aber man wird dieses Tagebuch immer falsch beurteilen, wenn man es nur als das nimmt, als was es sich gibt: als Tagebuch. Gewiß enthält es Bekenntnisse, Berichte über wöchentliche Erlebnisse, die der Freundin mitgeteilt werden, aber eben doch nur in einem ganz bestimmten Ausschnitt und in einer ganz bestimmten Form. Es ist Literatur und will Literatur sein. Cornelia wetteifert hier heimlich, aber bewußt mit dem Bruder. Sie ist Schriftstellerin in ihrer Weise. Schon als Wolfgang noch in Leipzig war, hatte sie, herausgefordert durch die Arroganz des jungen Studenten und seinen Spott, eine kleine Szene geschrieben: ein Liebhaber, der sich verleumdet sieht, wird von einer Freundin der Geliebten getröstet und von seinem wahren Glück überzeugt. Das Thema, Verleumdung und Liebe, kehrt im Tagebuch immer von neuem wieder. Die kleine Skizze umfaßt acht Blätter, gibt sich als Bericht über eine Unterhaltung in Form eines Briefes und ist das einzige, was sich von Cornelias Sendungen nach Leipzig erhalten hat. Die Sprache ist Französisch. Wolfgang antwortete unter dem 11. Mai 1767: «Je n'y vois plus la petite fille, la Corneille, ma sœur, mon ecoliere, j'y vois un esprit mur, un Auteur, du quel je puis apprendre a mon tour.» Das war es: «un Auteur». Und auch in dem Tagebuch, das zur Freundin nach Worms ging, war das literarische Spiel und der literarische Ehrgeiz mindestens ebenso wichtig wie das Bedürfnis, sich mitzuteilen. Daß wir heute als Leser nicht eben beeindruckt sind, liegt zunächst an der Sprache. Sie verfremdet die Atmosphäre, nimmt dem Ton alles Unmittelbare; will man sich dessen bewußt werden, so braucht man nur Cornelias spätere deutsche Briefe zu lesen. Dazu kommt, daß Cornelia eine bestimmte Kunstform vorschwebte, die der englischen Romane von Richardson. Bezeichnenderweise sagt Goethe selbst, als er im Sechsten Buch davon spricht, wie er seiner Schwester hätte ein dichterisches Denkmal setzen können: er hätte sich dazu keine andere Form denken können als die von Richardsons Romanen. Das war Cornelias Sphäre. In diesen Romanen geht es um Moral und Liebe.

«Point d'histoire d'amour?» so heißt es ja schon im ersten Brief nach Worms vom Oktober 1767. Und so bringt auch Cornelias Tagebuch, abgesehen von einer mehr als theatralisch geschilderten Schiffahrt auf dem Main bei einem Juli-gewitter von 1769, trotz all ihrem literarischen Bemühen im Grunde nicht viel anderes als lange Confidenzen über Begegnungen in Gesellschaft, im Konzert, auf dem Ball, unter dem Zeichen des Zueinander und Gegeneinander der Damen und ihrer chapeaux. Eine Hauptrolle spielen immer wieder die Liaisons, Eifersüchteleien und Intrigen von Lisette Runckel; bei einem Ball am 1. Mai des gleichen Jahres, im «König von England», bricht sie vierzig Herzen. Daß das alles etwas fad auf uns wirkt, läßt sich nicht leugnen. Aber in einer Zeit, da es dem jungen Mädchen nicht möglich war, einen Beruf zu ergreifen, sich selbst eine Stellung im Leben zu schaffen, wo es warten und suchen mußte, ob und wie es einen Ehepartner, geliebt oder nicht geliebt, finden würde, was blieb ihm denn übrig als dieses oft sehr leere gesellschaftliche Spiel? Um gerecht zu sein, muß man weiter bedenken, daß auch Wolfgangs Briefe aus seiner Leipziger Zeit unreif und teilweise leer sind, und daß, ähnlich wie Cornelia, auch er in den Briefen an Behrisch Liebeswirren schildert. Man lese aus dem Jahre 1767 die Eifersuchtsbriefe über Käthchen Schönkopf im Theater von Dienstag, den 10., bis Sonnabend, den 15. November, bei denen auch unklar bleibt, wieviel hier wirklich Leben, wieviel nach englischem Vorbild gestalteter Roman ist. Am 3. Januar 1828 schreibt Goethe an Marianne Willemer, die ihm die Briefe zugestellt hatte, die er als Leipziger Student an seinen Jugendfreund Horn geschrieben, daß ihm deren Anblick nicht hätte erfreulich sein können: «hier lagen mir eigenhändige Blätter vor Augen, welche nur allzudeutlich ausdrückten, in welchen sittlich kümmerlichen Beschränktheiten man die schönsten Jugendjahre verlebt hatte. Die Briefe von Leipzig waren durchaus ohne Trost; ich habe sie alle dem Feuer überliefert; zwei von Straßburg heb ich auf, in denen man endlich ein freieres Umherblicken und Aufatmen des jungen Menschen gewahr wird. Freilich ist, bei heiterem innern Trieb und einem löblich geselligen Freisinn, noch keine Spur von woher? und wohin? von woaus? woein? deshalb auch einem solchen Wesen gar wundersame Prüfungen bevorstanden.»

Tatsächlich erst die Krankheit, die Goethe am Ende seiner Leipziger Zeit befiel, die Freundschaft mit Susanna Katharina von Klettenberg, die Hinwendung zum Religiösen haben aus Goethe die Persönlichkeit geschaffen, die dann freilich im Sturm die Führung der deutschen Literatur an sich riß. Und wie Goethe noch nach sechzig Jahren an den beiden Straßburger Briefen, die uns heute freilich auch verloren sind, feststellt: im Elsaß ist er geworden, der er werden sollte.

Das Fanal der neuen Zeit war die Shakespearefeier. Daß Cornelia sie miterleben durfte, war sicher einer ihrer größten Tage. Der Anlaß war der Namenstag Shakespeares, der 14. Oktober. Das englische Vorbild war die Feier in Stratford on Avon von 1769. Das Fest fand vermutlich in den Prunkräumen des Hauses statt, im ersten Stock, den einst der Graf Thoranc und dann der 1769 verstorbene Kanzleirat Moritz innegehabt hatte. Die Einladungen waren auch nach auswärts gegangen. Cornelia hatte vorgeschlagen, auch Herder zu bitten. Musiker waren bestellt, eine Credenz war aufgeschlagen; darüber unterrichtet uns das Ausgabebuch des Vaters.

Es ist höchst charakteristisch, daß es Goethe zu dieser Feier drängte. Hier rechnete er ab, mit sich selbst und mit der deutschen Literatur. Das ganze Leipziger Wesen warf er hinter sich. Alles Spielen war vorbei, alle falschen Masken abgetan. Jetzt ging es um den Menschen, eben um sein: wo aus? wo ein? Es war ein düsteres Bild. Der Skeptizismus, der Pessimismus aus dem England der Elisabeth, wie ihn so manche Dramen Shakespeares spiegeln, geistert durch die Rede. Die Welt war nicht mehr wie bei Leibniz die beste aller Welten. Sie ist ohne Heil und ohne Erlösung, und «das was wir bös nennen, ist nur die andre Seite vom Guten, die so nothwendig zu seiner Existenz und in das Ganze gehört, als Zona torrida brennen und Lapland einfrieren muß, daß es einen gemäsigten Himmelsstrich gebe.»

Cornelia begriff und ergriff die Bedeutung der Stunde. «Auf die Reise, meine Herrn!» hatte Wolfgang ausgerufen; «dieser embsige Wandrer bleibt unser Freund und unser Geselle, wenn wir die gigantischen Schritte jenes anstaunen und ehren, seinen Fustapfen folgen, seine Schritte mit den unsrigen abmessen. Die Betrachtung so eines einzigen Tapfs macht unsre Seele feuriger und größer»! – Wolfgang war auf der Reise, – das wußte Cornelia! – Hatte er ihr nicht, heute oder morgen, plötzlich ganze Szenen, ja Akte vorgetragen aus einem Drama über einen Ritter Gottfried von Berlichingen! Ungeduldig und wohlwollend dringend bat sie – im Dreizehnten Buch berichtet es der Bruder –, sich nicht nur «immer mit Worten in die Luft zu ergehen, sondern endlich einmal das, was mir so gegenwärtig wäre, auf das Papier festzubringen. Durch diesen Antrieb bestimmt, fing ich eines Morgens zu schreiben an, ohne daß ich einen Entwurf oder Plan vorher aufgesetzt hätte. Ich schrieb die ersten Szenen, und abends wurden sie Cornelien vorgelesen. Sie schenkte ihnen vielen Beifall, jedoch nur bedingt, indem sie zweifelte, daß ich so fortfahren würde, ja sie äußerte sogar einen entschiedenen Unglauben an meine Beharrlichkeit. Dieses reizte mich nur um so mehr, ich fuhr den nächsten Tag fort, und so den dritten, und in etwa sechs Wochen hatte ich das Vergnügen, das Manuskript geheftet zu erblicken»!

Wieviel Dramen Goethes sind uns verlorengegangen! Wir hören, wie er dies und jenes Freunden vorgetragen, aber nichts wurde festgehalten. Cornelias weiblicher List und liebendem Eifer haben die Deutschen es zu danken, daß sie im «Götz von Berlichingen» ihr vaterländisches Schauspiel haben.

Wenige Wochen später, am 22. Januar 1772, erfolgte vor der Hauptwache die Hinrichtung der jungen Kindsmörderin Susanna Margarete Brandt. Wir wissen aus vielfältigen Zeugnissen, wie der Prozeß, der seit dem Hochsommer spielte, die ganze Familie auf das tiefste erregte. Vermutlich waren Eltern wie die Geschwister Zeugen der Exekution. Aus dem Grauen über das Ereignis gestalten sich, in Prosa und noch in der Sprache des Götz, die Kerkerszenen der Faustdichtung. Cornelia ist ihr erstes Publikum gewesen. Überreich sprudelt es jetzt aus dem Quell dichterischer Imagination hervor. Im Umgang mit dem Kreis der Empfindsamen in Darmstadt, in den Cornelia im Sommer 1773 eingeführt wird, entsteht die lustige Rhapsodie des «Concerto dramatico». Die Knittelversdramen vom «Jahrmarktsfest in Plundersweilern», der «Pater Brey», «Mahomet», «Prometheus», «Satyros oder der Vergötterte Waldteufel», alles wird unter Cornelias Augen niedergeschrieben. Jeder Monat bringt ein neues, keckes, geistreiches Stück. Dazu wird Ossian übersetzt, aus dem Hohen Lied übertragen. Lyrische Gedichte von ganz neuem Klang trägt der Bruder vor. Es war eine unendlich reiche, unendlich beglückende Zeit für Cornelia. In der Teilnahme am genialen Schaffen des Bruders wuchs sie über sich selbst hinaus.

Und doch wurde ihr gerade die literarische Umwelt, die sich nun um den Bruder sammelte, zum Schicksal, ja man kann wohl sagen zum Verhängnis. Im Januar des Jahres 1772 hatte der Goethesche Freundeskreis die Redaktion der «Frankfurter Gelehrten Anzeigen» übernommen, einer Zeitschrift, die seit 1736 bestand, die aber jetzt, wenn auch nur für ein Jahr, das Organ der literarischen Jugend, des «Sturms und Drangs» werden sollte. Herder in Bückeburg, Merck in Darmstadt waren die bedeutendsten Mitarbeiter, aus Frankfurt aber, als eigentlicher Leiter des Unternehmens, Johann Georg Schlosser. Er entstammte einer angesehenen Sippe von Juristen der Stadt; der Vater war Kaiserlicher Rat und Bürgermeister. Die Familien kannten sich lange. Wolfgang, um zehn Jahre jünger, mußte erleben, daß ihm Georg Schlosser immer als Muster vorgehalten wurde. Während der Leipziger Studentenzeit kam dieser nach Sachsen und war Wolfgang angekündigt. Im Siebenten Buch gedenkt Goethe der Begegnung. «Dieser junge, edle, den besten Willen hegende Mann, der sich einer vollkommenen Reinigkeit der Sitten befliß, hätte durch eine gewisse trockene Strenge die Menschen leicht von sich entfernt, wenn nicht eine schöne und seltene literarische Bildung, seine Sprachkenntnisse, seine Fertigkeit sich schriftlich, sowohl in Versen als in Prosa, auszudrücken, jedermann angezogen und das Leben mit ihm erleichtert hätte. Daß dieser durch Leipzig kommen würde, war mir angekündigt, und ich erwartete ihn mit Sehnsucht. Er kam und trat in einem kleinen Gast- oder Weinhause ab, das im Brühl lag und dessen Wirt Schönkopf hieß. Dieser hatte eine Frankfurterin zur Frau, und ob er gleich die übrige Zeit des Jahres wenig Personen bewirtete und in das kleine Haus keine Gäste aufnehmen konnte, so war er doch messenzeits von vielen Frankfurtern besucht, welche dort zu speisen und im Notfall auch wohl Quartier zu nehmen pflegten. Dorthin eilte ich, um Schlossern aufzusuchen, als er mir seine Ankunft melden ließ. Ich erinnerte mich kaum, ihn früher gesehen zu haben und fand einen jungen wohlgebauten Mann mit einem runden zusammengefaßten Gesicht, ohne daß die Züge deshalb stumpf gewesen wären. Die Form seiner gerundeten Stirn, zwischen schwarzen Augenbrauen und Locken, deutete auf Ernst, Strenge und vielleicht Eigensinn. Er war gewissermaßen das Gegenteil von mir, und eben dies begründete wohl unsere dauerhafte Freundschaft. Ich hatte die größte Achtung für seine Talente, um so mehr, als ich gar wohl bemerkte, daß er mir in der Sicherheit dessen, was er tat und leistete, durchaus überlegen war. Die Achtung und das Zutrauen, das ich ihm bewies, bestätigten seine Neigung und vermehrten die Nachsicht, die er mit meinem lebhaften, fahrigen und immer regsamen Wesen, im Gegensatz mit dem seinigen, haben mußte. Er studierte die Engländer fleißig, Pope war, wo nicht sein Muster, doch sein Augenmerk, und er hatte, im Widerstreit mit dem Versuch über den Menschen jenes Schriftstellers, ein Gedicht in gleicher Form und Silbenmaß geschrieben, welches der christlichen Religion über jenen Deismus den Triumph verschaffen sollte. Aus dem großen Vorrat von Papieren, die er bei sich führte, ließ er mir sodann poetische und prosaische Aufsätze in allen Sprachen sehen, die, indem sie mich zur Nachahmung aufriefen, mich abermals unendlich beunruhigten. Doch wußte ich mir durch Tätigkeit sogleich zu helfen. Ich schrieb an ihn gerichtete deutsche, französische, englische, italienische Gedichte, wozu ich den Stoff aus unseren Unterhaltungen nahm, welche durchaus bedeutend und unterrichtend waren.»

Man sieht auch hier wieder, wie sehr es unter den jungen Leuten Sitte war, sich in allen Sprachen zu versuchen. Wolfgang blieb mit Schlosser in Briefwechsel, und als er von Straßburg zurückkam, nahm man die alte Freundschaft auf. Schlosser war es, der Goethe mit Merck bekannt machte.

Am 28. August 1771, seinem zweiundzwanzigsten Geburtstag, war Wolfgang beim Frankfurter Rat um Zulassung zur Advokatur eingekommen. Auch Schlosser war Anwalt, seit 1769. Im Prozeß der Brandt war er federführend für den Henker tätig gewesen. Jetzt trat er dem jungen Freund manchen seiner Prozesse ab, belehrte ihn aber zugleich, sehr bezeichnend für seine Denkungsweise: «Man muß niemals fragen wie eine solche Schrift dem Klienten, sondern wie sie dem Richter gefallen kann.»

Während Goethe in Wetzlar war, verlobte sich Schlosser mit Cornelia. Wie es im einzelnen dazu kam, wissen wir nicht. Gerade für jene Zeit fehlen uns Dokumente; nur daß Merck am 23. August 1772 seiner Frau nach Darmstadt schreibt, Schlosser mache, und nicht ohne Erfolg, Cornelia den Hof. Auf alle Fälle ging er viel im Hirschgraben ein und aus und eben nicht nur als Herausgeber der «Frankfurter Gelehrten Anzeigen» oder als Berater in Wolfgangs Anwaltskanzlei, die wir uns wohl im sogenannten Kaminstübchen im ersten Stock vorzustellen haben. Wie er zusammen mit diesem, im Oktober des gleichen Jahres, fröhlich und Wachslichter auf den Hüten, während der Weinlese abendlich durch die Gärten gegeistert sei, das erzählt ein späterer Brief der Frau Rat an Anna Amalia. Im großen und ganzen halten wir uns aber am besten an das, was Goethe im Zwölften Buch erzählt: «Schlosser entdeckte mir, daß er erst in ein freundschaftliches, dann in ein näheres Verhältnis zu meiner Schwester gekommen sei, und daß er sich nach einer baldigen Anstellung umsehe, um sich mit ihr zu verbinden. Diese Erklärung machte mich einigermaßen betroffen, ob ich sie gleich in meiner Schwester Briefen schon längst hätte finden sollen; aber wir gehen leicht über das hinweg, was die gute Meinung, die wir von uns selbst hegen, verletzen könnte, und ich bemerkte nun erst, daß ich wirklich auf meine Schwester eifersüchtig sei: eine Empfindung, die ich mir um so weniger verbarg, als seit meiner Rückkehr von Straßburg unser Verhältnis noch viel inniger geworden war. Wieviel Zeit hatten wir nicht gebraucht, um uns wechselseitig die kleinen Herzensangelegenheiten, Liebes- und andere Händel mitzuteilen, die in der Zwischenzeit vorgefallen waren! Und hatte sich nicht auch im Felde der Einbildungskraft vor mir eine neue Welt aufgetan, in die ich sie doch auch einführen mußte? Meine eignen kleinen Machwerke, eine weit ausgebreitete Weltpoesie, mußten ihr nach und nach bekannt werden. So übersetzte ich ihr aus dem Stegreife solche homerische Stellen, an denen sie zunächst Anteil nehmen konnte. Die Clarkesche wörtliche Übersetzung las ich deutsch, so gut es gehen wollte, herunter, mein Vortrag verwandelte sich gewöhnlich in metrische Wendungen und Endungen, und die Lebhaftigkeit womit ich die Bilder gefaßt hatte, die Gewalt womit ich sie aussprach, hoben alle Hindernisse einer verschränkten Wortstellung; dem, was ich geistreich hingab, folgte sie mit dem Geiste. Manche Stunden des Tags unterhielten wir uns auf diese Weise; versammelte sich hingegen ihre Gesellschaft, so wurden der Wolf Fenris und der Affe Hanuman einstimmig hervorgerufen, und wie oft habe ich nicht die berühmte Geschichte, wie Thor und seine Begleiter von den zauberischen Riesen geäfft werden, umständlich wiederholen müssen! Daher ist mir auch von allen diesen Dichtungen ein so angenehmer Eindruck geblieben, daß sie noch immer unter das Werteste gehören, was meine Einbildungskraft sich hervorrufen mag. In mein Verhältnis zu den Darmstädtern hatte ich meine Schwester auch hineingezogen, und sogar meine Wanderungen und Entfernungen mußten unser Band fester knüpfen, da ich mich von allem, was mir begegnete, brieflich mit ihr unterhielt, ihr jedes kleine Gedicht, wenn es auch nur ein Ausrufungszeichen gewesen wäre, sogleich mitteilte, und ihr zunächst alle Briefe, die ich erhielt, und alle Antworten, die ich darauf erteilte, sehen ließ. Alle diese lebhafte Regung hatte seit meiner Abreise von Frankfurt gestockt, mein Aufenthalt zu Wetzlar war zu einer solchen Unterhaltung nicht ausgiebig genug,und dann mochte die Neigung zu Lotten den Aufmerksamkeiten gegen meine Schwester Eintrag tun; genug, sie fühlte sich allein, vielleicht vernachlässigt, und gab um so eher den redlichen Bemühungen eines Ehrenmannes Gehör, welcher ernst und verschlossen, zuverlässig und schätzenswert, ihr seine Neigung, mit der er sonst sehr kargte, leidenschaftlich zugewendet hatte. Ich mußte mich nun wohl darein ergeben, und meinem Freunde sein Glück gönnen, indem ich mir jedoch heimlich mit Selbstvertrauen zu sagen nicht unterließ, daß wenn der Bruder nicht abwesend gewesen wäre, es mit dem Freunde so weit nicht hätte gedeihen können.»

Der Ehekontrakt, der das Bündnis besiegelte und auf dem beide Familien unterzeichnet haben, ist im Goethehaus erhalten:

«Nachdeme Ich Johann Georg Schloßer, I. V. Doctor, weyl. Herrn Erasmus Carl Schloßers Seel. gewesenen Kayl.-würcklichen Raths, Ältesten Schöffen und des Raths, wie auch der beyden Rechten Doctoris und Burgers allhier hinterlaßener Ehelicher Sohn, und Ich Cornelia Friderica Christiana, Herrn Johann Caspar Göthe Kayl.-würcklichen Raths, der beyden Rechten Doctoris und Burgers hieselbst, Eheliche Tochter, uns miteinander durch Göttliche Fügung Ehelichen verlobet; Als geben wir hiermit vollkommene Macht und Special-Gewalt Georg Daniel Hollweg, Procuratori Judicii Ordinario allhier in unserm Nahmen vor dahiesigem Hochlöblichem und verendo Consistorio zuerscheinen und solches geziemend anzuzeigen auch um die gewöhnliche Aufbiet-Scheine gehorsammst zu bitten.
Wie wir dann zu desen wahren Urkund gegenwärtige Vollmacht wohl und wießentlich also ertheilet, benebst unten benahmten nächsten Herren Anverwandten eigenhändig unterschrieben und besiegelt. So geschehen Franckfurth am Mayn d. 13. 8tris 1773.

Schwarzes Siegel:
J. Georg Schlosser Dr.
als Bräutigam

Rotes Siegel:
Cornelia Friederika Christiana
Goethe
als Braut.

Schwarzes Siegel:
Susanna Maria Schlosserin
als Mutter von dem
Bräutigam

Rotes Siegel:
Johann Caspar Goethe
Ksl. w. Rath
als Vatter der Braut.

Catharina Elisabetha Goethe.
als Mutter der Braut.

Rotes Siegel:
Als Groß Mama
Anna Margaretha Textor,
Wittwe.

Daß vorstehende Special-Vollmacht in meiner zu End unterschriebenen gegenwart von denen sämmtlichen Herren Interessenten eigenhändig unterschrieben und besiegelt worden, auch unter beyden verlobten keine Verwandtschaft vorhanden, attestire hierdurch der wahrheit zu Steuer, kraft meiner eigenhändigen Unterschrift. Actum Anno, mense et die, ut supra.

Georg Daniel Hollweg mppr.
Proc. Ordin.»

Die Textors und Goethes siegeln rot, die Schlosser, da sie Trauer haben, schwarz.

Am 1. November 1773 fand die Hochzeit statt, bei der, wie Goethe sagt, das ganze Haus, von Freudigkeit bewegt, glänzte. Die Hochzeitscarmina sind erhalten, das beste vom Oheim, dem Schöffen Johann Jost Textor, dem zur eignen Hochzeit sechs Jahre vorher Wolfgang, als Leipziger Student, jenes ominöse Gedicht gewidmet hatte, vom Streit zwischen Themis, Venus und Amor, das sein Lehrer Clodius im Colleg so unfreundlich zerpflückte. Goethes Verse sind verloren; aus dem Gedicht des Oheims aber seien zwei Strophen wiedergegeben:

Und uns, o Braut, verbindet
Verwandtschaft nicht allein,
Seitdem dein Herz empfindet,
War stets ein Eckgen mein.
Im stillen Kinderhäubgen
O schöne süße Zeit!
Nannt ich dich oft mein Weibgen,
Aus Scherz und Zärtlichkeit.

Da fühltest du im Scherzen,
Daß auf der ganzen Welt
Dem jugendlichen Herzen
Kein Titel mehr gefällt.

Kind — Engel — liebstes Glücke —
Herz — Göttin — bester Schatz —
Macht all' im Augenblicke
Dem Titel: «Weibgen» Platz.

Die Trauung vollzog der Pfarrer Johann Georg Schmidt, geboren 1694, also fast achtzigjährig. Er war der «Sonntagsprediger» an der Hospitalkirche zum Heiligen Geist, die, ein kleiner gotischer Bau aus dem Jahre 1468, zwischen Main und Römerberg lag. Fresenius, der einstmals die Eltern getraut und Wolfgang wie Cornelia getauft hatte, war tot. Der Pfarrer Starck von der Katharinenkirche, der die Schwester der Frau Rat zur Frau hatte, nächster Verwandter also, war wie alle Textors österreichisch und habsburgisch gesinnt und kam deshalb für den Vater nicht in Betracht. So griff man auf den alten Pfarrer Schmidt zurück, der einst der Hausgeistliche des Großvaters, des Weidenhofwirtes Friedrich Georg Goethe, gewesen war. Ihm hatte man auch schon, eben wegen der Spannungen, die Confirmation von Wolfgang und Cornelia anvertraut. Über die trockene Art seiner Unterweisung klagt noch das Siebente Buch von «Dichtung und Wahrheit». Vermutlich ist also die Trauung, da sie kaum im Hause stattfand, wie es Sitte war, in der Barfüßerkirche vollzogen worden. Es war das letzte Mal, daß Cornelia die Großmutter Textor sah, aber es war auch ein Abschied vom Kreis der Sippe, den Melbers, Schulers und Starcks, von den Gespielinnen und Freundinnen der Jugend. Auch Vater und Mutter sollte Cornelia nicht wiedersehen. Zwanzig Jahre später, und Cornelias Tochter Lulu, neunzehn Jahre alt, schreibt aus Karlsruhe an eine Freundin, «daß ein Koffer da ist, von unsrer seligen Mama. Es ist freilich nicht viel drin, denn damals war man in allem so sparsam; es sind nur drei Kleider, ein Schwarz Grotiturenes, braun und rot changeant Taft und ein Grau Taftenes, ihr Hochzeitskleid». —

So also schied denn Cornelia aus Frankfurt, schied sie aus dem Elternhaus. Mit welchen Gefühlen, — das deutet vielleicht das Petschaft an, das sie bei der Trennung ihrem Lehrer, dem treuen Philipp Seidel, gegeben, der zwei Jahre später den Bruder als Sekretär und unentbehrliche Hilfe nach Weimar begleiten sollte. Es zeigte einen Vogelbauer und einen Vogel, der in die Freiheit fliegt, mit der Aufschrift: «La liberté fait mon bonheur.» Schlosser schrieb überschwengliche Briefe an Lavater. Goethe schrieb an Lotte Buff: «Unsre beyden Verliebten sind auf dem Gipfel der Glückseeligkeit», und Cornelia schrieb an Caroline Herder: «alle meine Hoffnungen, alle meine Wünsche sind nicht nur erfüllt — sondern weit — weit übertroffen. — wen Gott lieb hat, dem geb er so einen Mann —» Das war ein Zitat aus dem «Götz». Dort sagt der Ritter von Elisabeth: «Wen Gott lieb hat, dem geb er so eine Frau.» Aber Goethe wandelte damit nur ein Frankfurter Sprichwort ab, das uns Müllers «Beschreibung von Frankfurt» aus dem Jahre 1747 überliefert: «Wen Gott lieb hat, dem gibt er Wohnung und Nahrung zu Frankfurt.» Und dieses Wort geht seinerseits wiederum auf eine entsprechende spanische Sentenz zurück.

Man war noch zwei Wochen in der Stadt geblieben, vermutlich im Schlosserschen Familienhause in der Töngesgasse, in dem Goethe zur Divanzeit abzusteigen pflegte; dann, am 14. November, brach man nach Karlsruhe auf. Frankfurt war von den Franken her älteste, ehrwürdigste Stätte des Reichs, mit Bauten voller Würde und voller Geschichte, selbstbewußtes altes Bürgertum; Karlsruhe war ganz 18. Jahrhundert, ganz neue Zeit, eben erst 1715 gegründet, nach dem Reißbrett abgezirkelt, und zählte nur 3000 Einwohner, eine Hof- und Beamtenstadt. Indes es war nur ein Übergang, nur vom November 1773 bis Juni 1774; dann wurde Schlosser, obwohl ihn der Markgraf als wichtigsten Mann der Regierung in der Hauptstadt zu halten wünschte, auf seinen Wunsch hin Oberamtmann in Emmendingen. So erfolgte ein neuer Umzug, zu Schiff, den

Rhein hinauf. Cornelia bangte dabei am meisten um den Flügel, eben jenen Flügel von Pfeil, dem sie als Kind so gram gewesen war, und um den Laokoon-Kopf in Gips, den Schlosser sich erworben hatte, wie er ihn bei Wolfgang gesehen.

Emmendingen, das war ein kleines träumerisches Städtchen im Markgräfler Land, auch das Amtshaus war klein. Schlosser kaufte es dem Staat ab und baute es um, nach seinen und Cornelias Bedürfnissen und Wünschen. Er war der höchst bezahlte Beamte des Landes. Mit 2000 fl. Gehalt, 600 fl. Zinsen aus eigenem Vermögen und 400 fl. jährlichem Zuschuß von Cornelias Vater in Frankfurt hatte er ein Einkommen, das das des Kaiserlichen Rates im Großen Hirschgraben jährlich um 5 bis 600 fl. überstieg. Die Verhältnisse des Bruders in Weimar waren um vieles enger.

Schlosser aber herrschte wie ein kleiner Fürst. Zu dem Amt, dem er vorstand, gehörten neunundzwanzig Ortschaften, in denen 20000 Menschen ihr Heim und ihre Arbeit hatten. Und er herrschte badisch human. Im alten Stadtschloß zu Emmendingen, einem Bau im Stil des 16. Jahrhunderts, ist ein Museumszimmer. Da liegt im Original das Copialbuch von Schlossers amtlichen Schreiben aus. Die Schriftstücke beginnen: «Geliebter Amts Burgermeister und Liebe Vorgesetzte» oder: «Geliebte Förster und Liebe Vorgesetzte». Das war der Stil seit 1752 im Oberamt Hochberg. Erst mit dem Jahr 1809 hörte diese menschenfreundliche Art der Anrede auf.

So lebte denn Cornelia in der oberrheinischen Landschaft, zwischen Schwarzwald und Vogesen, einer Gegend, paradiesisch wie wenig andere in Deutschland. Alles was Goethe im Elften Buch von «Dichtung und Wahrheit» über das Elsaß schreibt, galt und gilt es nicht ebenso für das Markgräfler Land? «Man durfte sich nur der Gegenwart hingeben, um diese Klarheit des reinen Himmels, diesen Glanz der reichen Erde, diese lauen Abende, diese warmen Nächte zu genießen. Monatelang beglückten reine, ätherische Morgen, wo der Himmel sich in seiner ganzen Pracht wies, in dem er die Erde mit überflüssigem Tau getränkt hatte; und damit dieses Schauspiel nicht zu einfach werde, türmten sich oft Wolken über die entfernten Berge bald in dieser, bald in jener Gegend. Sie standen Tage, ja Wochen lang, ohne den reinen Himmel zu trüben, und selbst die vorübergehenden Gewitter erquickten das Land und verherrlichten das Grün, das schon wieder im Sonnenschein glänzte, ehe es noch abtrocknen konnte. Der doppelte Regenbogen, zweifarbige Säume eines dunkelgrauen, beinah schwarzen himmlischen Bandstreifens waren herrlicher, farbiger, entschiedener, aber auch flüchtiger als ich sie irgend beobachtet.» So zeichnet Goethe noch im Alter die Landschaft, die er, drei Jahre bevor die Schwester nach Emmendingen kam, drüben auf der anderen Stromseite erlebt hatte. Indes der Bruder genoß die Natur als Liebender, und eben das war der Schwester versagt. «Man durfte sich nur der Gegenwart hingeben», so setzt Goethes Schilderung ein; es war das Schicksal Cornelias, daß es ihr, wo es auch immer sei, schwer fiel, sich hinzugeben.

Und vielleicht bekommen da doch die Worte im Tagebuch vom Mai und Juli 1769 eine erhellende Bedeutung: «Ich lebe jetzt ein sehr ruhiges Leben, aber diese Ruhe hat keinerlei Reiz für mich. Ich liebe die Abwechselung, die Unruhe, den Lärm der großen Welt, die aufregenden Vergnügungen. Alle Tage sind so einförmig, denn jetzt im Sommer gibt es keine Gesellschaften, keine öffentlichen Vergnügungen»; und einige Wochen später: «Die Einförmigkeit, in der ich lebe, die Gleichförmigkeit meines seelischen Daseins, die stumpfe Ruhe meines Herzens, all das geben mir keinen Stoff zu einem unterhaltenden Brief!» Und im August: «Wenn man nichts erlebt, was einen interessiert, dann langweilt es, Briefe zu schreiben.» So Cornelia im Sommer 1769, da doch der Bruder bei ihr im Hause war, mit ihr zusammenlebte. Von dessen Liebe zur Natur, die bald der deutschen Lyrik einen völlig neuen Klang geben sollte, scheint die Schwester nichts in sich getragen zu haben.

Allerdings der großen Stadt Frankfurt war man fern, die mit ihren Frühjahrs- und Herbstmessen, mit dem Theater, den Abonnementskonzerten, den wöchentlichen Einladungen dem Dasein einen reich belebten Hintergrund gab. Indes wenn Cornelia klagt: «Wir sind hier ganz allein, auf dreißig bis vierzig Meilen weit ist kein Mensch zu finden», so ist das Übertreibung. Nach Colmar waren es nur vierzig, nach Straßburg waren es nur sechzig Kilometer; in beiden Städten wohnten Freunde Schlossers und, wenn auch damals räumliche Entfernungen etwas ganz anderes waren als heute, so kam doch vor allem von Straßburg her viel Besuch, und aus der Schweiz auch. Schlossers Heim war ein Anziehungspunkt für den ganzen oberrheinischen Kreis der Sturm- und Drang-Bewegung, auch für Lavater und die Seinen. Es waren keine unbedeutenden Leute, die als Gäste das Amtshaus in Emmendingen aufsuchten. Auch scheint es, daß immer einmal eine der Schwestern Gerock, der Frankfurter Jugendfreundinnen, für kürzer oder länger im Haus bei Cornelia lebte. Das waren heitere, freundliche Mädchen, sie brachten heimatliche Wärme mit. Wir wissen nicht viel von ihnen, aber was wir wissen genügt uns. Kestner erzählt in seinem Tagebuch über seinen Frankfurter Besuch im September 1772: «Wir», d. h. Kestner, Schlosser, Merck und Goethe, «gingen auf den Römer, wo die Mercken, nebst der Dlle. Goethe, auch war. Unvermuthet begegnet uns ein Frauenzimmer. Wie sie den Goethe sah, leuchtete ihr die Freude aus dem Gesicht, plötzlich lief sie auf ihn zu und in seine Arme. Sie küßten sich herzlich»! Das war Katharina Gerock.

Schlosser, als Oberamtmann, war gewiß viel unterwegs, wurde von seiner Verwaltungsarbeit beansprucht, auch von gelehrten Studien. Er hatte nur die späteren Abendstunden für Cornelia frei. In ein weibliches Temperament sich einzufühlen, dazu war er wenigstens in dieser seiner ersten Ehe nicht schmiegsam genug. Andererseits, er war ein bedeutender Kopf und ein Charakter. Die Aufgaben, die er sich gestellt hatte, dem Bauernstand zu helfen, die Erziehung der Jugend zu bessern, ihre religiöse Unterweisung weniger vom Katechismus und mehr vom Herzen und gelebten Leben her bestimmen zu lassen, das waren sehr menschliche Anliegen. Man sollte meinen, eine Frau, die nicht allzu sehr in sich selbst versunken lebte, die einen offenen Blick für die Welt und deren Nöte hatte, sollte mit Freuden dem Gatten bei solcher Arbeit gefolgt sein.

Cornelia aber nahm an alledem keinen Anteil. Sie war krank. Schon in Karlsruhe, als Lavater sie besuchte, litt sie an «Üblichkeit». Der Umzug nach Emmendingen strengte sie so an, daß sie fast nicht stehen konnte. Haushalt zu führen war ihr an sich schon Last, und mit der Einrichtung war sie nach dreiviertel Jahr noch nicht fertig. «Wir könnten ja wohl auskommen, aber meine Frau ist auf einem besonderen Fuße erzogen worden», schreibt Schlosser an Lavater. Ein andermal: «Jeder Wind, jeder Wassertropfen sperrt sie in die Stube und vor Keller und Küche fürchtet sie sich noch zuviel.» Am 28. Oktober 1774 wurde die erste Tochter geboren, Lulu, mit den Taufnamen Maria Anne Louise. Von der Entbindung konnte sich die junge Mutter nicht erholen. Anderthalb Jahr, bis in den Sommer 1776 hinein, blieb die Arme an das Bett gebannt, wie sie klagt, nicht imstande, sich selbst nur einen Strumpf anzuziehen. Eine tiefe Melancholie lag über ihr. Sie las kein Buch, schrieb keinen Brief, weigerte jede Handarbeit. Erst im Juni 1776 scheint diese schlimme Periode vorüber gewesen zu sein. Aber schon im Oktober klagt sie wieder über einen entsetzlichen Paroxysmus von Gliederschmerzen, im Dezember, eben erst 26 Jahre alt geworden, schreibt sie von ihrem Körper, daß er nirgend hintauge als ins Grab. — Am 10. Mai 1777 wurde die zweite Tochter geboren, Catharina Elisabeth Julie oder, wie sie in der Familie genannt wurde, Juliette. Vier Wochen darauf, am 8. Juni, war Cornelias Leben vorbei. Die Stadt Emmendingen pflegt das Grab.

So ist es schwer zu entscheiden, inwieweit die Teilnahmslosigkeit an der Arbeit des Gatten körperlich, inwieweit sie geistig bedingt war. Der Gesunde war von seinem Beruf beansprucht, die Kranke blieb an ihre Stube, an ihr Bett gefesselt. Wie hätte da ein gemeinsames Leben geführt werden können!

Ein anderes kam dazu, die Ehe noch schwieriger zu gestalten. Cornelia war eine unsinnliche Natur. Auch hierin glich sie Charlotte von Stein, die man auch nur verstehen kann, wenn man weiß, wie sehr sie gerade unter dem Weibsein des Weiblichen litt. Der Arzt Zimmermann, der ein guter seelischer Diagnostiker war, hat diese Verwandtschaft der beiden Frauen sofort erkannt. «Ihr ekelt vor meiner Liebe», hat Schlosser seinem Bruder geschrieben. Goethe wußte darum. Eckermann, der am 28. März 1831 das Gespräch auf Cornelia gebracht hatte, zeichnet von Goethe auf: «Sie war ein merkwürdiges Wesen, sie stand sittlich sehr hoch und hatte nicht die Spur von etwas Sinnlichem. Der Gedanke, sich einem Manne hinzugeben, war ihr widerwärtig, und man mag denken, daß aus dieser Eigenheit in der Ehe manche unangenehme Stunde hervorging. Frauen, die eine gleiche Abneigung haben oder ihre Männer nicht lieben, werden empfinden, was dieses sagen will. Ich konnte daher meine Schwester auch nie als verheiratet denken, vielmehr wäre sie als Äbtissin in einem Kloster recht eigentlich an ihrem Platze gewesen.» Merck, rückblickend nach Cornelias Tod, sagt: «Sie haben gut zusammen gelebt, obgleich sie's nur getragen hat.»

«Äbtissin in einem Kloster», hier wird zum Bild, was jener andere Satz aussagt: «Sie stand sittlich sehr hoch.» Beides hören wir aus Lavaters Tagebuch heraus, der am 19. Juni 1774, eben noch vor der Übersiedlung nach Emmendingen, in Karlsruhe war. Lavater gibt eine kleine

Szene: «Ich frug bald Herrn Hofrat Schlossern nach. ‚Er werde wohl nicht im Lande sein?' ‚Die Frau Hofrätin doch?' ‚O ja!' — Ich ging gleich hin, ganz begierig Schlossers Frau und Goethens Schwester zu sehen. Ich klopfte an — Ein junges, lebhaftes Mägdchen kam heraus», es war Katharina oder Antoinette Gerock. «Nicht die Hofrätin, dachte ich — Sogleich kam hinter ihr eine lange, blasse, weißgekleidete, himmlisch erhabene Dame — Beide durchstachen mich mit ihren Augen — fingen an zu lächeln. ‚Ach, vielleicht sind Sie Herr Lavater?' ‚Ich bins.' Lautes Aufjauchzen des Mädchens, daß die Frau Schlosserin die Tür, wo die Gesellschaft war, zuzog. ‚Nicht so laut, mein Kind! — sind Sie Lavater?' Noch immer hüpfte, jauchzte das Mädchen, faßte mich bei der Hand; führten mich in Schlossers großes, hohes, sehr simples Studierzimmer.»

«Lange, blasse, himmlisch erhabene Dame» bei Lavater, «Äbtissin, nicht die Spur von etwas Sinnlichem, sie stand sittlich sehr hoch», so Goethe. Bei aller Jugend Cornelias, in sich war sie fertig, ausgeprägt, vielleicht — wenn man ein solches Urteil wagen darf — zum Ziel gekommen. Und darauf beruhte die Wirkung, die sie, die Kranke, auf ihre Umwelt haben konnte. Das merkwürdigste Beispiel ist Lenz, der Straßburger Jugendfreund Goethes, der Dichter der Komödien «Der Hofmeister», «Die Soldaten». Einen Monat jünger als Cornelia, im Januar 1751 geboren, war er wie diese in Goethes Bann und hatte, gleichsam in seinem Schatten, um die verlassene Friederike in Sesenheim geworben. Cornelia lernte er kennen, als Schlosser mit ihr 1774 durch Straßburg reiste. Im April 1775 besuchte er Emmendingen; vom Frühjahr bis Herbst 1776 war er in Weimar und fand dann, nach dem Bruch mit dem Bruder, wieder den Weg zu Cornelia. Sein Dichten wurde ein geistiges Werben um sie. Sie war ihm, dem Getriebenen, in verspielter Phantasie hin und her Geworfenen, beruhigender Mittelpunkt alles Denkens, das Idol, bei dem er Halt suchte. Blätter auf Blätter füllte er mit Prosa, mit Versen, die ihr galten. Wenn Cornelia klagte, «hier sind wir abgeschnitten von allem was gut und schön in der Welt ist», wenn sie sich aus der Einsamkeit in die große Stadt sehnt, so sehnt sich Lenz aus der Stadt hinaus zu ihr und in die Natur: «Wenn ich bedenke, wie unmöglich es dem meisten Teil der jungen Leute in Straßburg ist, einen vernünftigen Gedanken, ein edles Gefühl zu erhalten, wie alles sich bei ihnen täglich zerstreuen, verwischen muß, wie zuletzt ihre ganze Fassungskraft stumpf und matt wird und sie herumtrottende Tiere und Kälber ohne Menschensinn und Menschengefühl werden müssen — das heiße warme Klima, der Nationalcharakter, die ewige, unersättliche, sinnliche Neugier, das Auf- und Abziehen der geputzten Damen und Herren auf der Promenade, das ewige Zerstreuen und Vermannigfaltigen der Concupiscenz, der Wurzel alles moralischen Gefühls, auf hunderttausend Gegenstände, das ewige Klavierspielen auf unsern armen Nerven ohne Zweck, ohne Ganzes, das uns in einem immerwährenden, zerstörenden, abnutzenden Traum erhält. — Gottlob, daß ich Dich habe — — — O göttliche Frau! Schutzgeist!»

Als Lenz in Zürich den Tod Cornelias erfuhr, entstehen die Verse, die, was Lavater, was der Bruder über sie ausgesagt, — «himmlisch erhabene Dame, Äbtissin, sie stand sittlich sehr hoch» — von Lenz aus bestätigen:

Wie hob mich das Gefühl auf Engelschwingen
Zu edlern Neigungen empor,
Wie warnt es mich bei allzu feinen Schlingen,
Daß ich nie meinen Wert verlor.
Mein Schutzgeist ist dahin, die Gottheit, die mich führte
Am Rande jeglicher Gefahr,
Und wenn mein Herz erstorben war,
Die Gottheit, die es wieder rührte.
Ihr zart Gefühl, das jeden Mißlaut spürte,
Litt auch kein Wort, auch keinen Blick,
Der nicht der Wahrheit Stempel führte. —

Wenn wir auch bei Lenz immer zu fragen haben, was ist selbstgefällige Träumerei, was wahres Gefühl, — diese Totenklage ist echt. —

Der Bruder jedoch verstummte. Wie sich das geschwisterliche Verhältnis nach der Trennung Cornelias von der Heimat gestaltet hat, läßt sich im einzelnen nicht aufweisen. Goethe hat die Briefe der Schwester vernichtet. Schlosser hat umgekehrt das gleiche getan. Vermutlich ist es zuletzt nur ein karger Briefwechsel gewesen. Cornelia konnte nicht schreiben aus körperlichen, der Bruder aus seelischen Gründen. Sein Wissen um ihr Leid lähmte ihn. Vom 27. Mai bis 5. Juni 1775, also über eine Woche, war er in Emmendingen. Er war von Straßburg aus mit Lenz herübergekommen. Es war auf jener ersten Reise in die Schweiz, die er am 14. Mai in Begleitung der Brüder Stolberg und des Grafen von Haugwitz angetreten, die ihm erweisen sollte, ob er Lili, mit der er sich zu Ostern verlobt hatte oder mit der er verlobt worden war, vergessen könne. Er konnte sie nicht vergessen. Sie war ihm überall gegenwärtig. Auch in Emmendingen besprach er mit der Schwester seine Lage. Und diese tat, was sie nur tun konnte, den Bruder zur Lösung des Verhältnisses zu bestimmen. — Warum? — Wollte sie den geliebten Bruder, von dem getrennt zu sein ihr schon Schmerz genug war, nicht an eine andere verlieren? War sie eifersüchtig auf Lili wie seinerzeit Wolfgang eifersüchtig auf Schlosser war? Hielt sie wirklich den Unterschied der Familien, deren gesellschaftliche Haltung und Lebensführung für so wesentlich? Zog sie aus Erfahrungen ihrer Ehe verallgemeinernd Schlüsse auf die Ehe überhaupt? Goethe in «Dichtung und Wahrheit» im Achtzehnten Buch, wo er von seinem Aufenthalt in Emmendingen spricht, meint, ihre Erfahrung, aus anregender Geselligkeit in ländliche Einsamkeit versetzt zu sein, sei der Hauptgrund gewesen, «aufs ernsteste eine Trennung von Lili zu befehlen. Es schien ihr hart, ein solches Frauenzimmer, von dem sie sich die höchsten Begriffe gemacht hatte, aus einer wo nicht glänzenden, doch lebhaft bewegten Existenz herauszuzerren, in unser zwar löbliches, aber doch nicht zu bedeutenden Gesellschaften eingerichtetes Haus, zwischen einen wohlwollenden, ungesprächigen, aber gern didaktischen Vater, und eine in ihrer Art höchst häuslich-tätige Mutter, welche doch, nach vollbrachtem Geschäft, bei einer bequemen Handarbeit nicht gestört sein wollte, in einem gemütlichen Gespräch mit jungen herangezogenen und auserwählten Persönlichkeiten. Dagegen setzte sie mir Lilis Verhältnisse lebhaft ins klare; denn ich hatte ihr teils schon in Briefen, teils aber in leidenschaftlich geschwätziger Vertraulichkeit alles haarklein vorgetragen.»

Auch im Neunzehnten Buch, da wo Goethe noch einmal sein Schwanken und dann die Trennung schildert, heißt es: «Freilich sehr verbietend und bestimmt waren die Gebote meiner Schwester; sie hatte mir mit allem verständigen Gefühl, dessen sie fähig war, die Lage nicht nur ins klare gesetzt, sondern ihre wahrhaft schmerzlich mächtigen Briefe verfolgten immer mit kräftigerer Ausführung denselben Text. ‚Gut', sagte sie, ‚wenn ihr's nicht vermeiden könntet, so müßtet ihr's ertragen; dergleichen muß man dulden, aber nicht wählen.'»

Georg Witkowski, in seiner Biographie Cornelias, urteilt: «Die Schwester hat mit ihrem verständigen Gefühl, ihrer eignen schmerzlichen Erfahrung den Bruder nicht gut beraten. Wenn ihre Worte und Briefe ihn von Lili getrennt haben, so trägt sie Mitschuld daran, daß er auf die würdigste Gefährtin verzichtete, die ihm auf seinem Lebenswege entgegentrat.»

Wenn auch beim Besuch des geliebten Bruders Cornelias Gesundheit aufflackerte, Goethe übersah die Lage; und eben das, was er sah, schilderte er später in «Dichtung und Wahrheit». Der Zustand der Schwester war ein einziger Jammer, und der Schmerz darüber griff so tief, daß er, wie so oft in solchen Fällen, sich nur im Gleichgewicht erhalten konnte, indem er nichts aussprach, indem er schwieg.

Aber er rief helfende Kräfte bei anderen auf, er bat Gustchen Stolberg, er bat Charlotte von Stein, Cornelia zu schreiben. Am 16. Juni 1777 erhielt er die Todesnachricht. Darüber haben wir einen Zettel an Frau von Stein: «Um achte war ich in meinem Garten, fand alles gut und wohl und ging mit mir selbst, mit unter lesend auf und ab. Um neune kriegt ich Brief daß meine Schwester todt sey. — Ich kann nun weiter nichts sagen. G.» Im Tagebuch steht: von Kochberg «früh zurück. Brief des Todts m. Schwester. Dunckler zerrissner Tag.» Dann: «17. Leiden und Träumen», so geschrieben, daß es auch den 18. und 19. Juni umfaßt. Erst mit dem 20. setzt mit einer Conseilsitzung das äußere Leben wieder ein. Einen Monat darauf, Mitte Juli, an Gustgen Stolberg, der der letzte erhaltene Brief Cornelias gegolten hatte: «Dank, Gustgen, daß du aus deiner Ruhe mir in die Unruhe des Lebens einen Laut herüber gegeben hast.

Alles geben Götter die unendlichen
Ihren Lieblingen ganz
Alle Freuden die unendlichen
Alle Schmerzen die unendlichen ganz.

So sang ich neulich, als ich tief in einer herrlichen Mondnacht aus dem Flusse stieg, der vor meinem Garten durch die Wiesen fliest; und das bewahrheitet sich täglich an mir. Ich muß das Glück für meine Liebste erkennen, dafür schiert sie mich auch wieder wie ein geliebtes Weib. Den Todt meiner Schwester wirst du wissen. Mir geht in allem alles erwünscht, und leide allein um andre.»

Im November erhält Goethe die «seltsame Nachricht», daß Schlosser in Johanna Fahlmer, der Verwandten der Jacobis, seinen beiden kleinen Töchtern eine neue Mutter geben werde. Johanna, nur fünf Jahre älter als Goethe, hatte seit 1772 für einige Jahre in Frankfurt gelebt, war Cornelia Freundin und dem Dichter Vertraute in den Tagen der Lililiebe gewesen. Nach Emmendingen geht ein Glück-

und Segenswunsch. Offener aber spricht sich Goethe der Mutter gegenüber aus: «Mein Herz und Sinn ist zeither so gewohnt, daß das Schicksal Ball mit ihm spielt, daß es fürs neue, es sei Glück oder Unglück, fast gar kein Gefühl mehr hat. Mir ists, als wenn in der Herbstzeit ein Baum gepflanzt würde. Mit meiner Schwester ist mir so eine starke Wurzel, die mich an der Erde hielt, abgehauen worden, daß die Äste von oben, die davon Nahrung hatten, auch absterben müssen.»

Zwei Wochen später, und Goethe verläßt Weimar. Er reitet in den winterlichen Harz, allein. Ihn rief das Gebirge, aber er suchte auch die Einsamkeit. Er hatte viel mit sich abzumachen.

Denn ein Gott hat
Jedem seine Bahn
Vorgezeichnet,
Die der Glückliche
Rasch zum freudigen
Ziele rennt:
Wem aber Unglück
Das Herz zusammenzog,
Er sträubt vergebens
Sich gegen die Schranken
Des ehernen Fadens,
Den die doch bittre Schere
Nur einmal löst.

Am 7. Dezember, in Clausthal, gedenkt das Tagebuch der Toten: «Geburtstag meiner abgeschiednen Schwester».

Zwei Jahre später, Ende September 1779, wiederum auf einer Reise in die Schweiz, diesmal mit dem Herzog, besucht Goethe, von Friederike in Sesenheim und von Lili in Straßburg kommend, Emmendingen. Er steht am Grabe der Schwester. «Ihr Haushalt», schreibt er an Charlotte von Stein, «ist mir wie eine Tafel, worauf eine geliebte Gestalt stand, die nun weggelöscht ist. Die an ihre Stelle getrettene

Fahlmer, mein Schwager, einige Freundinnen sind mir so nah wie sonst. Ihre Kinder sind schön, munter und gesund.»

Dieses «so nah wie sonst» war gute Absicht, aber im Grunde Selbsttäuschung. Goethe hat das Leid um Cornelia nie verwunden. Als durchaus eidetische Natur, die immer, oft bedrängend und bedrückend, vor Augen hatte, was sie einmal gesehen, ist das Bild der kranken Schwester im Unterbewußtsein bis in das eigene hohe Alter mit ihm gegangen und hat alle früheren Bilder verdrängt. So mied er möglichst, was die trüben Erinnerungen wachrufen konnte.

Als er nach der Belagerung und Übergabe von Mainz im Sommer 1793 eingeladen wurde, Schlosser und die Seinen, die nun in Karlsruhe lebten, wiederzusehen, entzieht er sich dem Besuch. Er wußte, die kleine Juliette war hoffnungslos erkrankt; es war ihm entsetzlich, seine Schwester «zum zweiten Mal sterben zu sehen». Aus der Erinnerung an die kranke Cornelia prägt er das Bild der Schwester in «Dichtung und Wahrheit». Und als eben damals im Jahre 1811, da er hier seine Jugendzeit wieder aufsteigen ließ, nun auch, erst 37 Jahre alt, die andere Tochter Cornelias starb, die heitere Lulu Nicolovius, glückliche Mutter mehrerer Kinder, da schrieb er dem ihm persönlich unbekannten Gatten gegenüber von dieser seiner Nichte, die er nur als einjähriges Kind gesehen, die seltsamen Worte: «Wenn sie bei so viel liebenswürdigen und edlen Eigenschaften mit der Welt nicht einig werden konnte, so erinnert sie mich an ihre Mutter, deren tiefe und zarte Natur, deren über ihr Geschlecht erhobener Geist sie nicht vor einem gewissen Unmut mit ihrer jedesmaligen Umgebung schützen konnte.» Das galt der Lulu, von der einst Cornelia gesagt: «Mein Mädgen würde mir sehr viel Freude machen, wenn ich mich mit ihm abgeben könnte. Es ist sehr lustig und will den ganzen Tag tanzen, desswegen es auch bey jedem lieber als bey mir ist». Wie Lulu wirklich war, ein Ebenbild ihrer Großmutter, der Frau Rat, frohgemut und lebensprühend, das zeigen ihre Briefe, wie sie von mir unter dem Titel «Cornelias

Tochter» in den «Essays um Goethe» (1957; 7. Aufl. 1980) veröffentlicht sind. Goethes Worte beweisen nur die Stärke seines Traumas. Erst zu den Enkeln der Schwester, den Söhnen von Lulu, die als Jenaer Studenten in Goethes letztem Lebensjahrzehnt im Weimarer Haus verkehrten, stellte sich ein verwandtschaftliches Verhältnis her.

Sicher, Cornelia war für den Bruder der Inbegriff der eigenen Jugend gewesen. Im selben Haus waren sie aufgewachsen. Vater und Mutter, die Großeltern und Verwandten, es waren dieselben Erlebnisse und Erinnerungen. Auch den Kreis der Freunde und Freundinnen hatten sie gemeinsam. Von Straßburg, vor allem aber von Leipzig her hatte der Bruder immer dafür gesorgt, daß die Verbindung eng bliebe. In dauerndem Gedankenaustausch vermittelten sie sich gegenseitig ihre Eroberung der Welt. Und doch ist es nicht zutreffend, wenn gesagt wird, Cornelia habe alles mit dem Bruder geteilt. Einem wichtigsten Bezirk scheint sie fern geblieben zu sein, dem religiösen. Wir hören weder von einer inneren Teilnahme an den Herrnhuter Abenden im Goethehaus, noch von einer engeren Verbindung mit Susanna Katharina von Klettenberg, versagte sich diese doch auch der Teilnahme an der Hochzeitsfeier, wie sie schreibt «nach Standesgebühr und Herkommen». Der Absagebrief «an meine Theure Goetheische und Schlosserische Freunde» ist im Schlosserschen Nachlaß über Stift Neuburg auf uns gekommen. Zu Schlosser selbst aber war ihre Verbindung eng. Sie starb ein Jahr nach Cornelias Hochzeit, am 13. Dezember 1774, aber noch 1809 ließ Schlosser ihre geistlichen «Neuen Lieder» von 1753 in einem Privatdruck wieder erstehen.

Cornelias literarische Neigungen galten in erster Linie dem moralischen Roman. Nach Rousseaus «Nouvelle Heloïse» nannte sie ihre zweite Tochter Julie. Lavater hatte Schlosser zur Hochzeit mit einem Gedicht begrüßt, Cornelia kannte er von Karlsruhe, von Emmendingen her, er sandte ihr seine Predigten, aber er ist nicht, wie etwa bei

Lili von Türckheim, Trost und Helfer gewesen. Lenz, in seinem autobiographischen Roman, der der Gestalt Cornelias gilt, wird schon Tatsächliches überliefern, wenn er schreibt, ihr Mann habe ihm gesagt, sie arbeite vergeblich, ihre Seele zum vertrauten Umgang mit Gott zu gewöhnen. Entscheidend ist, was Goethe 1811 oder 1812 in seinen Notizen zum Sechsten Buch von «Dichtung und Wahrheit» aufzeichnet: «Wundersame Natur meiner Schwester. Man hätte von ihr sagen können, sie sei ohne Glaube, Liebe und Hoffnung.» Es sind die drei christlichen Kardinaltugenden, die Goethe hier der doch über alles geliebten Schwester abzusprechen scheint. Indes Witkowski hat darauf hingewiesen, daß in «Wilhelm Meisters Lehrjahren», im Vierten Kapitel des letzten Buches, auch von der tüchtigen Therese gesagt wird, Jarno habe ihr die drei schönen Eigenschaften Glaube, Liebe, Hoffnung völlig abgesprochen. «Statt des Glaubens hat sie die Einsicht, statt der Liebe die Beharrlichkeit, und statt der Hoffnung das Zutrauen.» Überträgt man dies in die geistesgeschichtlichen Kategorien des Jahrhunderts, so steht hier Aufklärung gegen Empfindsamkeit und Genieperiode. Es war ja aber gerade die Sendung des jungen Goethe gewesen, daß er den «Sturm und Drang» gegen den Rationalismus durchsetzte. Hier also gab es eine dezidierte Grenze, die bei aller Liebe die Geschwister trennte. Dieses beides also, daß sie keinerlei Verhältnis zur Natur und keine Einfühlung in die religiöse Sphäre hatte, das sind bestimmende Charakterzüge, die wir uns bei unserem Bild von Cornelias Wesen nicht verhehlen dürfen.

«Wundersame Natur meiner Schwester», — Goethe selbst hat in der Beurteilung Cornelias vor einem Rätsel gestanden. Man wird ihr wohl nie gerecht werden, so lange man ihren Zustand nur vom Seelischen, etwa der Vereinsamung auf dem Lande, der Trennung vom Bruder her deuten will. Alle diese Momente erklären nicht die Krankheit. Es ist schwer, Diagnosen zu stellen, schon bei Lebenden, noch viel mehr gegenüber Toten; indes es drängt sich doch die Vermutung auf, daß Cornelia wiederkehrend von Schwermut überschattet war. Vielleicht hatte sie schon in Frankfurt solche Zeiten gehabt. Das schwierige Verhältnis zum Vater würde verständlicher. Jedenfalls war sie schon in der Jugend kränklich. Sie ist die einzige in der Familie, die nach dem Haushaltungsbuch des Vaters zur Ader gelassen werden mußte. Des öfteren kann sie der Gesundheit wegen die Bälle nicht besuchen. Sie klagt über Melancholien.

Eine solche Krankheit Cornelias stünde nicht für sich. Es scheint, es handelt sich um eine Erbanlage in der Familie. Es ist doch nicht zufällig, daß, was Goethe an der Schwester erleben mußte, sich an seinem Enkel Wolfgang wiederholte. Welche Rolle spielt dieser liebenswürdige Knabe in den Briefen, im Tagebuch des Großvaters! Er ist das Glück seines Alters, ist bei allem Leid, das die schwierige Ehe des Sohnes über Goethe brachte, sein Trost. «Wolf hält sich besonders zu mir und hat eine Schublade in meinem Schreibtisch sich zu Kleinigkeiten und anderen Spielsachen angemaßt, die er jeden Tag umlegt; aber stets mit Sorgfalt und in einer gewissen symmetrischen Ordnung, woran man sich zu erfreuen hat», so an Ottilie am 13. August 1824 über den vierjährigen Knaben. Immer wieder, ja oft mehrmals in einer Woche, erzählt ähnliches das Tagebuch. Willkürlich herausgegriffene Einträge: 12. November 1826 «Abends Wolf, laut lesend»; weiter: «Wolf spielte Abends bey mir und unterhielt sich gar neckisch», so am 24. November; «kam Wölfchen und verweilte eine Stunde. Ich las Guizots und Villemains neuste Vorlesungen», am 12. August 1829; «mit Wölfchen Domino gespielt», das am 6. März 1830. «Fünf Leipziger Studirende sangen ganz früh im Garten vor meinem Fenster. Ich verehrte durch Wolf jedem ein Exemplar von ‚Hermann und Dorothea'», dies am 4. September 1830; «nötigte mich Wölfchen, ein Stück von Kotzebue anzuhören, welches er lebhaft und gehörig vortrug», so am 11. Januar 1831. Noch aus einem Brief an

Ulrike von Pogwisch vom 18. Juni 1831: «Wölfchen hält sich wie immer ganz nah an dem Großvater, wir frühstücken zusammen, und von da an zieht sich's durch den ganzen Tag durch. Das Theater reißt im Grunde diese guten Kreaturen mit sich fort, er schreibt Trauer- und Lustspiele, sammelt die Komödienzettel, liest grenzenlos. Mir kommt immer vor, daß unsre Kinder sich wirklich als mit Purzelbäumen bilden.» Schließlich unvergeßlich jene Szene aus dem März 1825, nach der Nacht, in der das Theater niedergebrannt war. Eckermann eilte zu Goethe. «Wir haben alle verloren», sagte er, «allein was ist zu tun! Mein Wölfchen kam diesen Morgen früh an mein Bette. Er faßte meine Hand, und indem er mich mit großen Augen ansah, sagte er: ‚So geht's den Menschen!' — Was läßt sich weiter sagen als dieses Wort meines lieben Wolf, womit er mich zu trösten suchte.» So groß war die Liebe des Ahnen dem Kind gegenüber, daß er sorgsam jede Stunde festhielt, die ihnen zu gemeinsamem Umgang geschenkt war. Viele Seiten könnte man mit den Auszügen aus den Tagebüchern füllen — rührenden Aufzeichnungen.

Der Erwachsene aber hatte ein schweres Leben. Vor allem zeigte sich bald, daß er, wie man sich ausdrückte, nervenkrank war. Schon mit sechzehn Jahren, 1836, hatte er die ersten Perioden einer Depression. Badereisen und lange Erholungspausen führten zu einer Wiederherstellung, die ihn instand setzte, 1839 das Weimarer Gymnasium mit Auszeichnung zu verlassen. Aber 1845, nachdem Wolfgang in Heidelberg über etruskische Agrargesetze promoviert hatte, traten wie bei Cornelia die melancholischen Zustände in Verbindung mit neuralgischen Beschwerden wieder auf. Sie halten mehrere Jahre lang an. Alle Kuren sind vergeblich. Der Kranke hat nicht die Kraft, sich einem weiteren Examen zu stellen. Acht Jahre diplomatischer Verwendung in preußischen Diensten, durch die Königin Augusta, Carl Augusts Enkelin, vermittelt, zuerst in Rom, wo bei der Cestiuspyramide der Vater begraben lag, dann in Dresden, waren mehr eine Scheinbeschäftigung als Tätigkeit. Immer wieder hat Wolfgang die Heimsuchungen seiner Krankheit zu erdulden. Die letzten dreizehn Jahre seines Lebens dämmert er leidend und menschenscheu dahin.

Cornelias Leiden hat man aus der Trennung vom Bruder erklären wollen, das des Enkels, das doch schon bei dem Sechzehnjährigen auftrat, aus dem Anspruch und Gewicht des großen Namens. Hier wie dort macht man zur Ursache einer Krankheit, was belastend zu dieser hinzutritt, und verzeichnet infolgedessen die Charaktere. Gerade die Wiederholung der Krankheit in ein und derselben Familie durch zwei Generationen sollte vor Fehlschlüssen warnen. Bei allem Wissen um psychosomatische Wechselwirkungen ist von Wolfgang wie von Cornelia zu sagen, ihre Seelen waren krank, weil ihre Konstitution krank war, nicht umgekehrt.

Eckermann hat den Zweiten Teil seiner «Gespräche mit Goethe» geschlossen, indem er erzählt, wie er am Tag nach Goethes Tod vor den Leichnam tritt. «Sein treuer Diener Friedrich schloß mir das Zimmer auf, wo man ihn hingelegt hatte. Auf dem Rücken ausgestreckt, ruhte er wie ein Schlafender; tiefer Friede und Festigkeit waltete auf den Zügen seines erhaben-edlen Gesichts. Die mächtige Stirn schien noch Gedanken zu hegen. Der Körper lag nackend in ein weißes Bettuch gehüllet. Friedrich schlug das Tuch auseinander, und ich erstaunte über die göttliche Pracht dieser Glieder. Ein vollkommener Mensch lag in großer Schönheit vor mir, und das Entzücken, das ich darüber empfand, ließ mich auf Augenblicke vergessen, daß der unsterbliche Geist eine solche Hülle verlassen.» — —

Ein und dieselbe Urne birgt beides — die weißen und die schwarzen Lose.

CATHARINA ELISABETH GOETHE

Im «West-östlichen Divan», im ersten Gedicht des «Buchs der Liebe», prägt Goethe den Begriff der «Musterbilder». Auch von seiner Mutter, der Frau Rat, können wir sagen, daß sie seinem Volke als Musterbild vor Augen steht. Als Vorbild einer treuen Gattin, einer gütigen, warmherzigen Mutter, lebensmutigen und glücklich heiteren Frau ist sie unserem Herzen nahe wie kaum eine andere deutsche Frau. Immer wieder bezaubern ihre Briefe jeden, der sie liest. «Vom Mütterchen die Frohnatur», das sei es, was er ihr als Mitgift für das Leben zu danken habe, so hat Goethe in jenem bekannten Gedicht, das von seinen Ahnen und ihren Gaben an die Nachkommen handelt, von ihr ausgesagt. Und doch müssen wir uns fragen, ob diese unsere Vorstellung dem Wesen und dem Schicksal dieser Frau wirklich in allem gerecht wird. Wir halten uns an Goethes Wort, wir beurteilen sie nach ihren Briefen, aber meistens gibt man sich nicht darüber Rechenschaft, daß sehr viele Briefe nicht auf uns gekommen sind, und daß die Auswahl der erhaltenen einseitig ist, daß sie unter einem gewissen sinngebenden Zeichen steht, eben jenem «vom Mütterchen die Frohnatur».

Wir müssen uns darüber klar sein, daß der Dichter grundsätzlich viele Dokumente seines Lebens, zum mindesten in seinen ersten Jahrzehnten, vernichtet hat. Wo sind die Briefe der Eltern, der Schwester nach Leipzig, nach Straßburg? Die Leipziger Briefe an Cornelia sind nur erhalten, weil der sorgliche Vater sie hatte heften lassen. Wo die von Käthchen Schönkopf, von Friederike Oeser, von Friederike Brion, die Goethe «das Herz zerrissen», wo die von Lili Schönemann, mit der doch «Zettelchen» gewechselt wurden wie später mit Charlotte? Wir wissen, Lili vernichtete alles, was sie von Goethe hatte, aus ihrem ehelichen Treuebegriff heraus, als sie den Baron von Türckheim heiratete. Aber auch Goethe zerstörte alle Dokumente aus dem Schicksalsjahr 1775. Ja, wer weiß, ob nicht auch die Briefe an Charlotte von Stein vernichtet worden wären, wenn nicht diese, die ihre eigenen Briefe an Goethe zurückverlangte und vernichtete, die Schreiben Goethes als schmerzliches Pfand verrauschten Liebesglücks auf ihrem Schloß Kochberg der Nachwelt hinterlassen hätte.

Das frühste Autodafé, das Goethe seinen Papieren bereitete, fand schon in Leipzig auf dem Küchenherd der Witwe Straube statt. Dann haben sich solche Exekutionen immer wiederholt. Goethe nannte das: die alte Schlangenhaut abstreifen. Unter dem 7. August 1779 heißt es im Tagebuch: «Zu Hause aufgeräumt, meine Papiere durchgesehen und alle alten Schalen verbrannt. Andre Zeiten, andre Sorgen. Stiller Rückblick aufs Leben.» Es ist jene lange, berühmte Selbstbetrachtung, die mit den Worten schließt: «Möge die Idee des Reinen, die sich bis auf den Bissen erstreckt, den ich in Mund nehme, immer lichter in mir werden.» Die für uns verhängnisvollste Exekution war die vom 2. und vom 9. Juli 1797. Es war vor dem Aufbruch zu der geplanten dritten Italienreise. In den Annalen heißt es: «Vor meiner Abreise verbrenn' ich alle an mich gesendeten Briefe seit 1772, aus entschiedener Abneigung gegen Publikation des stillen Gangs freundschaftlicher Mitteilung.» Und im Tagebuch heißt es unter dem 9. Juli: «Briefe verbrannt. Schöne grüne Farbe der Flamme, wenn das Papier nahe am Drahtgitter brennt.» Der Verfasser der Farbenlehre genießt ästhetisch, was uns heute noch schmerzlich berühren muß.

Der alte Goethe hat sein Verhalten bedauert, was ihn nicht abhielt, auch im späten Alter noch Jugendbriefe zu verbrennen. Riese, der älteste Schulfreund, in Frankfurt als

Jurist Kastenschreiber und Verwalter der Armenkasse, hatte 1806 nach dem Tode eines anderen Goetheschen Jugendbekannten, nämlich Johann Adam Horns, die Briefe des Dichters ersteigert und sie Marianne von Willemer ausgehändigt mit der Bitte, sie nach seinem, Rieses Tod, an Goethe zurückzugeben. Das geschah treulich im Jahr 1827. Wir haben Goethes Urteil schon einmal angeführt: «Eigentlich waren es uralte, redlich aufgehobene Briefe, deren Anblick nicht erfreulich sein konnte; hier lagen mir eigenhändige Blätter vor Augen, welche nur allzudeutlich ausdrückten, in welchen sittlich kümmerlichen Beschränktheiten man die schönsten Jugendjahre verlebt hatte. Die Briefe von Leipzig waren durchaus ohne Trost; ich habe sie alle dem Feuer überliefert; zwei von Straßburg heb ich auf, in denen man endlich ein freieres Umherblicken und Aufatmen des jungen Menschen gewahr wird. Freilich ist, bei heiterem innern Trieb und einem löblich geselligen Freisinn, noch keine Spur von woher? und wohin? von woaus? woein? deshalb auch einem solchen Wesen gar wundersame Prüfungen bevorstanden.» Aber auch die Straßburger Briefe sind nicht auf uns gekommen.

«Durchaus ohne Trost; ich habe sie alle dem Feuer überliefert. Keine Spur von woher? und wohin? von woaus? woein?» Da hören wir aus Goethes eigenem Munde, nach welchen Grundsätzen er Briefe vernichtete, er Briefe aufbewahrte. Auch hier ist wie in seinem ganzen Sein und Schaffen ein geheimes seelsorgerisches Anliegen am Werke.

Betrachten wir unter diesem Gesichtspunkt, was für Briefe von Goethes Mutter an ihren Sohn erhalten sind.

Der erste Brief, den der Dichter uns überliefert hat, ist vom 23. März 1780. Und wie beginnt er: «Lieber Sohn! Diesen Augenblick bringt mir Herr Paulsen zwei Briefe, die mich so in einen Freuden- und Jubelton gestimmt haben, daß es gar nicht ausgesprochen werden kann.» Warum? Die Briefe waren vom Herzog und der Herzogin Anna Amalia. «Wenn es aber auch kein Weimar und keine solche herrliche

Menschen drinne gäbe — ferner keinen Hätschelhans — So würde ich katholisch, machts wie Maler Müller. Da uns aber Gott so begnadigt hat, so freuen wir uns auch dieses Erdenlebens nach unserer Fasson und wie wirs eben haben können.»

Wo aber sind die Briefe der Mutter über das Leiden, über den Tod der Schwester, über die zweite Ehe Schlossers, die dem Bruder den Schwager und die Kinder Cornelias so entfremdet hat, daß er bis zu seinem Tod kein Verhältnis mehr zu jenem Bereich fand, der unter dem Zeichen der so geliebten, so früh verblichenen Schwester stand? Das waren Briefe, in denen für Goethe durchaus kein Trost war, kein «woaus? woein?» Sie waren der grünen Flamme übergeben worden, wie alle anderen mütterlichen Briefe vor diesem einen vom 23. März 1780, der nun freilich eine Fanfare, ein Freuden- und Jubelton war. Und so sollte die Nachwelt die Mutter sehen, froh und dankbar für das Glück des Lebens, und dieses besonders unter dem Stern von Weimar. Davon handelt der nächste von Goethe ausgewählte Brief fünfviertel Jahr später, vom 17. Juni 1781. Prinz Constantin wird erwartet, von Kalb und von Seckendorf waren im Hirschgraben gewesen. Es ist der Brief, aus dem wir von den Kabalen der von Kalb und von Seckendorf am Hof gegen Goethe erfahren, aber auch von dessen Glück, in Weimar zu leben und zu wirken. Dann ist sechs Jahre Schweigen. Inzwischen war 1782 der Vater gestorben und bestattet worden. Im Jahr darauf verlor die Frau Rat die «Mama», Wolfgangs Großmutter, die Frau Stadtschultheiß Textor. Kein Brief berichtet davon. Wohl aber sind aus dem Jahre 1786 zwei Schreiben aufbewahrt worden, das eine vermutlich mehr durch Zufall als durch Absicht, ein unbedeutender Zettel vom Februar über Einkäufe für Charlotte von Stein und dann der berühmte Brief vom 17. November: «Eine Erscheinung aus der Unterwelt hätte mich nicht mehr in Verwunderung setzen können als dein Brief aus Rom — Jubilieren hätte ich vor Freude mögen, daß der

Wunsch, der von frühester Jugend an in deiner Seele lag, nun in Erfüllung gegangen ist. Einen Menschen wie du bist, mit deinen Kenntnissen, mit dem reinen großen Blick vor alles was gut, groß und schön ist, der so ein Adlerauge hat, muß so eine Reise auf sein ganzes übriges Leben vergnügt und glücklich machen — und nicht allein dich, sondern alle, die das Glück haben, in deinem Wirkungskreis zu leben.»

Das Glück von Weimar also, das Glück von Rom, davon sollte die Nachwelt erfahren, das hatte Goethe aus der Vernichtungsaktion herausgenommen, die im Juni 1797 stattgefunden und die sich auf alles erstreckte, was vor dem Jahr 1792 lag. Warum gerade dieses Jahr die Grenze bildete, läßt sich nicht sagen. So ist es gekommen, daß vom Dezember 1792 bis zum Jahre 1808, da die Mutter starb, 159 Briefe von ihr an den Sohn erhalten sind, aus der Zeit von 1766 bis 1792 aber nur vier Briefe vorliegen. Die ganze Jugend Wolfgangs, die erste Weimarer Zeit sind verloren. Die Mutter wird damals kaum weniger oft an den Sohn geschrieben haben als später, mehrmals im Monat. Man wird die Zahl der verbrannten mütterlichen Briefe mit etwa zweihundert richtig ansetzen. Daß alle Briefe der Mutter an Cornelia dahin sind, ist nicht minder zu beklagen. Ob sie Schlosser selbst vernichtet oder ob er sie nach dem Tod der Tochter der Mutter zurückgegeben hat, ob diese selbst oder ihr Sohn als Erbe sie den Flammen weihte, darüber läßt sich nichts sagen.

So sind wir für die frühen Jahrzehnte auf diejenigen Schreiben angewiesen, die sich zufällig in befreundeten Familien erhalten haben, weil die Schreiberin die Mutter des berühmten Dichters war. Da sind als frühste Dokumente die Gruppe der Briefe an Lavater, einsetzend 1774, noch aus der Zeit, da Herrnhut für die Frau Rat war, was später Weimar wurde. Der berühmte Geistliche war Gast im Hirschgraben gewesen. Der Brief ist nur kurz, eigentlich ein Stammeln, in Rührung und Abschiedsschmerz. «Ich muß aufhören und muß weinen.» So also hat Goethes Mutter auch einmal schreiben können, im «Wertherjahr», im Zeitalter der Empfindsamkeit. Der nächste Brief schildert den Heimgang der Herzensfreundin, des Freifräuleins von Klettenberg, die die Mitte und Seele des ganzen pietistischen Kreises war. «Es wird ein Tag kommen, dann wird sie auferstehn! Dann werden wir auferstehen.» Das ist Klopstock, aus der Ode «An Fanny»:

Dann wird ein Tag sein, den werd ich auferstehn!
Dann wird ein Tag sein, den wirst du auferstehn!
Dann trennt kein Schicksal mehr die Seelen;
Die du einander, Natur, bestimmtest.

«Am 12ten, sobald ich früh Morgens zu ihr kam, sagte Sie: ‚Gute Nacht, Räthin, ich sterbe!‘ Vor Weinen konnte ich kein Wort reden.» Wie nun die Freundinnen am Leidenslager geistliche Lieder singen, Bibelworte sagen, wie das Halleluja erschallt, wie von der Seligkeit des Himmels gesprochen wird und wie dann abends die Sterbende nach dem Doctor fragt, aber nicht den Arzt, sondern Wolfgang meint: «Sag ihm Adieu, ich hab ihn sehr lieb gehabt», Wolfgang indes mit einem: «Sie stirbt nicht!» von seinem Schicksalsstern gezogen Carl August nach Mainz begleitet, das ist eine große Szene. Und man sieht schon hier, diese Frau konnte Briefe schreiben. Zwei Jahrzehnte später setzt Goethe der Verstorbenen und dieser ganzen pietistischen Epoche ein Denkmal in den «Bekenntnissen einer schönen Seele», die das Sechste Buch von «Wilhelm Meisters Lehrjahren» füllen. — 1777, Cornelia ist krank: «bei uns geht's wie's geschrieben steht, des Menschen Hertz ist trotzig und verzagt», und dann, nachdem die Tochter gestorben ist, die gottergebene Klage: «zwar mit tausend Tränen: der Herr hat's gegeben, der Herr hat's genommen, sein Name sei gelobet». Und wieder erinnert sie sich, «wie ich bei Eurer Abreise einen ganzen Tag geweint habe.» Dann aber lokkert sich die Bindung an Lavater. Die späteren Briefe an ihn sind nur noch Aufträge.

Die Frau Rat nannte Lavater «Lieber Sohn», obwohl er ihr sicher in der Klettenbergzeit geistliche Autorität war. Aber «Lieber Sohn», so redete sie auch Crespel an, und das war nun eine ganz andere Natur. Er war 1747 geboren, also sechzehn Jahre jünger als die Frau Rat, zwei Jahre älter als Wolfgang. Die Eltern wohnten ursprünglich, den Textors nachbarlich, in der Friedberger Gasse. Das hatte die Knaben in früher Kindheit zu einer Freundschaft geführt, die sich auch auf Bernhard Crespels jüngere Schwestern Franziska, oder wie sie bei Wolfgang heißt, «das Fränzchen» und auf «der Jungfraun Flor» Katharina erstreckte. Es war ein enger Bund. Bernhard spielte vorzüglich Geige, Fränzchen sang, Katharina war wie der Bruder durch Witz und Humor ein Elixier für jede Geselligkeit. Wolfgang hat Katharina in den Versen des alten Reynierschen Stammbuchs «Ein teures Büchlein siehst du hier» [Art. Ausg. Bd. 2, S. 223] mit «Äugelein schön» und «Jungfräulein von edler Art» gehuldigt. Für Fränzchen waren wohl schon 1770 beim Aufbruch nach Straßburg die zärtlich verliebten Strophen «Der Abschied» geschrieben worden:

> Laß mein Aug den Abschied sagen,
> Den mein Mund nicht nehmen kann!
> Schwer, wie schwer ist er zu tragen!
> Und ich bin doch sonst ein Mann.

Die beiden Schwestern gehörten zu den «Samstagsmädeln» der Frau Rat; und mit Bernhard, der über Anekdoten von Bettina und Clemens Brentano in die Dichtung von Ernst Theodor Amadeus Hoffmann und so in «Hoffmanns Erzählungen» von Offenbach geriet, haben die Frau Rat, aber auch der Vater zeitlebens gute Freundschaft gehalten. Die Briefe an ihn nach Regensburg, wo Crespel, vordem am Frankfurter Oberpostamt, seit 1771 im Dienst des Fürsten von Thurn und Taxis stand, spiegeln am reinsten das jugendlich heitere Temperament der Frau Rat, wie sie sich mit den Schwestern Crespels, den Gerock-Mädchen, der Maxe Brentano, dem auch noch sehr jungen «Tantchen» Wolfgangs, Johanna Fahlmer — sie war 1744 geboren — ein «groß Gaudium» nach dem anderen ersann. Sie tröstet Crespel, wie sie die Maxe tröstet, und gibt durch die Anschaulichkeit ihrer Schilderungen, ihren Sinn für das bezeichnende Detail, uns noch heute ein liebenswertes Bild davon, wie sie sich selbst, jetzt etwa fünfundvierzig Jahre alt, nach dem Weggang ihrer Kinder aus dem Haus, mit Jugend zu umgeben und mit dieser das Leben als Fest zu feiern wußte.

Und nun, wo die Briefe an Crespel abbrechen, setzt eine dritte Gruppe ein, in der sich das Schwergewicht von Frankfurt nach Weimar verlegt, die Briefe an die Herzogin Anna Amalia, der erste vom 17. August 1778. Hier danken wir es dem Herzoglichen Hausarchiv, daß sich die Schreiben erhalten haben. Im Juni und dann wieder im Juli hatte die Herzogin die Eltern Goethes besucht. Luise von Göchhausen, ihre Hofdame, hatte sie auf der Reise begleitet. Es war eine Lustreise und Kunstfahrt an den Main und Rhein gewesen. Von Düsseldorf aus schickt die Fürstin der Frau Rat Bilder vom Höllen-Breughel. Es wird rechts vom Hauseingang die gelbe Stube, das Empfangszimmer, ganz den Weimarer Geschenken gewidmet. Die Büste des Herzogs, die des Sohnes, die der Anna Amalia selbst, das Ölbild «Goethe mit der Silhouette», das heute wieder im Goethehaus hängt, Zeichnungen von Georg Melchior Kraus, Schattenrisse unter Glas und Rahmen und eben auch die vier Höllen-Breughel, alles das findet hier seinen Platz. Jeder Besucher sollte sofort gewahr werden, wie sehr diese Stätte unter der Gunst des Hauses Wettin stünde. Der Vater Goethe hatte in seinem «Viaggio in Italia» bittere Anmerkungen über den Hochmut des deutschen Adels gemacht und dankbar die Liberalität der Nobili von Venedig gerühmt. Die «seidnen Buben», unter denen hatte auch Crespel in Regensburg zu leiden gehabt; jetzt aber erfüllte es die Frau Rat mit Genugtuung, daß ihr Wolfgang in Begleitung des Herzogs zu der ältesten Frankfurter Patrizier-Gesellschaft im Hause zum Braunfels am Liebfrauenberg Zutritt hatte und daß sich «unsere Hochadliche Fräulein Gänsger brüsteten und Eroberungen machen wollten, wie es aber nicht zustande kam.»

Auf die Goldwaage darf man nun aber all die überschwenglichen Huldigungen der Frau Rat gegenüber der Fürstin nicht legen. Da mischen sich Scherz und Ernst. Es war immer ihr Temperament, Gefühle und Worte zu übersteigern. Die Schlußsätze des Briefes vom 19. Februar 1779, mit denen sie die Herzogin gleichsam adoriert, könnte sie weder als Christin noch als Bürgerin einer Freien Reichsstadt verantworten. Indes alles Politische lag ihr fern. Ihr Gatte blieb bei aller Freude über den fürstlichen Besuch immer, wer er war. Die Frau Rat aber fühlte einfach als Mutter. Sie war glücklich, weil sie ihren Sohn glücklich wußte, und aus überströmendem Herzen dankte sie denen, die ihrem Wolfgang die Stellung gegeben hatten, deren er zu seiner Entwicklung bedurfte.

Jahr für Jahr kommen nun freundliche Gaben aus Weimar, und immer sind sie ein Triumph für die Frau Rat, und immer wird mit Jubel gedankt. Allmählich aber, als keine persönlichen Begegnungen mehr stattfinden, ändert sich der Ton. Der vorletzte Brief beginnt: «Furchtsam und schüchtern wage ichs Ihro Hochfürstlichen Durchlaucht mein Andenken wieder in etwas aufzufrischen»; der letzte ist vom 9. März 1787. Im Anschluß an den Besuch der Herzogin im Hirschgraben auf ihrer Kunstreise im Sommer 1778 hatte die Korrespondenz begonnen. Über ein Jahrzehnt hatte die Verbindung gedauert. Nun aber hatten sich die Aspekte verschoben. Weimar war nicht mehr Weimar, auch für den Sohn nicht mehr. Rom war an seine Stelle getreten. Und als er zurückkam, fühlte er sich in dem Hofzirkel nicht mehr wohl. Jena gab ihm jetzt mehr als die Residenz. Die Freundschaft zum Herzog hatte sich gelockert. Carl August war in die preußische Armee eingetreten. Der Fürst, der Dichter, jeder ging seinen eigenen Weg.

Von 1784 bis 1790 wird dann Fritz von Stein der Weimarer Korrespondent. «Wie wäre es, wenn Sie so ein kleines Tagebuch hielten und schickten es mir alle Monat, — viele Arbeit soll das Ihnen gerade nicht machen, nur ohngefähr auf diese Weise: Gestern war Goethe im Schauspiel, Abends zu Gaste — Heute hatten wir Gesellschaft, u.s.w. Auf diese Weise lebte ich gleichsam mitten unter Euch — freute mich eurer Freuden — und die Abwesenheit verlöre viel von ihrer Unbehaglichkeit.» So beginnt die Frau Rat den Briefwechsel mit dem zwölfjährigen Knaben. Auch hier ging es der Mutter um den Sohn. Aber als dieser Christiane ins Haus genommen hatte, Fritz von Stein reif zur Universität wurde, brach auch diese Verbindung ab.

Die Herzogin Anna Amalia war eine kunstsinnige Fürstin. Sie hat den Ruhm von Weimar und Tiefurt begründet. Sie liebte die Dichtung, pflegte die Musik, berief Corona Schröter an ihren Hof, sie komponierte. Oeser lud sie aus Leipzig ein und zeichnete mit ihm und mit Kraus. Es gibt Radierungen von ihrer Hand. Die Reise von 1778 galt den süd- und westdeutschen Galerien. Merck, ein Liebhaber und Kenner, war ihr Begleiter. Goethes Mutter aber hatte kein Verhältnis zu den bildenden Künsten. In der berühmten Ettlingschen Galerie, in die Merck in Frankfurt die Reisenden geführt hatte, war für die Göchhausen und sie das «Gekickerre» über die «Moppelger», also wohl ein niederländisches Tierstück, das heiterste künstlerische Erlebnis gewesen. «Da darf ich doch auf meine eigne Hand lachen, ohne Herrn Krauße böse zu machen.» Gemeint ist der Maler Georg Melchior Kraus, der 1780 Direktor der Zeichenschule in Weimar wurde. Und wenn ihr nun Anna Amalia aus Düsseldorf vier Höllen-Breughel sendet — es kann sich nur um Stiche gehandelt haben —, so ging es auch hier nicht um die Kunst. «Solche Karikaturen sind doch, so lang die Welt steht, in keines Menschen Herz und Sinn gekommen, aber eben deswegen ist mirs so lieb, das ist vor Mutter Ajas Lunge allemal ein herrlicher Spaß — Ich habe über alle die Teufel und Menschen, die so kunterbunt durcheinander krabbeln, so gelacht, daß ich es endlich gar weglegen mußte, weil leicht ein Schade daraus hätte entstehen können.» Kann man aber von einer lebensfrohen Dame des Rokoko und Louis-Seize verlangen, daß sie sich in die Verdüsterungen und Glaubensängste eines Breughel einfühlen könne? Selbst die Herzogin hatte das nicht gekonnt und die Blätter zur Erheiterung nach Frankfurt gesandt.

Auch für die Gemäldesammlung ihres Gatten und seine Plastiken — «Nacktärsche» sagt sie — hatte Frau Rat kein Verständnis. Als sie das Haus am Großen Hirschgraben räumte, hieß es kurz entschlossen: «alles kling klang wird verkauft.» Auch das Weimarer Zimmer ward aufgelöst. Selbst vom Seekatzschen Familien-Porträt meint sie nur, daß wenigstens der Rahmen und das Brett zum Übermalen noch tauglich seien. Indes hier scheint sie sich besonnen zu haben. Es kam erst 1808, nach ihrem Tode, auf die Auktion. Melina von Guaita erwarb es für die Schwester Bettina; von ihr erbte es Herman Grimm. Daß in die neue kleine Wohnung von drei Zimmern die väterlichen Sammlungen nicht übernommen werden konnten, war selbstverständlich. Die vielleicht etwas lieblose Hast, mit der sich die Rätin all dieses Kunstbesitzes entschlug, empfand der Sohn als Kränkung. Er versuchte noch des einen oder anderen Bildes habhaft zu werden, jedoch umsonst.

Aber wenn die Frau Rat auch die Liebe ihres Gatten und ihres Sohnes zu den bildenden Künsten nicht zu teilen vermochte, so war doch ihre Teilnahme für das Theater um so größer. Der Bühne war sie mit Leib und Seele zugetan. Gerade in jener Zeit, da die Briefe an Anna Amalia abbrechen, setzen von 1788 bis 1793 die Briefe an den Schauspieler Unzelmann ein. Aber schon aus den Jahren vorher, von 1777 an bis 1793, liegen uns solche an den Schauspieldirektor Großmann vor. Diese Briefe sind bei den Nachkommen nicht geschlossen aufbewahrt worden, sondern durch den Autographenhandel gegangen. Wir können immerhin die Überraschung erleben, daß hier und da noch einmal ein Schreiben auftaucht.

Zuerst also, wer war dieser Schauspieldirektor Großmann, den die Frau Rat ihren «wertgeschätzten, lieben Herrn Gevatter» nennt? Welche Bedeutung hatte er für sie, welche für die deutsche Bühne?

Großmann war 1743 in Berlin geboren und dort im Umgang mit den Theaterkreisen der Stadt groß geworden. Als Lessing, der mit ihm lebenslänglich befreundet war, gelegentlich äußerte, er brauche ein und ein viertel Jahr, um ein Stück zu schreiben, erklärte Großmann, ihm genügten drei Tage. Tatsächlich, er dramatisierte in drei Tagen den Brand von Königsberg, dessen Augenzeuge er gewesen war, erfand eine Liebesgeschichte dazu und ließ das Stück 1773 unter dem Titel «Die Feuersbrunst» drucken. Döbbelin führte es in Berlin auf. Als das nächste Stück geschrieben wurde, ein bürgerliches Trauerspiel mit Verführung und Mord, «Wilhelmine von Blondheim» — diesmal währte es eine Woche —, war Großmann schon in Gotha bei der Seylerschen Truppe. Der Herzog hatte die Aufführung der «Minna von Barnhelm» gewünscht. Seyler konnte die Rolle des Riccaut nicht besetzen. Großmann sprang ein und spielte sie, wie sie nach allgemeinem Urteil noch nie gespielt worden war. So wurde der Bühnenschriftsteller auch selber Schauspieler. Er hatte seine Bestimmung gefunden. Gotter, Goethes Jugendfreund aus dem Frühling in Wetzlar, war in Gotha der führende Kopf. Aber auch Reichard, der Komponist so vieler Goethescher Lieder, und der große Ekhof waren dort, ferner die Gattin Seylers, einst als Madame Hensel die in der Hamburger Dramaturgie gefeierte Sara Sampson und Orsina, weiter Charlotte Brandes, die die Ariadne kreierte, Romana Koch, die 1773 in Weimar Wielands Alceste gegeben. Es war eine Elite der damaligen Schauspielkunst. Noch ist das Rokokotheater im Schloß erhalten, das so berühmte Tage gesehen hat, klein und bescheiden, und doch ein Juwel deutscher Theatergeschichte und zugleich das erste deutsche Hoftheater.

Mit der Seylerschen Truppe kam Großmann zur Oster- und Herbstmesse nach Frankfurt. Man spielte im Junghof. 1778 ward er Direktor des Kurfürstlichen Hoftheaters in Bonn. Er gab Schauspiele und Opern. Sein Musikdirektor war Neefe, unter dessen Leitung Beethoven im Theaterorchester die zweite Bratsche spielte. In Theaterzeitschriften griff Großmann in den Streit um den «Götz» ein, verteidigte das neue unregelmäßige Schauspiel neben dem regelmäßigen. «Es ist eine wahre Bereicherung der Sprache, daß wir das 15. Jahrhundert nachahmen können.» Auch da, wo das Stück am derbsten ist, bejaht er. «Götz müßte nicht Götz sein, wenn er anders spräche.»

Großmanns Ruhm war sein Schauspiel «Nicht mehr als sechs Schüsseln». Das Stück, geschrieben 1777, gedruckt 1780, dankte den Erfolg seiner Aktualität, seinen aggressiven, sozialrevolutionären Tendenzen. Es griff den Adel an. Es wandte sich gegen die Korruption der kleinen Fürstenhöfe. Insofern steht Großmanns Schauspiel zwischen «Emilia Galotti», 1772, und «Kabale und Liebe», 1784. Keineswegs war es irgendwie Dichtung, sondern nur politisches Zeitstück. Es weicht auch dem tragischen Schluß aus.

Der Untertitel lautet: «Ein Familien-Gemälde». Die Spannungen zwischen Bürgertum und Adel werden in ein- und derselben Familie ausgetragen. Der Träger der Handlung, der redliche und gradsinnige Justizdirektor und Hofrat Reinhard, hat in zweiter Ehe eine Dame von Stand geheiratet. Deren Sippe, verschuldet, anspruchsvoll, hochmütig, will mit dem Vermögen Reinhards sich und ihren Anhang sanieren. Die Intrigen, die dazu gesponnen werden, gehen von einer Verwandten der Gattin des Hofrats und dem Kammerherrn, dem Günstling des Fürsten, aus. Den Titel hat das Stück davon, daß der Hofrat einer Gesellschaft, die er geladen hat, nach seiner bürgerlichen Sitte nicht mehr als sechs Schüsseln vorsetzen will, während die adlige Verwandtschaft zwölf, ja achtzehn Gänge als standesgemäß verlangt. Der Aufbau des Ganzen ist geschickt, und jede Szene bringt neue Einfälle. Da werden bei den Handwerkern — und der Sattlermeister mit seinem immer wiederholten «Nichts für ungut» wurde sicher eine populäre Figur — seitens des Adels auf des Hofrats Namen Schulden über Schulden gemacht. Da werden dem Fürsten das Recht beugende Urteilssprüche zugeschoben. Bestechungsversuche werden unternommen. Ein Mädchen, des Hofrats Tochter, soll aus der Stadt entführt und in die Arme des Kammerherrn geliefert werden. Alles, was die Zeit an Problemen in sich barg, irgendwie kam es zur Sprache. Ein Kirchenrat tritt auf, nur um gegen die «heutige gereinigte Lehre» zu protestieren, «die auch nicht weit her ist, wo sie der Religion ihr ehrwürdiges Kleid ausziehen und eins fein lüftig nach der Mode anlegen». In den Liebesszenen wird die Sprache der Empfindsamkeit gesprochen: «Hab ich dich verstanden englisches Mädchen? — Wo war ich? Wo bin ich? — Ha! Ein solcher Augenblick söhnt uns mit allen Widerwärtigkeiten des Lebens aus. — Welch ein Blick! Und der Ton ihrer Stimme! — Der sanfte Druck ihrer Hand! — O ein ganzer Himmel lag darin! — Hier stand sie! Mein Fuß betritt die heilige Stätte, wo der Engel stand, der mich liebt!» Das sind Stella-Töne, nur eben von Großmann.

Auch den «Sturm und Drang» hören wir. «Nach Amerika will ich. Es gehen ehrliche, brave Kerls dahin. Ich habe Mark in Knochen, Schwingkraft in Nerven und Hirn im Kopf — ich will's hier [in Europa] nicht allgemach aufzehren lassen. Mit einem mal aus oder ein gemachter Kerl. Ich muß des lieben Gotts freie Luft einsaugen, die Knochen zusammen schütteln und's Blut durcheinanderpeitschen.»

Klingt da nicht wiederum Goethe an, sein Singspiel «Claudine von Villa Bella», aus dem Lilifrühling 1775? «Wißt Ihr die Bedürfnisse eines jungen Herzens wie meins ist? Ein junger toller Kopf? Wo habt Ihr einen Schauplatz des Lebens für mich? Eure bürgerliche Gesellschaft ist mir unerträglich! Will ich arbeiten, muß ich Knecht sein, will ich mich lustig machen, muß ich Knecht sein. Muß nicht einer, der halbweg was wert ist, lieber in die weite Welt gehn? Verzeiht! Ich höre nicht gern anderer Leute Meinung; verzeiht, daß ich Euch die meinige sage.» Es sind die gleichen Gedanken, nur bei Goethe ist die Sprache echt, bei Großmann theatralisch übersteigert.

Wie hatte das Motto zum «Götz von Berlichingen» gelautet? «Das Unglück ist geschehn, das Herz des Volks ist in den Kot getreten und keiner edlen Begierde mehr fähig.» Bei Großmann hören wir: «Weh dem Lande, dessen Fürst sein Herz den Händen eines Narren anvertraut und nicht mit eigenen und den Augen eines weisen Ministers sieht, wenn Mätressen sich in Staatsverfassung und Gesetzgebung mischen.» Es mußte und sollte den Zuschauer reizen, wenn es von der Bühne her scholl: «Der Soldatenstand ist der honorabelste Stand und der einzige Weg, auf welchem eine bürgerliche Familie einen Pas in der großen Welt bekommen kann.» Und es war auf den Beifall des Publikums gezielt, wenn der Hofrat eine Herausforderung zum Duell ablehnt: «Ich bin ein Bürger des Staats, bin Ehemann und bin Vater — ich schlage mich nicht. Das heißt: ich stelle mich nicht hin, um vorsätzlich das Vaterland um einen nützlichen Bürger zu bringen, das Weib zur trostlosen Witwe, Kinder zu jammernden Waisen zu machen. In meinen Augen ist der vorsätzliche Duellant der größte Verbrecher, für den ich keine zu harte Strafe weiß.» Es entsprach auch durchaus den Anschauungen der Zuhörer, wenn der Sohn, der als Student in Saus und Braus gelebt hat, aber nicht als Beamter arbeiten, sondern als Offizier sein ausschweifend genußfrohes Leben fortsetzen will, vom Vater gezwungen wird, Musketier zu werden, von der Pike auf zu dienen, damit er gehorchen lerne, ehe er sich das Befehlen anmaßt. Zum Schluß bringt der Landesherr, von einem treuen Beamten aufgeklärt, alles in Ordnung, entläßt seine Kreaturen und befördert den Hofrat. Die letzte Szene ist eine Domestikenszene, die «Minna von Barnhelm» abgelauscht ist.

Man sieht, Großmanns Stück war ein echtes Zeitstück, und darauf beruhte sein großer Erfolg. Es wurde in Frankfurt noch in der zweiten Hälfte des 19. Jahrhunderts gegeben. Seitdem wir ein bürgerliches Schauspiel haben, das heißt eben seit jener zweiten Hälfte des 18. Jahrhunderts, sind solche Stücke immer wieder geschrieben worden, in jeder neuen Generation, die auf der Bühne diskutiert sehen wollte, was an Problemen in ihrer Zeit lag. Gewöhnlich war der Erfolg sensationell, aber zumeist waren die Stücke in der nächsten Epoche auch schon vergessen. Welches Theater spielt heute noch Ibsens «Nora»? Es bleibt aber das Verdienst Großmanns, daß er zu jenen Dramatikern gehört, mit denen das zeitgebundene soziale Problemstück einsetzt.

Das also ist der Gevatter Großmann, der bei der Frau Rat in den Zeiten, da er in Frankfurt war, aus und ein ging. Und die Mitglieder seiner Truppe waren gleichfalls gern gesehene Gäste am runden Tisch in der blauen Stube. Das Theater gab nach dem Tod von Goethes Vater in den achtziger Jahren der Geselligkeit im Haus am Großen Hirschgraben das Gepräge. Man vergegenwärtige sich, wie das Leben in diesem Haus pulsierte. Vater, Mutter und Sohn, jeder in seiner Art war der Kunst ergeben. Der Rat förderte die Maler und hatte sie zu Freunden. Die Musiker, die zu Gastvorstellungen in die Stadt kamen, ließ er bei sich wohnen. Den Sohn suchten die berühmtesten Dichter und die führenden Schriftsteller der Zeit auf. Die Mutter zog die Schauspieler und Schauspielerinnen an ihre Tafel und sparte nicht mit «Tyrannenblut». «Zu den drei Leyern», unter diesem Zeichen stand das Haus wirklich. Es gab kein gleiches in Frankfurt.

Schiller hat an Großmann seinen Sinn für das Theater geschätzt. Am 23. Juli 1783 ging in Bonn «Die Verschwörung des Fiesko in Genua» über die Bühne, am 8. Oktober in Frankfurt. Vermutlich wohnte der Dichter der Aufführung bei. Er nahm sich auch die Einwürfe Großmanns zu Herzen und seine Wünsche, das Stück mehr den technischen Möglichkeiten der Bühne anzupassen. Am 8. Februar 1784 übersandte er von Mannheim aus eine umgearbeitete Fassung und schrieb: «Unterdessen freue ich mich dieses Anlasses, der mich mit einem Mann in Verbindung bringt, dem ich schon seit so lange meine vollkommenste Achtung weihe und welcher mit doppelter Wirksamkeit und doppeltem Glück mit mir die nämliche Bahn geht. Welcher Gewinn für mich, wenn ich mich mit Vertrauen und Bruderliebe an Sie anschließen und Ihre reife Kenntnis der Bühne bei meinen künftigen Arbeiten zu Rat ziehen kann. Ich werde Sie also gewiß festhalten und mein Freund müssen Sie werden, das ist ausgemacht.» Am 13. April 1784, dem dritten Ostertag und ersten Messetag, erfolgte in Frankfurt im neuen Komödienhaus die Erstaufführung von «Kabale und Liebe». Der Beifall war groß. An die «Räuber» aber wagte sich Großmann erst im Oktober 1785. Er hatte Vorbehalte. «Franz! Gibt es solche Menschen, dann weh uns und pfui uns! Es ist der allerschurkigste Schurke, an dem auch kein gutes Haar ist und doch gezeugt von einem wakkeren Vater, der wahrscheinlich auch ein wackeres Weib hatte. Es ist ein revoltierender Widerspruch darin und in der Ursache, warum er ein so großer Schurke ist.» Bei der Aufführung gab er den alten Moor, Unzelmann spielte den Franz nach Ifflands Vorbild, die Amalia war die Fiala, wie immer eine Schauspielerin von Noblesse und Innerlichkeit. Die Frau Rat hatte sie gern zu Gast, korrespondierte mit ihr und empfahl sie ihrem Sohn für Weimar noch in einem Brief vom März 1795. Ein Theaterschriftsteller Aloys

Schreiber gibt «Dramaturgische Blätter» heraus. Er widmet den Jahrgang 1788/89 «der Frau Räthin Goethe in Frankfurt.»

Am 6. Mai 1786 gab Großmann in Frankfurt den «Götz von Berlichingen», ein großes Ereignis für die Bürger der Stadt, besonders für die Frau Rat, die in ihrer Loge die frohen Blicke ihrer Mitbürger auf sich zog. Großmann spielte den Bruder Martin. Es war seine letzte Inszenierung in Frankfurt. Er ging nach Köln, wo ihn Streitigkeiten mit Kollegen in Not brachten und seine Existenz bedrohten. Schiller aber stand treu zu ihm: «Wir werden», schrieb er, «wunderbar auf diesem Globus herumgeworfen. Wir sind zwei Taucher, die bald hier, bald dort aus dem großen Weltmeer den Kopf heraus strecken und wieder in die Tiefe sinken.» Er bot ihm die Erstaufführung seines «Don Carlos» für zwölf Dukaten an. Aber selbst diese Summe konnte Großmann nicht aufbringen. «Mir tut es leid, lieber Großmann, das Sie für jetzt von meinem Karlos keinen Gebrauch machen können. Sehr gern hätte ich mein Stück auf Ihrer Bühne gesehen, und der glückliche Erfolg wäre mir doppelt angenehm gewesen. Verbessert sich Ihre Situation, so geben Sie mir Nachricht — und Sie sollen es sogleich erhalten.»

Das Ende entbehrt nicht einer gewissen Tragik. Die Französische Revolution hatte auf Großmann stark gewirkt. Daß eine innere Bereitschaft bei ihm vorlag, sich ihren Ideen hinzugeben, hatte ja schon sein Familiengemälde «Nicht mehr als sechs Schüsseln» bewiesen. Am 3. Februar 1795 ließ er sich bei der Aufführung einer Farce hinreißen, in Gegenwart des Braunschweigischen Hofes in extemporierten Ausfällen Regierung, Fürsten, Adel, Religion, Gelehrte, Schriftsteller in so scharfer Weise anzugreifen, daß er schließlich in Haft genommen wurde. Man ließ ihn, da er schwer krank war, bald wieder frei, aber das Theater durfte er nicht wieder betreten. Am 26. Mai 1796 starb er.

Goethe hat die Freundschaft seiner Mutter und die Schillers Großmann gegenüber nicht geteilt. In «Dichtung und Wahrheit», im Dreizehnten Buch, dort wo er auf seinen «Götz von Berlichingen» zu reden kommt, spricht er auch über die Satire und das Theater jener Tage. Lessings «Emilia Galotti» läßt er gelten, aber von Großmann sagt er, daß er in «sechs unappetitlichen Schüsseln alle Leckerspeisen seiner Pöbelküche dem schadenfrohen Publikum auftischte. Ein redlicher Mann, Hofrat Reinhard, machte bei dieser unerfreulichen Tafel den Haushofmeister, zu Trost und Erbauung sämtlicher Gäste. Von dieser Zeit an wählte man die theatralischen Bösewichter immer aus den höheren Ständen; doch mußte die Person Kammerjunker oder wenigstens Geheimsekretär sein, um sich einer solchen Auszeichnung würdig zu machen. Zu den allergottlosesten Schaubildern aber erkor man die obersten Chargen und Stellen des Hof- und Ziviletats im Adreßkalender, in welcher vornehmen Gesellschaft denn doch noch die Justitiarien als Bösewichter der ersten Instanz ihren Platz fanden.»

Goethe hatte es erbittert, daß das Schreiben, mit dem am Ende der Landesfürst die Gerechtigkeit wiederherstellt, mit dem Namen Carl August unterzeichnet war und daß der ungebärdige Sohn des Hofrats in Jena studiert hatte. Was von Großmann als Huldigung gedacht war, konnte den Anschein erwecken, als ob es sich bei dieser ganzen Handlung um Zustände im Herzogtum Sachsen-Weimar handele. Die Frau Rat hingegen liebte das Stück, gab aber zu, daß die Noblesse sich herausgefordert fühlen müsse und daß es «vor die Art Menschen zu starker Taback» sei.

Kunst ist Steigerung des Lebens und eben dadurch auch Gefährdung. Die Freundschaft, die die Frau Rat mit Unzelmann verband, verlief nicht in so ruhigen Bahnen wie die mit Großmann. Einunddreißig Jahre war Unzelmann alt, als er 1784 sich der Großmannschen Truppe in Frankfurt anschloß, die damals schon im neuen Komödienhaus spielte. Er war eine vielseitig begabte Natur, Tänzer im Ballett, Tenor in Singspiel und Oper, genial vor allem in komischen Rollen. Mutterwitz, Ironie und ein Gesicht, «in welchem sich ein frappanter Ausdruck von Neugierde, treuherziger Einfalt und verborgener Schelmerei spiegelte». Eine gute Figur und große Gaben der Einfühlung, das alles half ihm, schnell in Frankfurt, noch mehr später in Berlin, die erste Größe seines Fachs auf dem deutschen Theater zu werden.

Als er nach Frankfurt kam, war der Herr Rat seit zwei Jahren, Cornelia nun schon seit sieben Jahren tot. Wolfgang lebte in Weimar, das einst so lebendige Haus wäre leer und einsam gewesen, wenn nicht die Leidenschaft für das Theater der Mutter des Dichters Anregung, Freude und Spannung des Daseins gegeben hätte. Der Glaube an die Bühne, die Enttäuschung durch die Bühne, wie sie der Sohn eben damals in «Wilhelm Meisters Theatralischer Sendung» aus eigenen Erfahrungen heraus gestalten sollte, beides ist auch zur freud- und leidvollen Erfahrung für die Mutter geworden. Ihre Briefe an Unzelmann fallen in die Jahre 1788 bis 1793, immer aber schon Dokumente des Getrenntseins, ja der Katastrophe. Die glücklichen Jahre, das war die Zeit von 1784 bis zum Weggang des Schauspielers von Frankfurt im März 1788 gewesen. Unzelmann hatte 1785 geheiratet, die fünfzehnjährige Friederike Flitner, Großmanns Stieftochter aus dessen erster, in Gotha geschlossener Ehe. Frau Rat kannte sie seit Kindestagen, liebte «die Fritze». Diese galt als frühreif, war sehr kokett, sehr hübsch und hochbegabt. Ihre Büste von Tieck schmückte bis 1944 das ehemals Königliche Schauspielhaus in Berlin. Goethes Mutter stand dem jungen Ehepaar als mütterlich sorgende Freundin gegenüber, nur daß sich eben sehr verschiedene Affekte mischten. Das Leben der Schauspieler war genau so ungebunden, wie Goethes Roman es schildert. Liebesaffären, Kabalen und Intrigen, Ehrgeiz, Geldnöte und Verschwendung, es war ein Himmelauf und Höllenab. Das Herz der

Frau Rat wurde in alle diese Strudel hineingezogen. In der Ehe des jungen Paares war keiner dem anderen treu, aber der Frau Rat hat der von ihr verwöhnte Liebling, Iffland nennt ihn einen «gelebten Weibermann», stumpf und ohne tieferes Gefühl gegenübergestanden. Sie war es allein, die litt. Der Brief vom 16. März 1788, den sie dem aus Frankfurt entwichenen Unzelmann nachsendet, ist nichts als eine einzige Klage, ein einziger Jammer. «Die Qual, die ich jetzt leide, ist unaussprechlich.» Solche Töne sind wir von dieser Frau nicht gewöhnt. Auch noch nach Monaten klingt es verzweifelt und trostlos: «Was kann eine Frau, der in der Welt alles gleichgültig geworden ist, die keine Gefühle vor nichts mehr hat, die in allen ihren Hoffnungen auf das Schrecklichste getäuscht worden ist, die den Glauben an Menschen verloren hat, was soll die schreiben? — Vor mich ist alles vorbei. Mit mir ists aus.»

Auch Großmann ist keineswegs eine bürgerliche Natur gewesen, aber Leben und Persönlichkeit waren bei ihm von einem starken Ethos getragen. Karoline Neuberin hatte ihr Ende auf der Landstraße gefunden. Viele Künstler und Künstlerinnen der Bühne mit einst hochangesehenen Namen starben in Dürftigkeit, manche im Armenhaus. Großmann war der erste, der hier auf Abhilfe sann. Er warb von Mainz aus für eine Pensionskasse zugunsten alternder Schauspieler. In Mannheim bei Iffland, in Hamburg bei Schröder fand er ein Echo. Dann aber zerschlug sich das Ganze. Großmann versuchte auch Geld für ein Lessingdenkmal zu sammeln. Es wäre das erste deutsche Denkmal für einen Dichter gewesen. Noch war die Zeit nicht für solche Pläne reif.

Unzelmann aber war von ganz anderer Prägung, ein Charmeur, heiter, leichtsinnig. Vor seinem Engagement bei Großmann hatte er diesen um hundert Reichsthaler angegangen, damit seine Hamburger Schulden gedeckt würden. Die Briefe der Frau Rat beweisen, daß Unzelmann auch in Frankfurt aus den Schulden nicht herauskam. Wenn sie aber in ihrem ersten Brief vom Januar 1788 ihre Vermittlung bei dem Mainzer Kammerherrn, dem Grafen Spaur, anbot, so war sie auf falschem Wege. Die Mainzer Intendanz hatte, und darum wußte Spaur, ein Schreiben Unzelmanns gefälscht, um diesen, der mit seiner Gattin nach Berlin strebte, bei der vereinten Frankfurt-Mainzer Truppe zu halten. Nur durch ein königliches Handschreiben aus Berlin kamen Unzelmanns frei. Eben darum war ihre Abreise heimlich und überstürzt. Goethes Mutter kannte diese Hintergründe nicht. Daher ihre tiefe Enttäuschung. Die Zeichen standen auf Sturm, bei der Frau Rat sowohl wie beim Theater. Und doch sind uns gerade diese ihre Briefe besonders wertvoll. Sie zeigen, wie leidenschaftlich diese Frau empfinden konnte, wie treu sie für einen Freund eintrat, wie tapfer sie sich mit einer bitteren Enttäuschung abfand. «Freilich ist es etwas beschwerlich, immer eine Maske zu tragen und immer anders zu scheinen als man ist. Doch Gott Lob, bei Ihnen brauche ich das nun nicht. Ihnen kann ich sagen, daß mir Ihr Weggehen leid, sehr leid getan hat, daß mein Steckenpferd total ruiniert ist, daß mir beim Essen die Zeit unausstehlich lang wird, mit einem Wort, daß mein Märchen im Brunnen liegt und wohl schwerlich wieder herausgezogen wird.»

Aber es war nicht nur der menschliche Verlust, auch die persönliche Verbindung zur Bühne war abgerissen. Die Gäste blieben aus, mit denen sie sonst am runden Tisch der blauen Stube von den Stücken sprechen konnte, die kommen sollten, mit denen die Leistungen des letzten Abends durchgegangen wurden, die Erfolge wie das Versagen. Es gab keine Kulissengespräche mehr, und es war auch kein Partner mehr da für Diskussionen über das neuste Heft von Wielands «Merkur», über die Theaterjournale, über Zusendungen aus Weimar. Nichts war da als eine große Stille, eine beklemmende Einsamkeit. Und das für eine so agile, warmherzige, unternehmungslustige, noch immer sehr jung empfindende Frau. Das «Pflanzenleben», von dem sie sagte, es sei das Schicksal der letzten Jahre des Herrn Rat gewesen, jetzt bezeichnet sie mit diesem Wort ihr eigenes Dasein.

Es ist der Frau Rat nicht gelungen, noch einmal eine so geistige Atmosphäre um sich aufzubauen wie in den Zeiten der Freundschaft mit Großmann und Unzelmann. Aber das lag wohl weniger an ihr selbst, als an den allgemeinen Verhältnissen der Stadt. Und wer weiß, ob sie es überhaupt gewollt hat. Von den Theaterkreisen zog sie sich jedenfalls zurück. Der so viel angeführte Ausspruch ihres Sohnes von 1816: «Es geziemt Frankfurt, von allen Seiten zu glänzen und nach allen Seiten hin tätig zu sein» ist eine Forderung, keine Feststellung. Ganz anders klingt das Wort zum Kanzler von Müller aus dem Sommer 1824, wenn auch wohl in augenblicklichem Unmut gesprochen: «In Frankfurt herrscht der krasseste Geldstolz, die Köpfe sind dumpf, beschränkt und düster.» Freilich auch Goethe selbst hat in der gleichen Zeit, da es um die Mutter so einsam wurde, trokkene und unergiebige Jahre ertragen müssen, bis er zu der Freundschaft mit Schiller hinfand.

Unzelmann war ein sehr lässiger Briefschreiber: «Wie wenig Ihnen meine Freundschaft wert ist, das sehe ich nun auch so klar, daß mich die Augen beißen. Gott lasse es Ihnen in Berlin wohl gehn!» Im Mai heißt es: «Krank an Leib und Seele», und «so oft mir eine Zeitung zu Gesichte kommt, zittern mir alle Glieder, Ihren Namen auf eine schimpfliche Weise drinnen zu finden», und weiter «Drei Tage war ich bettlägrig, heute stunde ich mit dem Trost auf, einen Brief von Ihnen zu erhalten, aber es kam keiner.» Indes der gleiche Brief zeigt, daß sie doch wieder das Theater besuchte, und es ist ihr wie Trost, darüber Rolle für Rolle berichten zu können. Langsam faßt sie sich und bekommt sich wieder in die Hand, zumal als sie erfährt, welche Auszeichnungen beide, Unzelmann wie Friederike, vom Königlichen Hof erfahren. «Eine solche Ehre hätten Sie und die Frau Gevatterin hier nicht erlebt, und wenn Ihr wie die Engel gespielt hättet. Das Königliche Haus ließ sich bedanken! Das hätte hier der Bürgermeister nicht getan.» Sie hilft, die Verbindlichkeiten regeln, die das Ehepaar hinterlassen hat, sie hatte auch für die Reise nach Berlin das Geld herbeigeschafft; aber wenn sie nun auf der Bühne eine Rolle sieht, die früher Unzelmann gegeben hat, dann geht sie, wie sie sagt, oft mitten im Stück auf und davon.

Aber dann kommen im Herbst Schlossers mit den Kindern Cornelias, mit Lulu und Juliette, in den Hirschgraben, den Enkelkindern, die sie seit sechs Jahren nicht mehr gesehen, und die Frau Rat hat wieder eine Aufgabe, eine mütterlich-großmütterliche. Lulu war vierzehn, Juliette elf Jahre alt. Denn das war es gewesen, in Unzelmann hatte die Frau Rat einen Ersatz des Sohnes gefunden; hier konnte sie lieben, wie es ihre Natur verlangte, konnte bilden, sich einsetzen, erziehen. Alles das hatte sie dem jungen Schauspieler zugewendet. Darum fiel ihr Herz schlechterdings ins Leere, als kein Gegenüber mehr da war, für das es schlagen konnte. Nun aber standen plötzlich die beiden freundlichen Mädchen vor ihr, Vermächtnis der geliebten Tochter, jugendfrisch und besonders Lulu so warmherzig-heiter und daseinsfroh, wie es die Großmutter im Grunde ja auch war. Goethes Mutter war immer dem Augenblick hingegeben. Er konnte sie verdammen, aber er konnte sie auch erlösen. Ob sie sich dessen bewußt war oder nicht, ihre Seele war geheilt. Schon das nächste Schreiben an Unzelmann vom 13. November, abends zehn Uhr begonnen, um ein Uhr gleichzeitig mit der Nachtsuppe geschlossen, ist viel ruhiger und gelassener; nur ab und zu wetterleuchtet es noch: «— brauchen Sie nicht zu wissen, denn ich wills nicht haben, und damit punctum.» Am Ende empfindet die Frau Rat doch den Wandel. «Das ist wahrhaftig ein Brief nach dem alten Stil, als wenn es nach Cassel sollte.» Dort hatte Großmanns Gesellschaft in früheren Jahren gelegentlich für kurze Zeit gespielt. Und als im Dezember Unzelmann mit dem Gedanken umgeht, wieder nach Frankfurt zu kommen, weil er, geltungssüchtig wie er war, in Berlin Ärger und Streitigkeiten hat, da bietet sie dem alten Freund ernstlich Halt: «Glauben Sie denn, daß so ein abermaliges Abschiednehmen Balsam vor mich sein dürfte? Nein, lieber Freund! So einen Auftritt mag ich nicht wieder! In der Angst meines Herzens schicke ich diesen Brief mit umlaufender Post und bitte Ihnen inständig, mich nur durch die zwei Worte ‚Ich bleibe wo ich bin' zu beruhigen. Leben Sie wohl und antworten mir flink, daß Sie guten Rat annehmen und bleiben wollen wo Sie sind.» Zuletzt wird der Ton sarkastisch: «Aber in aller Welt sagen Sie nur wies zugeht, daß Sie wieder weg wollen? Ihre ersten Briefe, auch die von der Frau Gevatterin, waren ja alle so voll Entzükken, Jubel, Freudengeschrei, Königlicher Gnade u.s.w. Wir arme Schelmen kommen ja mit all unserer erwiesenen Freundschaft, Dienstleistungen und gutem Willen als ganz unbedeutende Figuren in den Hintergrund, daß das beste Auge uns nicht gewahr werden konnte!»

Jetzt aber mischen sich in diese letzten Unzelmannbriefe schon die ersten, die nach Karlsruhe gehen. «Liebe Enkeleins! Ihr lieben guten Jungfräulein! Es freut mich außerordentlich, daß Euch mein überschicktes Christkindlein so wohl gefallen hat; ich hätte nur gewünscht, Euch in der rosenfarbenen Herrlichkeit zu sehen und zu beschauen! Doch Eure lieben guten Briefger haben mich schadlos gehalten und ich sahe Euch im Geiste bei denen Prinzessinnen Besuch abstatten.» Und zum Schluß: «Ich bin so lang ich atme Eure Euch zärtlich liebende Großmutter Goethe.» Ein gleichzeitiger Brief an Fritz von Stein zeigt, daß die Frau Rat sich wieder gefunden hatte. «Übrigens geht hier alles seinen Gang fort. Montags ist Ball, Freitags Konzert, Dienstags, Donnerstags und Sonnabends ist Komödie, aber nicht von unsern vorigen Leuten. Die Truppe ist sehr mittelmäßig, die Ballets sind aber ganz artig. Mein größtes Steckenpferd ist jetzt Klavierspielen, das macht mich sehr glücklich.» Nach Berlin sind die Briefe nur noch ökonomisch. Geliehene Möbel werden zurückgefordert, in Unzelmanns Auftrag wird ein Ring meistbietend losgeschlagen; zum Schluß heißt es mit Seitenblick auf die Berliner Erfolge fast ironisch: «Es bleibt dabei, das von hier Weggehen ist und bleibt ein Meisterstreich, das glaubt ganz gewiß Ihre Freundin Elisabeth.»

Während so die Korrespondenz mit Unzelmann ausklingt, wieder und wieder dem Wankelmütigen von jedem Gedanken einer Rückkehr abmahnend, immer kühler im Ton, schreibt Lulu aus Karlsruhe, wie sorgfältig sie jeden Brief der Großmutter aufhebt. Lulu war ja selbst eine höchst charmante Briefschreiberin. Wir danken ihr die frischesten Backfischbriefe, die aus dem 18. Jahrhundert auf uns gekommen sind. Wer ihre Art näher kennen lernen will, der lese in den «Essays um Goethe», was dort aus ihren Briefen unter «Cornelias Tochter» mitgeteilt ist. Das Hochstift bewahrt etwa hundert Schreiben von ihrer Hand. — Der Frau Rat aber hatte sich eine neue Welt erschlossen. Geschenke gehen hin und her. Die Mädchen sticken und stricken. Lulu zimmert sogar ein Tischchen. Das hatte sie bei ihrem Vater gelernt, dessen «Steckenpferd» die tägliche Tischlerarbeit war, handwerkliche Tätigkeit, wie sie von den modischen Schweizer Erziehungsinstituten propagiert wurde. Die Großmutter sendet Messegeschenke und Christkindlein.

Dann setzt aber mit dem Jahr 1792 nun endlich auch der Briefwechsel mit dem Sohne ein. Von diesem Jahr an hat Goethe keinen mütterlichen Brief mehr verloren gehen lassen. «Deshalb sind Briefe so viel wert, weil sie das Unmittelbare des Daseins aufbewahren». Gerade in jenem Nachtrag zu «Dichtung und Wahrheit», in dem er der Mutter ein Denkmal setzen will [Art. Ausg. Bd. 10, S. 855], hat Goethe dieses Bekenntnis formuliert. Nun, wo es ihm nicht mehr darum geht, die Pyramide seines Daseins so hoch als möglich in die Luft zu spitzen — so einst an Lavater am 20. September 1780 —, jetzt wo er sich selbst schon historisch sieht, wo Vergangenes in Gefahr ist zum Traumbild zu werden, bekommt für ihn alles, was Dokument ist, einen eigenen Wert.

Damit wird für das letzte anderthalb Jahrzehnt der Briefwechsel der Frau Rat ein Zwiegespräch zwischen Weimar und Frankfurt. Jetzt liegt das Dasein der Mutter Goethes in der ganzen Weite, in der es geführt wurde, vor uns. Vordem waren es, je nach dem Partner bestimmt, immer nur Ausschnitte, an denen wir teilnehmen durften. Lavater war «Sohn» und Seelsorger gewesen. In Crespel lebte die Jugendzeit Wolfgangs fort und das Mariagespiel, aus dem sich die Zusammenkünfte der Samstagsmädel entwickeln sollten. Anna Amalia und das Fräulein von Göchhausen, das war ganz unmittelbar der Weimarer Hof und über Wolfgang dessen Beziehungen zur blauen und gelben Stube im Hirschgraben und zum Herzen der Mutter. Großmann und Unzelmann, die stehen für das «Steckenpferd», das Theater und seine Kreise. Luise und Julie, dann Jettchen und Eduard, das war das Gespräch zwischen Großmutter und Enkelkindern. Dem Sohn aber war das ganze Leben der Mutter wichtig, er war auch mit dem ganzen vertraut. Wirtschaftliches und Persönliches, Schicksal der Freunde und Verwandtschaft und Schicksal der Reichsstadt, an allem nahm er teil, denn alles war ihm persönlich vertraut, erregte Hoffnungen und Befürchtungen, erweckte Erinnerungen. Wie muß es Goethe berührt haben, wenn er lesen mußte: «daß die Max Brentano so geschwind aus der Welt gegangen ist, das war ein harter Schlag vor Brentano und seine zwölf Kinder.» Die Leidenschaft zur Maxe Brentano hatte 1774 den Anstoß zur Niederschrift der «Leiden des jungen Werthers» gegeben. Als die Frau Rat im Juli 1796 nach Offenbach geflüchtet war und nicht in ihre Stadt zurück konnte, da war es Johann André, der eine artige Kutsche zur Verfügung stellte, so daß sie rasch wieder in Frankfurt war, derselbe André, der Goethe einst im Hause Schönemann eingeführt und «Erwin und Elmire» und das Bundeslied «In allen guten Stunden» vertont hatte. Drei Jahre später, 1799, war die Nachricht, daß die Handlung d'Orville und Bernard, jeder der beiden Inhaber war ein Onkel Lilis, falliert hatte, gleichfalls eine Erinnerung an das Jahr selig-unseliger Bräutigamszeit. Und 1808, als August, der Enkel, in sein erstes Semester auf der Universität Heidelberg zieht, da muß er die Demoiselle Delph besuchen, jetzt eine Dame in hohen Jahren; aber 1775 hatte sie die Verlobung von Wolfgang und Lili gestiftet.

Eine verwitwete Gräfin Ysenburg-Philippseich wohnt im Hause der Frau Rat. Die beiden Damen spielen miteinander abendlich Schach. Auch die Beziehungen zu den Ysenburgs gehen in frühe Jahrzehnte zurück. Der Kaiserliche Rat hatte die Familie juristisch beraten. Die Stocks, die eine große Rolle spielen und zu den allertreusten Freunden gehören, waren Erinnerung an früheste Kinderzeit. Esther Maria, geboren 1755, hatte als Nichte des Kanzleidirektors Moritz, der 1762 Thorancs Räume übernommen hatte, vor dem Puppentheater gesessen, Jugendgespielin von Wolfgang und Cornelia. Jetzt war sie Gattin des Ratsherrn und Schöffen Jacob Stock. Beide Familien, die Moritz wie die Stocks, hatten zu dem Herrnhuter Kreis gehört. Seit dem Tode des Kaiserlichen Rates ist Goethes Mutter sonntags Mittagsgast im Stockschen Haus am Liebfrauenberg, im Sommer bei schönem Wetter im Garten vor dem Bockenheimer Tor. Auch die Elise Bethmann hatte zu dem Publikum des Puppentheaters gehört. Liebhold, der den Katalog der Bibliothek des Vaters für die Versteigerung anfertigt, mühsam, denn er sieht nur noch mit einem Auge, hatte als Wolfgangs Schreiber dessen Anwaltskanzlei geführt. Der Pfarrer Claus, der im Sechsten Buch des «Wilhelm Meister» sofort die Klettenberg erkennt, war einst der Seelsorger der Herrnhuter in Frankfurt gewesen. Im Atelier Nothnagels, dem die Frau Rat die Gemälde des Vaters anbieten will, hatte Goethe am 20. November 1774 seinen ersten Versuch in Öl zu malen gemacht und an Sophie La Roche geschrieben: «Heut schlägt mir das Herz. Ich werde diesen Nachmittag zuerst den Ölpinsel in die Hand nehmen! Mit welcher Beugung, Andacht und Hoffnung, drück ich nicht aus. Das Schicksal meines Lebens hängt sehr an dem Augenblick.» Die La Roche hatte Goethe kennengelernt, als er im Sommer 1772 aus Wetzlar nach Ehrenbreitstein entwich. Jetzt muß die Mutter alle Diplomatie anwenden, um zu verhindern, daß die etwas redselig gewordene alte Dame aus Furcht vor den Franzosen zu Wieland und Goethe nach Weimar reist.

Im «Divan», im «Buch des Sängers», heißt ein Gedicht «Im Gegenwärtigen Vergangnes»: «Und da duftet's wie vor alters» — das gleiche läßt sich von den Briefen der alten Frau Goethe sagen. Jedes Blatt, wie es dem Sohn in die Hände kam, mußte Vergangenheitsbilder in ihm wecken. Und das um so mehr, als er gerade in jenen Jahren die Stadt seiner Jugend, das Elternhaus, die Mutter nach langer Pause persönlich wieder gesehen hatte. Im August 1792, auf dem Weg nach Verdun und Valmy, und im Mai und Juli 1793, vor und nach dem Fall von Mainz, ist Goethe bei der Mutter, besucht zum letztenmal das Haus seiner Kindheit und rät der Mutter zu dessen Verkauf. Die Verhandlungen darüber beschäftigen die Frau Rat die nächsten drei Jahre. Es war eine schwere Zeit. Kriegsgefahr und dauernde Einquartierung drücken auf das Gemüt. Zunächst 1792 und 1793 ergreift auch die Mutter die allgemeine Furcht, aber allmählich gewöhnt sie sich an den Zustand, und als am 3. Januar 1794 abends um sieben Uhr ihre Freundin Elise Bethmann im Nachthabit und außer Atem zu ihr gerannt kommt: «Rätin, liebe Rätin, die Feinde bombardieren Mannheim mit glühenden Kugeln», da bleibt sie gelassen, erkennt sofort die Gerüchtemacherei und läßt sich auch nicht bewegen, wie es der Nachbar de Bary tut, die Stadt zu verlassen. Erst im Sommer 1794 denkt sie daran, wenigstens ihre Wertsachen wegzuschicken. Liebhold muß drei große Kisten packen. «All mein gutes Weißzeug, gemacht und ungemacht, Silber und Geschmeide ist aufs beste gepackt, in der größten Unruhe, da Stroh und Seile im Hausehren [d. h. auf dem Vorplatz des Erdgeschosses] lagen». Es war dies ein Vorspiel von dem, was sich 1940 weniger harmlos wiederholen sollte. Frau Rat lagerte ihre Kostbarkeiten nach Langensalza aus, wo der Kaufmann Polex sie in treue Obhut nahm. Dann aber, am 12. Juli 1796, bombardieren die Franzosen von der Friedberger Wache her wirklich die Stadt, und die Mutter muß in den Keller, flüchtet nach Offenbach zu Sophie La Roche, ist aber am 16. schon wieder in Frankfurt, um ihre schöne neue Wohnung gegen die Franzosen zu verteidigen. Das Elternhaus, das Haus der Textors in der Großen Friedberger Gasse, war indessen, ebenso wie die Judengasse, abgebrannt. Von den Dörfern kamen die Spritzen. Die Franzosen selber halfen löschen.

Die schöne neue Wohnung lag im zweiten Stock des Hauses «Zum Goldnen Brunnen», gegenüber der Katharinenkirche an der Hauptwache. In den Briefen vom 16. März und 24. August 1795 hat die Frau Rat ihre Herrlichkeit genau beschrieben. Der Eigentümer des Hauses, das der Mutter Goethe für ihre letzten Lebensjahre ein sie beglückendes Heim bot, war der Braumeister und Gastwirt Johannes Bauer. Seine Nachkommen leben noch heute in der Stadt, und ein Verlag «Der Goldne Brunnen» hat getreu der Überlieferung der Familie manche schöne Goetheschrift in erlesenen Lettern zum Druck gebracht. Fried Lübbecke hat im «Goethe-Kalender auf das Jahr 1943» eingehend über diese neue Wohnung, das «niedliche logiegen» gehandelt, auch über die Familien der Freunde, die dort aus- und eingingen, eben die Stocks, die Schmidts, die Starcks, die Fleischbein von Kleeberg, die Hetzlers und die Kellners und über von Gerning. Auch Elisabeth Bethmann-Hollweg ist hier zu nennen, die den «Wilhelm Meister» so liebte. Es ist dies dieselbe Bethmann-Hollweg, die am 28. August 1815 frühmorgens dem Dichter vor der Gerbermühle von einem Mainboot aus durch die Theaterkapelle ein Ständchen bringen ließ. «Ei, ei, da kommen ja gar Musici», sagte Goethe und schickte den Musikanten einen Dukaten. Die Künstlerehre war gekränkt, aber der Zwischenfall ließ sich schnell beilegen.

Wann Goethes Mutter von Christiane Vulpius erfahren hat, wissen wir nicht. Ihr erster Brief an sie ist aus dem Jahre 1793. Goethe war vom 17. bis 26. Mai im Elternhaus gewesen, dann weiter nach Mainz zur Armee gegangen. Aber schon bei seinem Aufenthalt im August des Vorjahres — es war der erste Besuch der Vaterstadt nach der Italienischen Reise — hat er der Mutter von Christiane und dem Sohn August erzählt. Jetzt sagt sie ihm zu: «Ich werde an dein Liebchen schreiben», und am 20. Juni macht sie das Versprechen wahr, noch ohne Anrede, plaudernd, mit Grüßen an den kleinen «Augst». «Nun leben Sie wohl und vergnügt! Dieses wünscht von ganzem Herzen Ihre Freundin Goethe.» Und auch damit hat für die Frau Rat eine neue Epoche ihres Lebens begonnen, mit einer neuen Aufgabe. Die Enkel in Karlsruhe, der Enkel in Weimar, die Freundin des Sohnes und vor allem dieser selbst, ja sie war wieder mütterliches Haupt eines Familienkreises. Das beglückte sie, füllte sie aus, täglich mehr wuchs sie in ihre neue Stellung hinein. Sie war nun die alte Frau Rat.

Den nächsten Gruß mit Bettzwilch für ein Unterbett, einem Pfühl, Tafeltuch und zwölf Servietten zeichnet sie: «Ihre ergebene Dienerin Goethe.» Dann bringt im August 1797 der Sohn Christiane und den achtjährigen August nach Frankfurt. Die beiden Frauen verstanden sich schnell. «So kurz unsere Zusammenkunft war, so vergnügt und herzlich war sie doch; und die Hoffnung Ihnen, meine Liebe, einst auf längere Zeit bei mir hier zu sehen, erfreut mich zum voraus. Da wir einander kennen, so wird die Zukunft immer vergnügter und besser vor uns werden. Behalten Sie mich in liebevollem Andenken und von meiner Seite glauben Sie das nämliche.» Die Anrede lautet: «Liebe Freundin», die Unterschrift: «dero treue Freundin und

Mutter Elisabetha Goethe.» Im Jahr darauf heißt die Anrede «Liebe Tochter». An allem, was Christiane schreibt, nimmt sie teil: «Tanzen Sie immer, liebes Weibchen, tanzen Sie, fröhliche Menschen, die mag ich gar zu gern, und wenn Sie zu meiner Familie gehören, habe ich Sie doppelt und dreifach lieb», und im Jahr darauf, 1803: «Sie haben also wohl zugenommen, sind hübsch korpulent geworden, das freut mich, denn es ist ein Zeichen guter Gesundheit und ist in unserer Familie üblich.» Von sich selbst fühlt sie, als sie dreiundsiebzig Jahre alt ist, daß der Lebensrhythmus auch ihr, der so beweglichen, an allem teilnehmenden, daseinsheiteren Frau, langsam ein anderes Gesetz auferlegt. «Schickt mir keine Merkure mehr. Diese Last muß einmal aufhören», weiter, daß sie «die große Resignation keinen Taback mehr zu schnupfen glücklich ausgeführt» habe, und ihre Briefe, «die werden ganz erbärmlich hölzern, wie Figura zeigt». Aber das geht vorüber. 1805 kommt der Enkel zu Besuch, und im Jahr darauf am 18. Oktober wird in der Sakristei der Hofkirche die Ehe geschlossen: «Zu Deinem neuen Stand», schreibt sie ihrem Wolfgang, «wünsche Dir allen Segen, alles Heil, alles Wohlergehen. Da hast Du nach meines Herzens Wunsch gehandelt. Gott! Erhalte Euch! Meinen Segen habt Ihr hiermit in vollem Maß. Der Mutter Segen erhält den Kindern die Häuser», und an Christiane, im Hinblick auf deren Verhalten nach der Schlacht bei Jena: «Ihr schönes, heroisches, haushälterisches Betragen hat mein Herz erfreut. Gott! Erhalte Ihren frohen Mut. Ein fröhliches Herz ist ein tägliches Wohlleben, sagt Sirach. Ein mehreres auf ein andermal. Glückliche, vergnügte Feiertage, ein gesegnetes neues Jahr, bleibt nur so wie im alten und ich bin Eure treue Mutter und Großmutter Goethe.» Die größte Freude für sie wird dann im März und April 1807 der Besuch Christianens, nun als Frau Geheimrätin von Goethe, mit ihrem Sohn in allen Freundeskreisen eingeladen und freundlich aufgenommen. «Ja wir waren sehr vergnügt und glücklich beieinander! Du kannst Gott danken! So ein liebes, herrliches, unverdorbenes Gottesgeschöpf findet man sehr selten. Wie beruhigt bin ich jetzt, da ich sie genau kenne, über alles was Dich angeht; und was mir unaussprechlich wohl tat, war, daß alle Menschen, alle meine Bekannten sie liebten. Es war eine solche Herzlichkeit unter ihnen, die nach zehnjähriger Bekanntschaft nicht inniger hätte sein können. Mit einem Wort, es war ein glücklicher Gedanke, sich mir und allen meinen Freunden zu zeigen. Alle vereinigen sich mit mir, Dich glücklich zu preisen und wünschen Euch Leben, Gesundheit und alles Gute, was Euch vergnügt und froh machen kann. Amen.»

Daß die Frau Rat den Sohn nie in Weimar besucht hat, daraus hat man diesem fast einen Vorwurf gemacht. Viel befremdlicher ist, daß die Mutter nie zur Tochter nach Emmendingen gefahren ist. Die Entfernung war geringer, die Reise kürzer, und die Mutter wußte, daß Cornelia krank und im Grunde unglücklich war, daß ihr die Frankfurter Luft fehlte; deshalb war immer eins der Gerockmädchen als Freundin und Gesellschafterin im Schlosserschen Hause. Aber die Frau Rat reiste offenbar ungern. Vor allem, wir sollten uns hüten, frühere Verhältnisse, in die wir uns doch nie ganz einfühlen können, nach unseren Maßstäben zu beurteilen. Auch später hat die Frau Rat ihre Enkelkinder und Schlosser weder in Emmendingen noch in dem nahen Karlsruhe besucht.

Was aber Weimar anlangt, so hat der Sohn zunächst eine Reise dahin nicht gefördert. Wir können vermuten weshalb. Er wollte sich und der Mutter Verdruß ersparen. Die Frau Rat hatte mit ihrem gesteigerten Temperament und ihrer sehr bestimmten, urwüchsigen Art sich zu geben Eigenheiten, die altfränkisch liebenswürdig und süddeutsch reichsstädtisch im Großen Hirschgraben als «gewachsene Natur» durchaus am Platze und zu respektieren waren. In die höfische Abgestimmtheit eines fürstlichen Zirkels mochten sie weniger passen. Was gemeint ist, wird am ehesten deutlich, wenn man die Erzählung der Bettina

Brentano von der Fahrt ins Wilhelmsbad auf Einladung der Königin Luise liest. Wie dieser, für die Frau Rat so bedeutungsvolle Tag in Wirklichkeit festlich und würdig verlief, das möge man in ihrem Briefe an den Sohn vom 24. Juni 1803 nachlesen. Bettina aber, indem sie gewisse Züge im Wesen der Rätin übersteigert, gibt aus dem Berlin von 1843 heraus eine leicht karikierte, heitere Rückschau auf das Frankfurt von 1800. Bettinas Erzählung, veröffentlicht in «Dies Buch gehört dem König», ist wohlwollend. Goethe aber wußte, daß in Hofkreisen nicht alle Menschen wohlwollend waren und daß die Medisance, wenn irgendwo, hier ihre Stätte zu haben pflegte.

Später in den Zeiten der Kriegsgefahr hat er die Mutter wiederholt gebeten, zu ihm zu kommen. Aber sie wollte nicht. Sie fühlte sich am wohlsten in ihrer heimischen Welt und wollte lieber eine Gefahr auf sich nehmen als jene verlassen. Im Sommer 1784 war Elise von der Recke im Großen Hirschgraben gewesen. Die Frau Rat hatte die erste Fremdenführerin des Hauses gemacht. «Sie ließ es sich nicht verdrießen, uns jedes Zimmer des Hauses zu zeigen, wo ihr Sohn in irgend einem Alter seines Lebens sein Wesen getrieben hatte; sie zeigte uns, wo er als Knabe kleine Marionettenspiele erdacht und als Jüngling einen Werther, einen Clavigo hervorgebracht hatte», so Sophie Becker, die Reisebegleiterin. Was aber schrieb die Frau Rat über diesen Tag an Fritz von Stein: «Ich bin viel glücklicher als die Frau von Reck. Die Dame muß reisen, um die gelehrten Männer Deutschlands zu sehen, bei mich kommen sie alle ins Haus, das war ungleich bequemer, — ja, ja, wems Gott gönnt, gibt ers im Schlaf.» Und eben deshalb blieb sie in ihrem Frankfurt. So weit wir sehen, sind Ausflüge nach Offenbach, eine Reise nach Wiesbaden und eine nach Heidelberg ihre größten Unternehmungen gewesen.

Die Frau Rat beruft sich in ihren Briefen gern auf ihren Humor, der ihr helfe, die Schwierigkeiten des Lebens zu meistern. Es ist bekannt, was der Sohn am 6. Juni 1824, bei

Erwähnung des Pfarrers Kirchner in Frankfurt, zum Kanzler von Müller über dieses Thema gesagt hat:

«Nur wer kein Gewissen oder keine Verantwortung hat, kann humoristisch sein. Musäus konnte es sein, der seine Schule schlecht genug versah und sich um nichts und um niemanden kümmerte. Freilich, humoristische Augenblicke hat wohl jeder; aber es kommt darauf an, ob der Humor eine beharrliche Stimmung ist, die durchs ganze Leben geht.»

«Wahrscheinlich deswegen», meint der Kanzler, «weil dem Humoristen mehr an seiner Stimmung als an dem Gegenstand gelegen ist, weil er jene unendlich höher als diesen anschlägt.»

Darauf Goethe: «Ganz recht und sogar ganz in meinem Sinne. Wieland zum Beispiel hatte Humor, weil er ein Skeptiker war, und den Skeptikern ist es mit nichts ein großer Ernst. Wieland hielt sich niemandem responsabel, nicht seiner Familie, nicht seinem Fürsten und handelte auch so. Wem es aber bitterer Ernst ist mit dem Leben, der kann kein Humorist sein. Wer untersteht sich denn, Humor zu haben, wenn er die Unzahl von Verantwortlichkeiten gegen sich selbst und andere erwägt, die auf ihm lasten? Wenn er mit Ernst gewisse bestimmte Zwecke erreichen will?»

Der Dichter, den das Gespräch sehr erregte — der Kanzler sagt, er schrie und habe sich nur schwer beruhigt —, lenkte dann scheinbar ein: «Doch damit will ich den Humoristen keine Vorwürfe machen. Muß man denn gerade ein Gewissen haben? Wer fordert es denn?» — Wer es fordert? Die Frage ist ironisch. Der Dichter forderte es. — In dem Ausweichen vor der Verantwortung sah er «Negation» des Lebens.

Humor hier und Humor dort ist nicht dasselbe. Das Wort ist vieldeutig, hat Goethe doch selbst einmal, im Dritten Teil der «Italienischen Reise», von Filippo Neri als «humoristischem Heiligen» gesprochen. Gewiß, die Mutter des Dichters hatte Humor aus angeborenem Frohsinn, aus

Freude an der bunten Fülle des Daseins. Aber ihr Humor wurde niemals eine Flucht in die Verantwortungslosigkeit. Die Verantwortungen, die sie zu tragen hatte, nämlich als Mutter und Großmutter der Ihren, hat sie mit rührender Treue und Liebe getragen. Für das Heilige Römische Reich Deutscher Nation aber fühlte sie sich nicht verantwortlich; da konnte es ihr gleich sein, ob das rechte oder linke Rheinufer französisch wurde. Und doch ist sie traurig, als zum erstenmal Kaiser und Reich in der Fürbitte des Kirchengebetes nicht mehr erwähnt werden. «Es sind wie lauter Leichenbegängnisse, so sehen unsere Freuden aus.»

Wieland war Humorist aus Skepsis. Die innere Heiterkeit der Frau Rat wurzelte zum letzten in ihrem Glauben. Und da müssen wir eben wieder beklagen, daß der Sohn alle ihre frühen Briefe vernichtet hat. Ihr Glaube war, so weit wir das beurteilen können, nicht so sehr der des eigentlichen Luthertums, durch den Römerbrief, die Lehre von Sünde und Rechtfertigung bestimmt, er ist vielmehr eine Gläubigkeit herrnhutischer Prägung gewesen, das stille Wissen um das persönliche Geführtsein durch Gottes Hand. Man lese den Brief vom Juni 1777 nach Cornelias Tod: «Ohne den felsenfesten Glauben an Gott, an den Gott, der die Haare zählet, dem kein Sperling fehlet, der nicht schläft noch schlummert, der nicht verreist ist, der den Gedanken meines Herzens kennt, ehe er noch da ist, der mich hört, ohne daß ich nötig habe, mich mit Messern und Pfriemen blutig zu ritzen, der mit einem Wort die Liebe ist, ohne Glauben an den wäre so etwas ohnmöglich auszuhalten.» Man könnte sagen, das ist Lavaterzeit. Aber in den späteren Jahrzehnten hören wir die gleichen Töne. «Siehst du nun, wie Gott gute Kinder schon hier belohnt», schreibt die Großmutter im März 1794 an ihre Enkelin bei deren Verbindung mit Nicolovius. «Ist deine Heirat nicht beinahe ein Wunderwerk, und daß sich alles so schicken muß, daß deine lieben Eltern und Geschwister nun mit dir gehen; das würde doch nicht so leicht gegangen sein, wäre kein Krieg ins Land gekommen. Merke dir das auf dein ganzes Leben: der Gott, der dem Abraham aus Steinen Kinder erwecken kann, kann auch alles, was wir mit unsern blöden Augen vor Unglück ansehen, zu unserm Besten wenden.» Niemand wird diesen Brief so verstehen, als ob der Krieg wegen Lulus Verlobung und Heirat hätte ausbrechen müssen, aber im Zug dieser geschichtlichen Ereignisse, die für alle Welt nur ein sichtbares Unglück waren, hat Gottes väterliche Hand die Enkelin zum Glück geführt. So sieht die Mutter Goethes das Leben. Überall waltet Gottes väterliche Hand. Goethe spricht einmal, in einem Brief an Zelter, von der «alttestamentlichen Gottesfurcht» seiner Mutter, die «ein tüchtiges Leben voll Zuversicht auf den unwandelbaren Volks- und Familiengott zubrachte und als sie sich ihren Tod selbst ankündigte, ihr Leichenbegängnis so pünktlich anordnete, daß die Weinsorte und die Größe der Bretzeln, womit die Begleiter erquickt werden sollten, genau bestimmt war».

Im Textorschen Elternhaus hat es, soweit wir wissen, pietistische Neigungen nicht gegeben, wohl aber hat Johann Friedrich von Uffenbach, Freund des Kaiserlichen Rates und mit den Textors verwandt, Spener in Berlin besucht. Wann hat sich die Seelenfreundschaft zwischen Goethes Mutter und der Klettenberg, die ja eine Verwandte war, angebahnt? Wären nicht vor etwa vierzig Jahren die elf Briefe Wolfgangs an Langer aufgefunden worden, wir wüßten nichts über die Zusammenkunft der Herrnhuter im Goetheschen Haus am 15. Januar 1769. So gänzlich unzureichend, so zufällig sind leider unsere Kenntnisse! Daß aber doch der Pietismus für Goethes Mutter in einer gewissen Zeit ihrer Ehe eine wirkliche Geistesmacht gewesen ist, bestätigen nicht nur dieser Brief Wolfgangs und ihre eigenen ersten Briefe an Lavater, sondern dafür zeugt vor allem das Sechste Buch von «Wilhelm Meisters Lehrjahren», die Aufnahme der «Bekenntnisse einer schönen Seele» in den Theaterroman. Wenn das Puppentheater als Geschenk der Großmutter die Anfänge der Bindung Wolfgangs an die Welt der Bühne und der dramatischen Dichtung symbolisiert, so spiegelt die Autobiographie der mütterlichen Freundin die religiöse Sphäre und zeugt für den Ernst, mit dem im nächsten Lebenskreis der Mutter, vor allem von ihrer Freundin, aber doch eben auch von ihr selbst, um die Frage nach Gott gerungen worden ist. Auch in diesen Bekenntnissen handelt es sich um göttliche Schickung und Führung, um das Glaubenserlebnis und um die Heiterkeit aus dem Glauben.

Das Fünfte Buch hatte zuletzt geschildert, wie Aurelia die Orsina gespielt, dann erkrankt und gestorben war, und hatte mit Mignons Versen: «Heiß mich nicht reden, heiß mich schweigen» geschlossen. Der heutige Leser stockt, wenn er nun mit den «Bekenntnissen einer schönen Seele» plötzlich in eine Welt versetzt wird, die mit dem Vorhergehenden durchaus in keinem Zusammenhang zu stehen scheint. Das 18. Jahrhundert, das ja die religiöse Diskussion als sein aktuellstes Problem, als sein allereigenstes Anliegen erlebte, empfand da keinen Bruch. Es sei nicht auf Fritz von Stolberg hingewiesen, der alle anderen Bücher des Romans verbrannte, dieses sechste aber sorgfältig binden ließ, sondern eben auf die Frau Rat, die an den Sohn schreibt, kaum daß der Band erschienen war: «Kannst du glauben, daß die alte Rätin Moritz und der Pfarrer Claus den dritten Teil vom Wilhelm gelesen, die Klettenbergern gleich erkannt und sich herzlich drüber gefreut haben.» Sie selbst aber, die Mutter, bekennt dem Sohn: «Der ist wie ein Baum, gepflanzet an den Wasserbächen, der seine Frucht bringet zu seiner Zeit, und seine Blätter verwelken nicht. — Das ist der lieben Klettenbergern wohl nicht im Traume eingefallen, daß nach so langer Zeit ihr Andenken noch grünen, blühen und Segen den nachkommenden Geschlechtern bringen würde. Du, mein lieber Sohn, warst von der Vorsehung bestimmt zur Erhaltung und Verbreitung dieser unverwelklichen Blätter. Gottes Segen und tausend Dank davor! Und da aus dieser Geschichte deutlich erhellt, daß kein gutes Samenkorn verloren geht, sondern seine Frucht bringt zu seiner Zeit, so laßt uns Gutes tun und nicht müde werden, denn die Ernte wird mit vollen Scheuern belohnen.» Noch ein Jahr vor ihrem Tode knüpft hier Goethes Mutter an die Glaubenserlebnisse der Klettenbergzeit an. Alles ist Fügung und der Sohn Werkzeug in Gottes Hand, auserwählt, die unverwelklichen Blätter vor dem Untergang zu bewahren und kommenden Geschlechtern zu überliefern. Und an anderer Stelle, nachdem sie sich um den Sohn gesorgt hatte: «Gott sei Dank! Er wird alles Übel auch in Zukunft von dir entfernen, dies traue ich Ihm mit fester Zuversicht zu, und dieses Zutrauen hat mich noch nie, in keiner Not, stecken lassen. Dieser Glaube ist die einzige Quelle meines beständigen Frohsinns», so am 19. August 1806. Im Jahr darauf wiederholt sie dasselbe Bekenntnis mit dem schönen, fast sakralen Bild aus dem Gewölbebau, das auch der Sohn liebte: «Der Schlußstein, der Glaube an Gott, der macht mein Herz froh und mein Angesicht fröhlich.» Hier wie dort ist es von ihr selbst klar gesagt: die «Frohnatur» von Goethes Mutter war nicht nur eine Gabe, sie war vielleicht mehr noch eine Leistung. Immer wieder wie ein Basso continuo geht dieser Grundton durch die Briefe der Mutter Goethes, manchmal ist die Formulierung antik, daß man dem Schicksal nicht in die Speichen des Rades greifen könne, zumeist aber wird schlicht und fest das Credo ausgesprochen und der Name Gottes im echten Anruf auch im Brief nicht gescheut. Die Eltern Goethes, der Vater wie die Mutter, sie waren beide, jeder auf seine Weise, fromm. Und der Dichter, in seiner Art, war es auch.

Die Jahre um 1800 waren nicht nur dem Jahrhundert nach eine Zeitenwende. Eine neue Generation, auch in der Dichtung, trat inErscheinung. Frankfurt sollte dabei eine Rolle spielen. Die Frau Rat kam mit dieser Jugend in Berührung, aber kaum in Fühlung. Im August 1797 steht Hölderlin vor Goethe in der neuen Wohnung der Mutter im Haus «Zum Goldnen Brunnen», «etwas gedrückt und kränklich, aber wirklich liebenswürdig und mit Bescheidenheit, ja mit Ängstlichkeit offen». So heißt es in einem Brief an Schiller. Eine frühere Begegnung in Jena hatte unter einem glücklicheren Stern gestanden. «Es ist der schönste Genuß unseres Lebens, so viel Menschlichkeit zu finden bei so viel Größe», hatte damals Hölderlin an Hegel geschrieben. Aber wenn schon Goethe nur schwer zu Hölderlin hinfand, für die Mutter war dieser eben nur ein Besucher des Sohnes. Susette Gontard war sicher der Frau Rat nicht fremd; aber die Welten, in denen beide Frauen lebten, waren zu verschieden, so daß selbst die Familie Sömmering keine Brücke bilden konnte. Der Arzt, von 1792 bis 1805 in Frankfurt, stand Goethe als Naturforscher nahe und zählte dadurch auch zum engeren Freundeskreis der Frau Rat. Diese erwähnt ihn immer wieder. Das Söhnchen Wilhelm kommt zu ihr zum Spielen und Malen. Elisabeth, seine Mutter, war die intimste Freundin von Hölderlins Diotima, von Susette Gontard. Erst kürzlich, 1956, ist der Brief aufgefunden worden, den diese über den Tod von Elisabeth Sömmering schrieb. «Meinen großen unersetzlichen Verlust berühre ich nicht, meine Gefühle darüber aufzuschließen wäre mehr als ich tragen könnte, ich verhülle sie gern in heilige Dunkelheit, ein dichter Schleier decke sie für immer!» Wir hören die Sprache eines anderen Lebenskreises. Adressatin war eine junge Frau, die gleichzeitig mit Hölderlin, der den Sohn erzog, Erzieherin für die Töchter gewesen war. Das Hochstift bewahrt ein Hyperionfragment von ihrer Hand. Die Freundin war im Januar 1802 gestorben, die Klage um ihr Scheiden ist vom April; im Juni starb auch Susette Gontard. Gesellschaftlich kannte Goethes Mutter beide Frauen zweifellos; ob und inwieweit sie aber ihnen nahe stand, darüber fehlt jedes Zeugnis.

Clemens Brentano wird in den Briefen nach Weimar erwähnt, als er in dem heißen Sommer 1807 Auguste Bußmann aus dem Hause Bethmann entführt und mit ihr in Marburg einen überstürzten Ehebund schließt. «Die Hitze ist ganz allein Schuld», meint die Frau Rat. Clemens selbst aber gedenkt der Mutter Goethes in der Einleitung zu seinem Märchen «Gockel, Hinkel und Gackeleia», und wie ihn die Frau Rat getröstet habe, als er erfahren, daß sein Traum- und Feenland Vadutz wirklich existiere: «Laß dich nicht irr machen, glaub du mir, dein Vadutz ist dein und liegt auf keiner Landkarte und alle Frankfurter Stadtsoldaten und selbst die Geleitsreiter mit dem Antichrist an der Spitze können dir es nicht wegnehmen; es liegt, wo dein Geist, dein Herz auf die Weide geht:

Wo dein Himmel, ist dein Vadutz,
Ein Land auf Erden ist dir nichts nutz.

Dein Reich ist in den Wolken und nicht von dieser Erde, und so oft es sich mit derselben berührt, wird's Tränen regnen.» Auch die Ehe mit Auguste Bußmann lag in Vadutz. Dann aber habe die Rätin den Clemens ins Theater geführt und ihm gezeigt, wie ein allerliebster Harlekin aus einem Ei kroch und die zierlichsten Sprünge machte. Der Harlekin war die Demoiselle Marianne Jung aus Linz. Vierzehn Jahre war sie alt und 1798 zur Frankfurter Bühne gekommen. Zwei Jahre später nahm sie der Bankier Jakob Willemer, der Freund der Frau Rat, in sein Haus «Zum Roten Männchen» beim Fahrtor am Main. Oft genug ist Goethes Mutter dort zu Gast gewesen, indes keiner ihrer Briefe erwähnt die kleine Tänzerin, die 1814 zur hohen Zeit des «Divans» die Suleika des Sohnes werden sollte.

So ist es denn nur «die kleine Brentano», durch die die verschiedenen Generationen, die alte Zeit und die neue Zeit, zu einer wirklichen Begegnung kamen. «Gute, liebe, beste Bettina» oder «Liebe, liebe Tochter», so herzlich lauten die Anreden. Und nun sitzt das junge Mädchen zu Füßen der alten Frau, hört von Wolfgangs Kindheit, schreibt was sie hört nach Weimar und regt den Dichter an, seine Jugend zu erzählen. «Bekenntnisse» soll das Buch erst heißen, dann wählt Goethe den Titel «Dichtung und

Wahrheit». Bettina danken wir es, daß wir von der Kindheit der Elisabeth Textor wissen und von der Dreizehnjährigen, die dem Kaiser Karl VII. nachschlich, wenn er in die Kirchen zum Gebet ging, und die nie die Posthörner vergaß, unter deren Klängen er am letzten Morgen früh vier Uhr die Stadt seiner Krönung verließ. Die Gestalt der Mutter Goethe verläßt Bettina nicht. Sie geht mit ihr durch ihr ganzes Leben, und 1843, als sie mit der Schrift «Dies Buch gehört dem König» ihre Zeit und den Monarchen aufrütteln und für ihre liberalen und sozialen Ideen gewinnen will, da wird die Frau Rat die Hauptfigur in den Gesprächen, die über die Probleme der Gegenwart und Zukunft geführt werden. Nichts von dem, was Bettina ihr in den Mund legt, würde die Frau Rat wirklich gesagt haben. «Sie wissen, daß ich keine Politica bin und der Kaiser und die Türken und die Türken und der Kaiser mich so viel interessieren als der Mann im Mond», hatte sie einst an Unzelmann geschrieben. Es ist allein Bettina, die spricht, die Frau Rat ist das nicht mehr. Ihre Gestalt ist nur ein Schemen, ein Mythos, ist gleichsam wie eine der antiken Sibyllen, von denen auch niemand darüber Rechenschaft ablegen kann, was sie wirklich ausgesagt haben und was nicht. Aber wie stark muß doch der Eindruck von Goethes Mutter auf das Mädchen Bettina gewesen sein, daß sie sich zeitlebens nicht von ihrem Bild befreien konnte.

Was die junge wie die alte Bettina mit der Frau Rat verband, das war die gemeinsame Liebe zu ihrem Sohn. Weimar und nicht das Griechenland Hyperions, Weimar und seine klassische Dichtung und nicht die Romantik, das war und blieb die innere Heimat der alten Frau im «Goldenen Brunnen». «Du und Schiller Ihr seid hernach klassische Schriftsteller wie Horaz, Livius, Ovid und wie sie alle heißen, was werden alsdann die Professoren euch zergliedern, auslegen und der Jugend einbleuen», so «am heiligen Christtag», ihrem letzten Weihnachten, 1807. Sie hatte ein ganz sicheres Gefühl für die Geschichtlichkeit der Stunde und für ihre Werte, und es freute sie, daß im Museum die Büste des Sohnes aufgestellt war und daß der Fürst-Primas sie in das Thurn- und Taxis-Palais einlud und auf ihre und des Sohnes Gesundheit trank, wovon noch das Echo aus Augusts Munde in Eckermanns Gesprächen zu finden ist.

Zur Welt der Schauspieler waren nähere freundschaftliche Beziehungen jetzt nicht mehr gegeben. Wohl aber behielt die Mutter Goethes ihr Abonnement bei, verfolgte aus ihrer Loge Nr. 9, die sie mit Frau Bernus und Frau Bethmann teilte, auf das sorgfältigste den Spielplan. Noch ist ihr Logenstuhl erhalten, hartes Holz nur, kurze, unbequemste Rückenlehne; ein primitiveres Möbel kann man sich nicht denken. In Delphi wurde Jahrhunderte hindurch im Tempel Apollos der Stuhl Pindars bewahrt, in Frankfurt widerfährt ein nun doch sehr viel bescheideneres Schicksal dem Theaterstuhl von Goethes Mutter; aber alles andere, was das Komödienhaus von 1782 barg, ist zugrunde gegangen; dieser Stuhl, weil er der Mutter des Dichters diente, ist bewahrt worden.

Über die Stücke, die Künstler, die sie sieht und hört, gehen treuliche Berichte an den Sohn und an Christiane, die ja ihre Leidenschaft für alles, was Bühne ist, teilt. Mehr als Mutter und Sohn lieb ist, wird die Fürsprache in Weimar beansprucht. Wer wie Wilhelm Meister für die Segnungen der doppelten Buchführung kein Verständnis hat und zum Theater will, der wendet sich an die Frau Rat, und das «Demoisellchen Caspers», dem in Frankfurt Fleiß und rechte Schulung fehlen, wird unter Goethes Augen in Weimar eine brauchbare Schauspielerin. Aber gerade infolge der Distanz von den Künstlern intensiviert sich das Interesse für die Kunst. Die dramatische Dichtung als solche wird wichtiger als der Schauspieler. Mit Eifer vertieft sich die Frau Rat in das große klassische Drama ihrer Zeit. Sie scheint Jahre hindurch ihr festes Lesekränzchen gehabt zu haben. Tag und Stunde, auch der Kreis der Teilnehmer haben vermutlich gewechselt, der Mittelpunkt ist doch wohl die Familie Bethmann-Metzler gewesen. 1796 liest man den «Don Carlos», die Frau Rat hat die Rolle des Posa. Im Jahr 1800 ist man jeden Mittwoch um fünf Uhr in der Grüneburg bei der Tochter von Elise Bethmann, die, sechsundzwanzig Jahre alt, allem Geistigen aufgeschlossen, als Frau Sophie von Schwartzkopf eines der ersten Häuser der Stadt machte. Die Gastgeberin liest die Leonore von Este, ihr Gatte den Tasso, die Frau von Holzhausen Leonore von Sanvitale, Willemer den Herzog und die Frau Rat den Antonio. Aber auch «Wallensteins Tod», «Iphigenie auf Tauris», «Nathan der Weise» und wiederum «Don Carlos» werden gelesen. «Die meisten deklamieren, daß es eine Art und Schick hat. Jeder freut sich auf den Mittwoch.»

Was an Werken aus Weimar kommt, wird mit Dankbarkeit und Stolz aufgenommen, das «Tiefurter Journal», dann, was Wieland schreibt, jedes Heft seines «Teutschen Merkur», aber vor allem die Schriften des Sohnes. Der «Wilhelm Meister» wird gelesen wie ein Andachtsbuch; aber auch die «Geschwister», das Faustfragment, «Reinecke Fuchs», «Benvenuto Cellini», «Die natürliche Tochter» werden genossen. Eine ganz große Rolle spielt «Hermann und Dorothea». Alle ihre Freunde lieben diese Dichtung besonders, der Pfarrer legt sie seiner Predigt zugrunde, Elise Bethmann muß in seiner Gegenwart eins der teuersten Exemplare kaufen, «Schneider, Nähterinnen, Mägde, alles liest es, jedes findet etwas, das so ganz für sein Gefühl paßt», und das «Lieschen» erbittet und erhält vom Dichter ein Exemplar mit Widmung, Elisabeth Hoch nämlich, das letzte Mädchen der Frau Rat, das noch 1844, nun eine Matrone von 85 Jahren, neben Goethes einstigem Diener Stadelmann an der Einweihung des Goethedenkmals auf dem Roßmarkt teilgenommen hat, nicht in der ihr angebotenen Ratskutsche dazu abgeholt, sondern in einem von ihr gemieteten Wagen, denn sie könne es ja bezahlen.

Aus diesem Umgang mit der besten Literatur ihrer Zeit hat die Frau Rat aber unter anderem auch den Gewinn gehabt, daß sie richtig orthographisch schreiben lernte. Vergleicht man ihre frühen Briefe mit denen ihres Alters, so sieht man den Unterschied. Unsere Ausgabe, nicht aber diese Einführung, gibt getreu der historisch-philologischen Editionsmethode jeden Brief genau so wieder, wie er geschrieben worden ist. Die Frau Rat wußte, daß es bei ihr mit der Rechtschreibung haperte. «Es lag am Schulmeister», sagte sie und schrieb, wie sie sprach oder wie sie sich die Schreibweise dachte. Daher haben ihre frühen Briefe jenes heiter originelle Gepräge, das noch heute dem Leser eine Freude macht. Und doch hat die Genauigkeit der Wiedergabe auch ihren Nachteil. Sie verfälscht den Charakter der Briefe. Der Leser wertet leicht die lustige Orthographie höher als den Inhalt. Vor allem, er sieht die Schriftzeichen, wo er doch eine Rede hören sollte. Man lese einmal laut etwa die Briefe an Unzelmann, und man wird wahrnehmen, von welchem großen Atem sie getragen sind. Alle Briefe von Goethes Mutter sind gesprochene Rede, in Wortwahl, in Satzbau, in Rhythmus und Sprachmelodie geprägt durch die Unmittelbarkeit ihres Temperaments. Daher auch die ihr eigentümliche Zeichensetzung. Mit Grammatik hat sie nichts zu tun. Ihre Striche sind Atempausen im Strom der Rede oder Konventionsgesten der Feder.

Und dazu die wunderbare Bildkraft des Ausdrucks! Im heißen August 1788 schreibt sie: «Die Ihnen so bekannten Badhäuser waren von früh um 5 bis abends 9 nie leer, und im Main sahe es aus wie bei der Auferstehung der Toten.» Oder 1794 an den Sohn: «Ich habe so ein Drängen und so ein Treiben in meinem Innern, die Gedanken und Ideen jagen sich so untereinander wie die Knaben, wenn sie Jäger spielen!» Oder wenn sie von den Ängsten spricht, die sie ausgestanden, als die Franzosen im Sommer 1796 die Stadt beschossen und eroberten: «Wir sind nun wieder in Kaiserlichen Händen. Gott gebe, daß wir bis zum Frieden drinnen bleiben! Denn die sieben Wochen war Odem holen unter Henkers Hand.» Ein andermal nimmt sie für ihre Umzugspläne das Gleichnis aus ihrer Tätigkeit in der Küche: «So eine Art von Hoffnung habe ich, aber die Sache ist noch im Brühen und nicht ganz klar.» Aus der Küchensphäre stammt auch das Bild von dem aufgespulten Bratenwender, der hurtig abläuft, für ihre Briefschreiberei. «Ich glaube, ich lasse ihn noch laufen, bis ich Euch von meiner Abendglückseligkeit einen kleinen Begriff gemacht habe.» Und wie anschaulich das Gleichnis von dem Steckenpferd, das dem spielenden Kind in den Brunnen gefallen ist!

Auch Goethe hat ja seine Dichtung mit Bildern und Erlebnissen aus dem Elternhause angereichert. Vielleicht spiegelt sich eine häusliche Küchenszene und mütterliche Ermahnung, wenn wir in der «Stella» lesen: «Carl! da ist wieder das Salzfaß vergessen. Heißt das geschwenkt? Sieh nur die Gläser!» Wir haben ja eine lateinische Schularbeit Wolfgangs darüber, daß er im Elternhause den Tisch decken mußte. Sicher aber hören wir die Mutter in «Erwin und Elmire», wie sie mit der Gegenwart abrechnet und ihre Jugend preist: «Wie ich jung war, man wußte von all den Verfeinerungen nichts, so wenig man von dem Staate was wußte, zu dem man jetzt die Kinder gewöhnt. Man ließ uns lesen lernen und schreiben, und übrigens hatten wir alle Freiheit und Freuden der ersten Jahre. Wir vermengten uns mit Kindern von geringem Stand, ohne daß das unsre Sitten verderbt hätte. Wir durften wild sein, und die Mutter fürchtete nicht für unsern Anzug, wir hatten keine Falbalas zu zerreißen, keine Blonden zu verschmutzen, keine Bänder zu verderben; unsre leinene Kleidchen waren bald gewaschen. Keine hagre Deutsch-Französin zog hinter uns her, ließ ihren bösen Humor an uns aus und prätendierte etwa, wir sollten so steif, so eitel, so albern tun wie sie. Es wird mir immer übel, die kleinen Mißgeburten in der Allee auf und ab treiben zu sehn. Nicht anders siehts aus, als wenn ein Kerl in der Messe seine Hunde und Affen mit Reifröcken und Fontangen mit der Peitsche vor sich her in Ordnung auf zwei Beinen hält, und es ihnen mit derben

Schlägen gesegnet, wenn die Natur wiederkehrt und sie Lust kriegen, einmal à leur aise auf allen vieren zu trappeln.» So Elmirens Mutter. Ist das alles nicht wie eine Exegese zu dem Brief an Großmann vom Mai 1780, in dem die Frau Rat Gott dankt, daß ihre «Seele von Jugend auf keine Schnürbrust angekriegt hat, sondern daß sie nach Herzens Lust hat wachsen und gedeihen, ihre Äste weit ausbreiten können und nicht wie die Bäume in den langweiligen Ziergärten zum Sonnenfächer ist verschnitten und verstümmelt worden.» Goethe hat der Mutter Elmirens huldigend den Namen Olympia gegeben wie er Götzens tüchtige Gattin Elisabeth genannt hatte.

Und dann «Hermann und Dorothea»! «Auf das Werk, worinnen eine Frau Aja vorkommen soll, freue ich mich sehr, so wie über alles, was von Dir kommt», dies aus dem Brief an den Sohn vom 17. Juni 1797. Und nun schlage man den Vierten Gesang auf, der «Mutter und Sohn» überschrieben ist, das Gespräch unter dem Birnbaum im Weinberg. Was in «Dichtung und Wahrheit» steht, wie die Mutter Trösterin war bei Zusammenstößen mit dem Vater, hier ist es dichterisch verklärt.

Nicht nur über die Rechtschreibung der Frau Rat hat man sich gewundert, auch ihre arithmetischen Kenntnisse sind angezweifelt worden. Sie habe nicht rechnen können. Ach, wer kann denn schon rechnen! Überprüft man aber in Weimar ihre Ausgabebücher, so gewinnt man einen anderen Eindruck. Die Frau Rat konnte durchaus genau sein. Ja, daß sie sogar imponierend pedantisch war, wenn sie es sein wollte, das wird jedem Leser offenbar, wenn er beobachtet, wie sie immer wieder, ohne jede Nachsicht und Milde, von Unzelmann die geliehenen Hefte des «Teutschen Merkur» eintreibt. Ein unvollständiger Jahrgang ist ihr ein Greuel. Schließlich reißt ihr die Geduld: «Schicken Sie mir doch den schon tausendmal geforderten Merkur», und als auch das nichts hilft, schreibt sie an die Fritze, Unzelmanns Gattin: «Ein Teil des Deutschen Merkurs ist noch in seinen

Händen, der ihm zu nichts dient und dessen Entbehrung mir meine ganze Sammlung defekt macht. Haben Sie demnach die Güte mir ihn mit der fahrenden Post zuzuschicken. Sie werden dadurch überaus verbinden dero Dienerin und Gevatterin E. Goethe.»

Diese Weimarer Kästen und Abrechnungen! Nicht ohne Befangenheit löst man aus dem umhüllenden Papierstreifen die Stecknadel, mit der vor 160 Jahren die Mutter Goethes ihre gebündelten Abrechnungen zusammengefügt hat. Sehr genau kann man das bürgerliche Leben der Rätin bis in den Alltag hinein verfolgen. Was das Bärbel bekommt und der Perückenmacher, was das Theaterabonnement kostet und was der Buchhändler Fleischer erhält, — es ist derselbe, der 1764 Wolfgang als «kleinen eingewickelten Knaben» mit nach Leipzig genommen, wo Fleischer auf die Messe und Wolfgang auf die Universität wollte. Am 24. Juli 1787 wird ein Abendessen auf dem Sandhof für 25 Gulden gegeben, ein andermal für zwei große Gesellschaften 30 Gulden bezahlt. Am 13. Februar 1788 schreibt sie von vierzig Gästen. Die Festivität kann nur in den Räumen des ersten Stocks stattgefunden haben, wenn sie nicht eben auf dem Sandhof war. Das war noch in der Unzelmannzeit. Die Gäste werden vom Theater gewesen sein. Regelmäßig bekommen die Butterweiber, wenn sie ihre 200 Pfund Butter zum Einsalzen bringen, ihr Trinkgeld für das Tragen. Noch 1807 wird ein Spinnrad angeschafft und am 4. November zum erstenmal gesponnen. Zehn Pfund Mainzer Flachs werden gekauft, und sorgsam, wie die Frau Rat war, wird ein «Flachs-, Spinn- und Webebüchlein» angelegt.

Das Haus am Hirschgraben verfügte über eine geräumige Waschküche. Der Raum ist heute noch vorhanden. Er flankiert den Hof im Erdgeschoß. In die Hauswand ist ein steinerner Löwenkopf eingelassen, der aus dem Bau um 1600 stammt, wohl ein Portalschmuck, vom Vater Goethe geschätzt und deshalb in seinen Hausumbau von 1755 übernommen. Nur dreimal im Jahr war früher große Wäsche gewesen. Es waren das die Frühlings-, Sommer- und Winterwäsche, oder wie das Ausgabebuch des Vaters in Latein festhält: die lavatio verna, aestiva und hiemalis. Die Linnenvorräte müssen ungeheuer gewesen sein. Daher die großen Schränke. Jetzt wird wohl im «Goldenen Brunnen» gewaschen. Über das einzelne: Hemden, Linnentücher usw. unterrichtet genau das «Spülbüchlein» der Frau Rat, das in Weimar liegt.

Wichtiger als dieses «Spülbüchlein» ist uns aber das «Spielbüchlein von Gewinn und Verlust vom Jahr 1781». — Das ist also aus dem Jahr vor dem Tod des Gatten. Ein gleiches Buch ist für 1782 vorhanden, bricht aber in jenen Wochen ab, da der Rat starb. In jener Zeit also, da Goethes Vater nur noch ein «Pflanzendasein» führte, ging die Mutter im Durchschnitt zweimal in der Woche zu Freunden, um sich zu zerstreuen und so die Kraft zu gewinnen, das Leid im Hause zu tragen. Aus diesem Spielbüchlein können wir ihren Umgangskreis ersehen. Im Januar bucht sie an folgenden Daten nachstehende Verluste: Am 3. bei Frau Syndicus Gelf 1 Gulden 20 Kreuzer, am 7. bei der Mama 8 Kr., am 11. bei der Mama 40 Kr., am 26. bei Frau Jaquet — so hieß jetzt Fränzchen Crespel — 1 fl. 49 Kr., am 31. bei Frau Löhnhardt 1 fl. 9 Kr. Dem stehen Gewinne an sieben Tagen gegenüber: bei Herrn Crespel, die Mama bei mir, bei Herrn Crespel, bei Frau Jaquet, bei Herrn Crespel, bei Frau Jäger, bei der Mama. Am Jahresende heißt es: «Verspielt also dieses Jahr 10 Gulden, 40 Kreuzer.»

Im Grunde ist dieses Spielbüchlein ein Tagebuch der inneren Not. «Die Vorsehung findet eben vor gut mich durch allerlei Wege zum Ziel zu führen; denn daß ich dabei was rechts leide, brauche ich einer so gefühlvollen Seele wie Ihr seid nicht lange vorzuerzählen», schrieb sie damals an Lavater. Die Freunde, die Freundinnen, vor allem die Mama — ihr Portrait hängt im Hirschgraben — und eben die Ablenkung durch das Kartenspiel, das alles sollte helfen, das Leben zu bestehen. Die Frau des so traurig kranken Mannes wird eingeladen, um ihr andere Eindrücke zu verschaffen. So stand man ihr bei.

Im Lauf der Monate werden die Einträge seltener. Wir halten noch folgende Namen fest: Frau Rath Moritz, bei der Mama Stock, bei Herrn Doctor Schlosser, bei Frau Hauptmann Lucius, bei Herrn Doctor Moors — das ist der Bruder von Wolfgangs Jugendfreund, der 1802 Stadtschultheiß wurde —, bei der Gräfin v. Rantzau, bei Frau Brentano — d. i. die Maxe, die Mutter von Clemens und Bettina —, bei Frau Doctor Textor — d. i. die Schwägerin —, bei der jungen Frau Stock, bei Frau Schöff Lucius, bei Frau Rath Selig, bei der Frau Obereinnehmer, bei Frau Lehnhardt — so schwankt ihre Schreibweise —, bei Frau Muppermann, bei Frau von Metting, bei Frau Melbert — wohl die in «Dichtung und Wahrheit» erwähnte Tante —, bei Frau von Klettenberg, bei Jungfer Schmidt, bei Frau Gallet, bei Frau Doctor Schweitzer, bey Frau Hoffmann. Immer kehren im Ablauf der Monate dieselben Namen wieder.

Wie sehr spricht dies alles nicht für die Frau Rat! Man sieht, wie groß die Zahl derer war, die sich hier zur Verfügung stellten, die sich der schwer geprüften Frau annahmen. Zum Teil sind es Personen, von denen wir nie wieder hören, die also nicht zu dem engeren Freundeskreis gehörten. Der Eintrag, der sich am häufigsten findet, ist «bey der Mama». Und das ist natürlich. Von ihr, der Mutter, der Frau Stadtschultheiß Textor in der Großen Friedberger Gasse, die selbst siebzig Jahre alt war, wird das Ganze ausgegangen sein. Sie verfügte auch über die gesellschaftlichen Verbindungen, den Einladungskreis so zu erweitern.

Aus der Zeit nach dem Tod des Gatten ist kein Spielbüchlein vorhanden, auch nicht aus den Jahren vor dessen letzter Krankheit. Es ging nicht um das Spiel, es ging um menschliche Hilfe. Die vorletzte Buchung ist vom 10. Mai. Ende des Monats starb Johann Caspar Goethe. Da alle Briefe aus den Notzeiten der Mutter 1797 vernichtet worden sind, sind uns die siebzehn Seiten dieses Spielbüchleins ein Dokument, das uns offenbart, wie es in ihr aussah.

Aber auch sonst sind die letzten Lebensjahrzehnte schwere Jahre gewesen, vor allem wirtschaftlich. Das Familienvermögen schmolz zusammen. Von der Hinterlassenschaft des Herrn Rat war beim Tod der Mutter kaum noch die Hälfte vorhanden, etwa 44000 Gulden, je 22000 für Wolfgang und ebensoviel für die Nachkommen Cornelias. Aber die Zeiten waren doch auch schrecklich gewesen. Dauernd Kriege, Truppendurchzüge, Einquartierungen. Die Staatspapiere fielen an Wert. Was sich im Nachlaß an Papieren vorfand, waren Nieder-Österreichische Ständische Obligationen, Bethmännische Obligationen, Kurfürstliche bayrische Obligationen, Frankfurter Rechnungs Commissions Obligationen und ein Frankfurter Rechnei-Amt-Gültbrief. Das Ausgabebuch hat die Frau Rat vielleicht nicht so geführt, wie einst ihr Gatte. Das soll man von einer Frau auch nicht verlangen. Aber die Buchungen ergeben, daß hier keineswegs anspruchsvoll, sondern bescheiden gelebt wurde. Soweit man nach diesen Eintragungen urteilen darf, wenig Ausgaben für Kleidung oder Schmuck, aber immer einmal einige Kreuzer für «Marzipengen», Brenten, Kirschentorte, für Schokolade, Malaga, besonders wenn Besuch kam. An Wein zog Frau Rat den Marcobrunner und Hattenheimer den rheinhessischen Weinen vor, die der Rat im Keller gehabt hatte.

Und dann, wieviel Verpflichtungen brachte doch die Sitte mit sich. Jedes Neujahr kostete etwa 50 Gulden. Das war viel Geld. Jahr für Jahr sind die Aufstellungen darüber vorhanden. Nur die letzten, aus dem Jahr ihres Todes, seien angeführt. Sie geben einen Einblick in die bürgerlichen Verpflichtungen der Frau Rat. Zunächst Herrn Doctor Hufnagel — das war der Senior erst an der Barfüßerkirche, jetzt nach deren Abbruch an der Paulskirche — 11 fl., dann dem Perückenmacher 5 fl. 24 Kr., dem Liesgen — das war die Magd — ebensoviel, dem Schuch, der Friedericke —

wohl eine Kleinmagd — 2 fl. 42 Kr., in die Kestenbüchse 2 fl. 24 Kr., ditto Kleine 24 Kr. — das waren Almosen — in gleicher Weise für das Armenhaus 2 fl. 24 Kr., ditto Kleine Büchse 24, dem Lampenfüller 24 Kr., für die «Nachricht» 12 Kr., für die «Landzeitung» 12 Kr., für das «Journal» 12 Kr. — hier handelt es sich nicht um die Zeitungen, sondern immer um die Austräger —, für die Schützen 12 Kr., für den Kirchenzettel 1 fl. 12 Kr., dem Portechaisenträger 12 Kr. — Johann Caspar hatte die Sänfte als sella portabilis gebucht, Frau Rat hatte immer dieselbe Sänfte, deren Träger eben auch ihr Neujahrsgeld zu erhalten hatten. Die Liste geht weiter: Dem Catharinenthürmer 24 Kr. — das galt dem Kirchturm, den Frau Rat vom Fenster aus als Trost vor sich sah —, dem blinden Mädchen 12 Kr., der Milchfrau 26, dem Zettelträger 1 fl., dem Engel und der Logenfrau 2 fl. 42 Kr., dem Soldat im Schauspiel 24 Kr., der Bäckermagd 12 Kr., meiner Kehrfrau 12 Kr., der Hamburgern ihrer Magd 48 Kr., dem Glöckner zu St. Peter — dort war der Friedhof, wo der Gatte lag — 12 Kr., dem Kohlenträger 12 Kr., dem Kercher 12 Kr., dem Gassen Kercher 12 Kr., ebensoviel dem Wächter auf dem Turm. Das war der Türmer von St. Bartholomäi, also des Kaiserdoms. Er hatte zu blasen bei Feuer und Nahen feindlicher Truppen. Der war auch Anno dazumal, 1759, unterwegs gewesen, Neujahrsgelder zu sammeln statt als Wächter zu blasen, so daß die Franzosen die Stadt überrumpeln konnten. «Dichtung und Wahrheit» Anfang von Buch Drei: der Türmer habe an jenem Neujahrstag nicht aufgehört zu posaunen, ist hier Dichtung und nicht Wahrheit. Drei Türmer also erwarteten und erhielten von der Rätin ihr Neujahrsgeld. Als letzter Eintrag: der die Billiet bringt, vom Theater nämlich, 48 Kr. Summa 46 fl. 24 Kr.

Schon im Ausgabebuch des Vaters sind die Meßgeschenke und Neujahrstrinkgelder eine Last. Aber das war immer schlimmer geworden. An diesen Neujahrstagen ist die halbe Stadt unterwegs gewesen, und das Klingeln an der Haustür muß nicht aufgehört haben. Das war der Nachteil des Kaiserlichen Ratstitels. «Engel und die Logenfrau»? Was das bedeutet, klärt die Liste von 1797; da steht: Soldat Engel. Und warum dem Soldaten Engel ein Douceur? Das ergibt wiederum die Liste von 1802: dem Soldat, der an meiner Loge auf und nieder geht. Hier wußte die Frau Rat nicht den Namen. Die Soldaten lösten sich ab. Auch «Schuch» wird einer gewesen sein. Gelegentlich erhält «der Kleine Schuch» eine Puppe. Es handelt sich um die städtische Sicherheitswache im Theatergebäude.

Zu den meisten der so am Neujahrstag Bedachten wird Goethes Mutter ihrer ganzen Art nach persönliche freundliche Beziehungen gehabt haben. Das Geben machte ihr Freude. Ging doch kein Brief nach Weimar, den nicht Geschenke begleiteten oder in dem nicht Geschenke angekündigt wurden. Daß außerdem an den Sohn auch Geldsendungen gingen, daß die Mutter für den Sohn die Frankfurter Schatzung bezahlte, auch davon künden die Rechnungspapiere. Eine Quittung sei aber noch besonders erwähnt, weil sie für die Frau Rat bezeichnend ist. Sie kehrt ebenso regelmäßig wieder wie die Meßgeschenke oder die Gaben zum Jahreswechsel. Das ist die Bescheinigung für 1 Gulden 30 Kreuzer «für das halbjährige Singen am Hause»; hier zeichnet der Rektor Purman für seine Gymnasiasten, deren Chor an bestimmten Tagen vor dem Hause geistliche Lieder vortrug. — Purmann war ein Jugendbekannter Wolfgangs, der, an Winckelmann gebildet, 1773 «Einige Gedanken über die Empfindsamkeit» und für die Ansprüche des Herzens geschrieben hat, ein Jahr vor dem «Werther». — Goethes Mutter kannte und liebte die Choräle ihrer Kirche. Wir denken an den Brief vom 1. Oktober 1796: «da der Türmer zum erstenmal seine Zinken und Posaunen ertönen ließ und ‚meine Hoffnung stehet feste auf den Lebendigen Gott' zu uns heruntertönte, sange ich unter hellen Freudentränen mit.»

Tapfer wie diese Frau ihr Leben bestanden hat, bestand sie auch ihre letzten Stunden. Marie Belli geb. Gontard schreibt über sie: «Frau Rath Göthe hat hier fünf Kaiserkrönungen erlebt, und jedesmal von der gleichen Stelle sie mit angesehen. Neben der Uhr im Römer befindet sich ein kleines Zimmer, von da aus war sie Zuschauerin. — Bis an das Ende ihrer Tage blieb sich diese merkwürdige Frau gleich. Auf ihrem Sterbebette hörte sie die Stimme eines Tischlers, der gekommen war, sich für die Anfertigung ihres Sarges zu empfehlen, sie sagte: ‚es sei ihr leid, er käme zu spät, alles wäre schon von ihr angeordnet', ließ ihm aber zur Entschädigung ein Geldgeschenk reichen. — Als ihr letzter Tag nun herangekommen war, ließ die Sterbende spät Abends ihren Neffen und Arzt Dr. Melber, den sie sehr liebte, noch einmal zu sich bescheiden, und legte ihm die unumwundene Frage vor, wie viel Stunden ihr noch übrig seien? Auf eine ausweichende Antwort wurde sie fast ärgerlich. ‚Mach Er mir nichts vor, Vetter, ich weiß doch, daß es aus mit mir ist. Sag Er's rund heraus, wie lange habe ich noch zu leben?' Die Erwiderung, daß es wohl noch bis den kommenden Mittag dauern könne, hörte sie mit heiterer Fassung an. ‚Nun muß Er mir aber auch noch versprechen mich nicht eher zu verlassen als bis ich tot bin', bat sie zuletzt. Der Arzt erfüllte ihren Wunsch und blieb bei ihr, bis sie gegen Mittag 12 Uhr entschlummert war.»

CORNELIA GOETHE

Rötelzeichnung von Johann Ludwig Ernst Morgenstern, um 1772
(Freies Deutsches Hochstift, Frankfurt)

JOHANN CASPAR GOETHE

Gips nach dem Bisquitporzellan-Relief von Johann Peter Melchior, 1779
(Goethe-Museum Düsseldorf)

CATHARINA ELISABETH GOETHE

Gips nach dem Bisquitporzellan-Relief von Johann Peter Melchior, 1779
(Goethe-Museum Düsseldorf)

LEBENSDATEN

JOHANN CASPAR GOETHE

Juli 1710 J.C.G. wird als Sohn von Friedrich Georg Goethe (1657–ca. 1730) im väterlichen Gasthof «Zum Weidenhof» an der Zeil in Frankfurt a.M. geboren und am 27. Juli getauft

4. Mai 1725 Immatrikulation am Casimirianum in Coburg, einem bekannten lutherischen Gymnasium

9. September 1730 Immatrikulation an der juristischen Fakultät der Universität Gießen

1731–1735 Studien an der Universität Leipzig

ab 1735 am Reichskammergericht in Wetzlar tätig

18. Dezember 1738 Doktordisputation an der Universität Gießen

30. Dezember Doktorpromotion mit einer Arbeit über das Thema «Electa de aditione hereditatis ex iure Romano et patrio illustrata» (Über römischen und deutschen Erbvollzug)

anfangs 1739 am Reichstag in Regensburg

Mitte bis gegen Jahresende am Reichshofrat in Wien

30. Dezember Aufbruch nach Italien. Route: Wien – Graz – Laibach – Görz – Palmanova

12. Februar 1740 Ankunft in Venedig

3. März Weiterreise. Route: Venedig – Padua – Rovigo – Ferrara – Immola – Faenza – Rimini – Fano – Ancona – Loreto – Macerata

24. bis 26. März Rom

1. April Neapel (mit Vesuv und Herculaneum)

19. April bis 4. Mai erneut in Rom. Weiterreise: Viterbo – Montefiascone – Siena – Livorno – Pisa – Lucca – Florenz – Bologna

25. Mai bis 14. Juli Venedig. Weiterreise: Padua – Vicenza – Verona – Mantua – Mailand, wo er bis

7. August bleibt. Begegnung mit Maria Giuseppa Merati

September bis Jahresende von Mailand über Genua nach Frankreich. Besuch von Paris

2. Januar 1741 in Straßburg

25. Januar 1741 an der juristischen Fakultät der Universität Straßburg immatrikuliert

Sommer Heimkehr nach Frankfurt, wo er ab Herbst bei seiner Mutter wohnt. Sie lebt seit 1733 in zwei von ihr gekauften Häusern am Großen Hirschgraben

23. Januar 1742 Kaiserwahl

12. Februar Krönung Karls VII.

16. Mai Ernennung von J.C.G. zum Wirklichen Kaiserlichen Rat

20. Mai 1748 Heirat mit der 17jährigen Katharina Elisabeth Textor

28. August 1749 Johann Wolfgang geboren

7. Dezember 1750 Cornelia geboren

1752 Hermann Jacob geboren (gest. am 13. Januar 1759)

1754 Catharina Elisabeth geboren (gest. 1755)

Frühjahr bis Sommer 1755 Umbau des Hauses am Großen Hirschgraben. Vater Goethe gibt ihm den Namen «Zu den drei Leyern»

1757 Johanna Maria geboren (gest. 1759)

2. Januar 1759 Besetzung Frankfurts durch französische Truppen

3. Januar Einquartierung des französischen Königsleutnants, des Grafen Thoranc, im Goethehaus

Mitte Juni 1760 Georg Adolf geboren (gest. im Februar 1761)

Juni 1761 Abzug des Grafen Thoranc aus dem Goethehaus

Dezember 1762 die französischen Truppen verlassen die Stadt

ca. 1765 bis ca. 1770 J.C.G. schreibt seinen «Viaggio in Italia» nieder

Herbst 1771 Johann Wolfgang Goethe eröffnet eine Advokatur im väterlichen Haus, das er, nach Weimar berufen, am

30. Oktober 1775 verläßt

nach dem 10. September 1779 erleidet J. C. G. einen Schlaganfall; ein zweiter folgt im

Oktober 1779

15. Mai 1780 Tod von Johann Caspar Goethe.

CORNELIA FRIEDERIKE CHRISTIANE GOETHE

7. Dezember 1750 im Haus am Großen Hirschgraben geboren

seit 1757 im Französischen,

seit 1762 im Englischen unterrichtet

25. August 1763 Besuch eines Konzerts des siebenjährigen Mozart

April 1764 bis September 1765 Freundschaft und Liebe zu Harry Lupton (1748–1807), einem jungen Engländer, der von Anfang 1764 bis Oktober 1768 in Frankfurt lebt

Ende 1765 oder anfangs 1766 Konfirmation

Sommer oder Herbst 1772 Verlobung mit dem Juristen Johann Georg Schlosser (1739–1799)

13. Oktober 1773 Ehekontrakt

1. November Hochzeit in Frankfurt

14. November Aufbruch nach Karlsruhe

November 1773 bis Juni 1774 Aufenthalt in Karlsruhe

Oktober 1774 Umzug nach Emmendingen (Baden), wo Schlosser als Oberamtmann wirkt

28. Oktober Geburt von Maria Anna Louise (Lulu)

27. Mai bis 5. Juni 1775 Johann Wolfgang besucht seine von der Geburt sehr geschwächte Schwester

bis Sommer 1776 ist C. Sch. bettlägerig

10. Mai 1777 Geburt von Catharina Elisabeth Julie (Juliette)

8. Juni Tod von Cornelia Schlosser-Goethe.

19. Februar 1731 als Tochter des Schöffen und späteren Bürgermeisters Johann Wolfgang Textor (1693–1771) im väterlichen Haus an der Großen Friedberger Gasse in Frankfurt geboren

20. August 1748 Heirat mit Johann Caspar Goethe

28. August 1749 Johann Wolfgang geboren

7. Dezember 1750 Cornelia geboren

1752 Hermann Jacob geboren (gest. am 13. Januar 1759)

1754 Catharina Elisabeth geboren (gest. 1755)

1757 Johanna Maria geboren (gest. 1759)

Mitte Juni 1760 Georg Adolf geboren (gest. im Februar 1761)

8. Juni 1777 Tod von Cornelia Schlosser-Goethe

15. bis 20. Juni 1778 Herzogin Anna Amalia von Sachsen-Weimar in Frankfurt, wo sie Goethes Eltern besucht, ebenso bei ihrem zweiten Aufenthalt vom

18. bis 27. Juli

18. bis 22. September 1779 Goethe und Herzog Carl August von Sachsen-Weimar bei Goethes Eltern im Haus am Großen Hirschgraben, ebenso

Ende 1779 bis 11. Januar 1780

Mai 1789 Besuch von Charlotte v. Stein

15. Mai 1780 Tod von Johann Caspar Goethe

Mai 1795 Verkauf des Hauses am Großen Hirschgraben

Ende Juni 1795 Umzug in den 2. Stock des Hauses «Zum Goldenen Brunnen» am Roßmarkt in Frankfurt

3. bis 7. August 1797 Besuch von Christiane Vulpius und August in Begleitung Goethes, der bis zum 25. August bleibt. Letzte Begegnung von Mutter und Sohn

23. März bis 10. April 1807 Besuch von Christiane und August v. Goethe

13. September 1808 Tod von Katharina Elisabeth Goethe

BIBLIOGRAPHIE

JOHANN CASPAR GOETHE

Biographisches

F. Ewart: Goethes Vater. Hamburg 1899.

H. Krüger-Westend: Goethe und seine Eltern. Weimar 1904.

O. Heuer: Goethes Vater. Zum zweihundertsten Gedächtnistage seiner Geburt. In: Jahrbuch des Freien Deutschen Hochstifts 1910, S. 293 ff.

R. Glaser: Goethes Vater. In: Grenzboten 73, 1 (1914), S. 246 ff.

E. Menzel: Goethes Vater als Vormund. In: Jahrbuch des Freien Deutschen Hochstifts 1914/15, S. 153 ff.

R. Glaser: Goethes Vater. Sein Leben nach Tagebüchern und Zeitberichten. Leipzig 1929.

H. Freydank: Die Bildnisse des Goethe-Vaters. Halle 1933.

W. von der Schulenburg: Johann Caspar Goethe. Vater eines Genies. Berlin [1937].

Mit Goethe durch das Jahr. Ein Kalender für das Jahr 1977. 29. Folge. Hg. von Effi Biedrzynski. [Thema: Goethes Frankfurter Familie], Zürich und München 1976.

Briefe und Aufzeichnungen

Johann Caspar und Elisabeth Göthe: Zwölf Briefe von Göthe's Eltern an Lavater. Zur Feier des 4. Januar 1868. Leipzig o. J. [1868].

A. Farinelli: Dalle lettere inedite del padre di Goethe. In: Gerarchia 12 (1932), S. 179 ff.

F. H. Reinsch: The correspondence of Johann Caspar Goethe. In: University of California publications in modern philology 28, 2, Berkeley 1946.

H.-H. Müller: Drei unveröffentlichte Goethe-Urkunden [d. s. Mietquittungen, von Goethes Vater und Mutter gezeichnet] aus Schmalkalder Privatbesitz. In: Edwin Redslob zum 70. Geburtstag. Eine Festgabe, hg. von G. Rohde. Berlin 1955, S. 371 ff.

Johann Caspar Goethe, Cornelia Goethe, Catharina Elisabeth Goethe: Briefe aus dem Elternhaus. Hg. von W. Pfeiffer-Belli. Mit Einführungen von E. Beutler. Zürich 1960, S. 303 ff.

Italienreise

P. von Bojanowski: Johann Caspar Goethe in Venedig. In: Weimars Festgrüße zum 28. August 1899. Weimar 1899, S. 1 ff.

O. Weißel: Drei italienische Reisen (Großvater, Vater und Sohn). In: Chronik des Wiener Goethe-Vereins 37 (1932), S. 41 ff.

R. Bottacchiari: Il padre di Goethe e il suo viaggio in Italia. In: Bollettino della Regia Università italiana per stranieri, Perugia 4 (1932), S. 437 ff.

Johann Caspar Goethe: Viaggio in Italia (1740). Prima edizione a cura e con introduzione di Arturo Farinelli. Rom 1932 / 1933.

E. Friepes: Des Herrn Rates «Viaggio in Italia». In: Chronik des Wiener Goethe-Vereins 47 (1942), S. 63ff.

Deutschsprachiger Auszug aus dem «Viaggio» in: Die Rampe, Sonderheft 1943, S. 26f.

F. H. Reinsch: Johann Caspar Goethe's Italian diary. In: Modern Language Forum 34 (1949), S. 101ff.

Goethes Vater reist in Italien. Reise durch Italien von J. Caspar Goethe. Hg. von E. Koeppen. Mainz 1972.

Das Haus am Großen Hirschgraben

C. Ruland: Des Herrn Rat Haushaltungsbuch. In: Weimars Festgrüße zum 28. August 1899. Weimar 1899, S. 55ff.

O. Heuer: Goethes Geburtshaus und sein Umbau durch den Herrn Rat im Jahre 1755. In: Jahrbuch des Freien Deutschen Hochstifts 1910, S. 408ff.

H. Freiherr v. Maltzahn: Bücher aus dem Besitz des Vaters in Goethes Weimarer Bibliothek. In: Jahrbuch des Freien Deutschen Hochstifts 1927, S. 363ff.

F. Bothe: Wirtschaft und Kultur in Goethes Vaterhaus. In: Archiv für Frankfurts Geschichte und Kunst 4, Folge 3, 1932, S. 1ff.

R. Hering: Das Elternhaus Goethes und das Leben in der Familie. In: Die Stadt Goethes. Hg. von H. Voelcker. Frankfurt 1932, S. 363ff.

F. Götting: Die Bücherei von Goethes Vater. Geschichte, Gliederung, Bestand und Wiederaufbau. In: Beiträge aus Frankfurter Bibliotheken zum Gutenbergjahr. Frankfurt 1942, S. 79ff. (nur als Sonderdruck erschienen).

E. Beutler in: Bilder aus dem Frankfurter Goethemuseum. Frankfurt 1949, S. VIIff.

F. Götting: Die Bibliothek von Goethes Vater. In: Nassauische Annalen 64 (1953), S. 23ff. (revidierte und ergänzte Fassung von: Die Bücherei von Goethes Vater, s. o.).

E. Beutler: Das Haus. In: Essays um Goethe (1957), 7., vermehrte Aufl., Zürich und München 1980, S. 30ff.

Johann Caspar Goethe: Liber domesticus. 1753–1779. Übertragen und kommentiert von H. Holtzhauer unter Mitarbeit von I. Möller. Leipzig/Bern/Frankfurt 1973.

CORNELIA GOETHE

Biographisches

H. Düntzer: Kornelia Friederike Christiane Goethe. Goethe's Schwester. In: Düntzer: Frauenbilder aus Goethe's Jugendzeit. Stuttgart 1852, S. 126ff.

L. Geiger: Goethe's Schwester. In: Westermanns Monatshefte 69 (1890), S. 41ff. Wiederabdruck in: Geiger: Dichter und Frauen. Vorträge und Abhandlungen. Berlin 1896, S. 69ff.

P. Besson: Goethe, sa sœur et ses amies. Grenoble 1898.

G. Witowski: Cornelia, die Schwester Goethes. Mit ihren zum Teil ungedruckten Briefen und Tagebuchblättern. Frankfurt 1903. Neuaufl. ohne Quellenzeugnisse, Frankfurt 1924.

G.A.Müller: Der Todesakt über Goethes Schwester Cornelia. In: Goethe-Jahrbuch 25 (1904), S. 252ff.

O.Rank: Goethes Schwesterliebe. In: Geschlecht und Gesellschaft 9 (1914), S. 427ff.

Cornelia Goethe. Eine unbekannte Rötelzeichnung von J.L.E.Morgenstern. Mitgeteilt von E.Beutler. In: Goethekalender 26 (1933), S.41ff.

B.Reiffenberg: Cornelia. In: B.Reiffenberg: Lichte Schatten. Frankfurt 1953, S. 474ff.

C.Kahn-Wallerstein: J.M.R.Lenz und Cornelia Schlosser. In: Schweizer Rundschau 53 (1953/54), S. 93ff.

J.Frank: Johann Wolfgang und Cornelia Goethe. In: J.Frank: Geschwisterpaare, 1957, S. 63ff.

E.Beutler: Cornelias Tochter. In: Essays um Goethe (1957), 7., vermehrte Aufl., Zürich und München 1980, S.127ff.

B.E.Huemer: Die Gestalt der Schwester in Goethes Leben und Dichtung. [Maschinenschriftliche Diss.], Wien 1962.

Mit Goethe durch das Jahr. Ein Kalender für das Jahr 1977. 29.Folge. Hg. von Effi Biedrzynski. [Thema: Goethes Frankfurter Familie], Zürich und München 1976.

Briefe und Aufzeichnungen

G.Witkowski: Cornelia, die Schwester Goethes. Mit ihren zum Teil ungedruckten Briefen und Tagebuchblättern. Frankfurt 1903.

Goethe an Cornelia, 1765–1767. In: Goethe-Jahrbuch 7, S.3ff., S.118ff.

Cornelia Goethe an Sophie von La Roche. Hg. von G.Witkowski. In: Goethe-Jahrbuch 28 (1907), S. 3ff.

Kleine Liebesleiden im Goethehaus. Aus Cornelias Tagebuch. Übersetzt von L.R.Hackenbroch. In: Goethekalender 25 (1932), S.37ff.

Johann Caspar Goethe, Cornelia Goethe, Catharina Elisabeth Goethe: Briefe aus dem Elternhaus. Hg. von W.Pfeiffer-Belli. Mit Einführungen von E.Beutler. Zürich 1960, S. 319ff.

CATHARINA ELISABETH GOETHE

Biographisches

K.G.Jacob: Goethe's Mutter. In: Historisches Taschenbuch, Neue Folge, 5, 1844, S.391ff.

H.Düntzer: Katharina Elisabeth Goethe, geborene Textor, Goethe's Mutter. In: Düntzer: Frauenbilder aus Goethe's Jugendzeit. Stuttgart 1852, S.406ff.

W. von Biedermann: Elisabeth Goethe. In: Biedermann: Goethe-Forschungen, Band 1, Frankfurt 1879, S.385ff.

E.Schmidt: Frau Rath Goethe. In: Deutsche Rundschau 47 (1886), S.133ff. – Wiederabdruck in: Schmidt: Charakteristiken, Band 1, 2.Aufl., Berlin 1902, S. 239ff.

Das Stammbuch der Frau Rath. Mitteilung von C.Ruland. In: Goethe-Jahrbuch 12 (1891), S. 175ff.

K.Heinemann: Goethes Mutter. Ein Lebensbild nach den Quellen. Leipzig 1891, 9.Aufl. 1921.

P. Bastier: La mère de Goethe, d'après sa correspondance. Paris 1902.
A. Biese: Goethe und seine Mutter. In: Jahrbuch des Freien Deutschen Hochstifts 1908, S. 106ff. – Wiederabdruck in: Biese: Pädagogik und Poesie, Band 3, Berlin 1913, S. 133ff.
J. Höffner: Frau Rath, Elisabeth Goethe geb. Textor. Bielefeld 1908, 3. Aufl. 1920.
E. Mentzel: Frau Rat Goethe. Ein Lebensbild. Frankfurt 1908.
G. von Hartmann: Königin Luise und die Frau Rat. In: Jahrbuch des Freien Deutschen Hochstifts 1910, S. 372ff.
Frau Aja. Goethes Mutter in ihren Briefen und in den Erzählungen der Bettine Brentano. Hg. von K. Tischendorf. Ebenhausen 1914.
C. Tschudi: Goethes moder. Kristiania 1916, 4. Aufl. 1917.
J. Petersen: Frau Rat und Bettina. In: Geist und Leben im alten und neuen Frankfurt. Frankfurt 1918. Wiederabdruck in: Petersen: Aus der Goethezeit. Leipzig 1932.
K. Muthesius: Goethe und seine Mutter. Dresden 1923.
O. Bacher: Goethes Mutter und das Ehepaar Unzelmann. In: Jahrbuch des Freien Deutschen Hochstifts 1927, S. 185ff.
A. Paquet: Frau Rat Goethe und ihre Welt. Eine Farbenskizze. Frankfurt 1931.
H. Loiseau: La mère de Goethe et sa place dans l'œuvre de son fils. In: L'Alsace française 12 (1932), S. 207ff.
H. A. Hajek: Die Mythisierung der Frau Rath durch Bettina Brentano. [Maschinenschriftliche Diss.], Wien 1937.
F. Lübbecke: Der Goldene Brunnen [d.i. das von Goethes Mutter 1795 bezogene Haus am Roßmarkt in Frankfurt]. In: Goethekalender 36 (1943), S. 56ff.
R. Goebel: «Ich bin die Mutter Goethes». In: Christengemeinschaft 19 (1947), S. 254ff.
G. Bäumer: Frau Rath Goethe. Die Mutter der Weisheit. Tübingen 1949, 3. Aufl. 1954.
H. Prang: Goethes Mutter. Kleine Chronik einer großen Lebenskünstlerin. Mit einem Anhang: Briefe der Frau Rat Goethe in Auswahl. München 1949.
E. Beutler: Heimkehr eines Bildes [Porträt von Katharina Elisabeth Goethe von Oswald May]. In: Essays um Goethe (1957), 7. vermehrte Aufl., Zürich und München 1980, S. 69ff.
A. Goes: Goethes Mutter. Rede zum 150. Todestag von Catharina Elisabeth Goethe. Frankfurt 1958, Neuausgabe Wiesbaden 1960, Frankfurt 1961.
K. Wolfskehl: Frau Aja. In: K. Wolfskehl: Gesammelte Werke 1960, Band II, S. 280ff.
Catharina Elisabeth Goethe, Correspondenzen und Spiegelungen. Hg. von B. Hack. Wiesbaden 1973.
Mit Goethe durch das Jahr. Ein Kalender für das Jahr 1977. 29. Folge. Hg. von Effi Biedrzynski. [Thema: Goethes Frankfurter Familie], Zürich und München 1976.

Briefe und Aufzeichnungen

Briefe der Frau Rath an ihre lieben Enkeleins, gedruckt zum 13. Februar 1855. Leipzig 1855.
Frau Rath. Briefwechsel von Katharina Elisabeth Goethe, nach den Originalen mitgeteilt von Robert Keil. Leipzig 1871.

Goethe's mother. Correspondence of Catherine Elizabeth Goethe with Goethe, Lavater, Wieland, Duchess Anna Amalia of Saxe-Weimar, Friedrich v. Stein and others. Translated ... by A.S. Gibbs. New York 1880. Nachdruck New York 1975.

Briefe von Goethes Mutter an die Herzogin Amalia. Hg. von C.A.H. Burkhardt. In: Schriften der Goethe-Gesellschaft 1. Weimar 1885. – Neu hg. und erläutert von K. Heinemann. Leipzig 1889.

Briefe von Goethes Mutter an ihren Sohn, Christiane und August v. Goethe. Hg. von B. Suphan. In: Schriften der Goethe-Gesellschaft 4. Weimar 1889.

A. Schmidt: Die Briefe von Goethes Mutter an ihren Sohn, als Quelle zu seinen Werken. In: Zeitschrift für deutsche Philologie 26 (1894), S. 375 ff.

Die Briefe der Frau Rath Goethe. Gesammelt und hg. von Albert Köster. Leipzig 1904. 9. Auflage Leipzig 1976.

Briefe von Goethes Mutter. Ausgewählt und eingeleitet von A. Köster. Leipzig 1907. Neuaufl. 1930.

Frau Rat Goethe: Gesammelte Briefe. Im Anhang: Goethe's Briefe an seine Mutter. Hg. von L. Geiger. Leipzig 1911. Neuaufl. 1922.

O. Weise: Der Stil der Mutter Goethes. In: Zeitschrift für Deutschkunde 35 (1921), S. 471 ff.

A. Leitzmann: Zu den Briefen der Frau Rat. In: Zeitschrift für deutsche Philologie 49 (1923), S. 89 ff.

Ein neuer Brief der Frau Rat Goethe. Mitgeteilt von W. Engel. In: Jahrbuch der Goethe-Gesellschaft 15 (1929), S. 1 f.

B. Merkel: Die Sprache der Mutter Goethes. Beitrag zur Geschichte der rheinischen Schriftsprache im 18. Jahrhundert. In: Deutsche Forschungen 33, Frankfurt 1938. Neuauflage Hildesheim 1974.

J. A. Pfeffer: The proverbs in the letters of Frau Rath Goethe. In: Journal of English and Germanic Philology 47 (1948), S. 156 ff.

I. Mellen: Studien über den Satzbau und Stil in den Briefen der Frau Rat. Diss., Göteborg 1948.

Briefe der Frau Rat Goethe. Ausgewählt und hg. von R. Bach. Wiesbaden 1954.

Johann Caspar Goethe, Cornelia Goethe, Catharina Elisabeth Goethe: Briefe aus dem Elternhaus. Hg. von W. Pfeiffer-Belli. Mit Einführungen von E. Beutler. Zürich 1960, S. 395 ff.

Katharina Elisabeth Goethe: Briefe an ihren Sohn Johann Wolfgang, an Christiane und August von Goethe. Hg. von J. Fackert. Stuttgart 1971.